城市轨道交通系统
安全保障体系研究与应用

刘卡丁 主编

中国建筑工业出版社

图书在版编目(CIP)数据

城市轨道交通系统安全保障体系研究与应用/刘卡丁
主编. —北京：中国建筑工业出版社，2011.12
ISBN 978-7-112-13750-3

Ⅰ.①城… Ⅱ.①刘… Ⅲ.①城市铁路-交通运输安全-安全管理体系-研究-中国 Ⅳ.①U239.5

中国版本图书馆 CIP 数据核字(2011)第 226664 号

随着经济社会的快速发展，人民群众对城市公共交通的需求日益增加，我国城市轨道交通进入快速发展时期。城市轨道交通对改善城市出行条件、缓解交通拥堵、提升城市功能发挥了重要作用。确保城市轨道交通安全，是保证人民群众生命财产安全、维护社会稳定的需要，是大力发展城市公共交通、切实改善民生的需要，也是提高投资效益、促进经济社会健康发展的需要。

本书针对国外城市轨道交通系统安全保障工作的成功经验和存在问题，结合我国城市轨道交通的实际特点，从法规、管理和技术三个层面研究并构建了城市轨道交通系统安全保障体系。主要内容包括城市轨道交通系统安全法规与标准体系、城市轨道交通系统安全保障管理体制、城市轨道交通系统安全风险管理和安全过程控制方法等，并对深圳地铁 3 号线系统安全保障工作的组织与实施应用情况进行了介绍。本书的出版对于建立和完善我国城市轨道交通系统安全保障体系，提高城市轨道交通系统安全性和可靠性等具有重要的意义。

责任编辑：张　晶
责任设计：张　虹
责任校对：姜小莲　王雪竹

城市轨道交通系统安全保障体系研究与应用
刘卡丁　主编

*

中国建筑工业出版社出版、发行(北京西郊百万庄)
各地新华书店、建筑书店经销
北京天成排版公司制版
北京市书林印刷有限公司印刷

*

开本：787×1092毫米　1/16　印张：17　插页：3　字数：429千字
2011年12月第一版　2011年12月第一次印刷
定价：42.00元
ISBN 978-7-112-13750-3
(21502)

版权所有　翻印必究
如有印装质量问题，可寄本社退换
(邮政编码　100037)

城市轨道交通系统安全保障体系研究与应用

编委会主任： 王　敏

编委会副主任： 杨少林　秦国栋　刘卡丁　杜心言　徐向明
　　　　　　　　　肖世雄　张建华

主　　编： 刘卡丁

副 主 编： 秦国栋　扈　森　杜心言　张中安　方昌福
　　　　　　　张佐汉　胡　江　张　波　骆汉宾

参　　编：（按姓氏笔画排序）：

马程光　叶　冲　叶　峰　仲学凯　向　骏
邬志卫　庄祝明　刘　璐　刘鸿瑞　汪一鸣
孙　峻　严礼奎　李兰青　吴贤国　吴林科
张西林　张素燕　陆定中　陈馨超　苗彦英
林惠中　徐光强　陶树本　熊　建

序

　　城市轨道交通是长期处于高速运转的复杂的大系统，与城市经济发展和居民生活密切相关。我国的城市轨道交通建设目前正在超速发展，取得了举世瞩目的成绩。但由于历史发展以及其他各方面原因，在建设和运营过程中出现了不少安全隐患，导致事故频发。严峻的安全现状，日益受到政府和各方面的高度重视。

　　城市轨道交通具有环境条件复杂多变、列车运行速度快、空间封闭和客流密集、使用寿命周期长等特点。一旦发生意外事故，伤亡损失往往非常惨重。因此充分认识城市轨道交通安全工作的特殊性、复杂性、脆弱性、重要性和长期性，做好城市轨道交通建设和运营的安全工作，是一件关系到人民生命财产的安全，关系到国家经济发展及社会和谐稳定的大事，也是一件功在当代、萌及后世的大事。

　　由住房和城乡建设部中国城市规划设计研究院地铁与轻轨研究中心、深圳市地铁三号线投资有限公司发起，与中铁集团第二勘察设计院、上海志励轨道交通科技有限公司等单位合作，经过几年的辛勤工作，共同完成了"城市轨道交通系统安全保障体系研究开发"课题项目，并在深圳地铁3号线成功应用。

　　本书记录和总结了研究小组历时3年多的研究过程、研究范围和研究成果。课题组开展了"国内外城市轨道交通系统安全保障体系现状与分析"、"城市轨道交通系统安全保障体系组织架构研究"、"城市轨道交通系统安全保障体系工作内容研究"、"城市轨道交通系统安全保障体系工作方法研究"、"深圳市地铁3号线系统安全保障工作实践"、"城市轨道交通系统安全保障体系风险管理软件开发"等6个专题的研究，取得了丰硕成果。

　　本书将课题组对国内外城市轨道交通的安全系统保障体系工作的成功经验和存在问题的大量调查和分析工作，以及根据我国城市轨道交通的实际情况，为尽快建立和完善适合我国国情的城市轨道交通系统安全保障体系的法规和管理框架的研究工作进行了系统整理和归纳。研究课程提出了在城市轨道交通全寿命周期的安全过程控制与安全认证相结合的基本方针，并初步拟订了在建设和运营过程中的具体工作方法，体现了"安全第一，预防为主"的思想，为政府部门进一步制定城市轨道交通安全政策、法规奠定了坚实的基础，是一项有深远意义的研究成果。本书都给予了详细的叙述。

　　深圳市地铁3号线工程项目引入先进的风险管理理念，在国内首先开展项目系统安全保障的科研工作。并结合工程实践进行了"系统安全过程控制"的应用研究，用于指导项目实施，基本上实现了工程建设各主要阶段对项目全过程的安全监控，与目前普遍采用的传统安全管理工作模式相比，其科学性、系统性和可操作性有重大突破和改善。为工程后阶段的系统联调、验收、开通试运营和安全认证做好了充分的技术准备，也为国内其他城市轨道交通开展安全保障工作积累了宝贵的经验。

中国工程院院士 施仲衡

2011年2月

目录 Contents

1 城市轨道交通系统安全保障概述   1
1.1 我国城市轨道交通发展现状 …… 1
1.2 城市轨道交通安全面临的挑战 …… 6
1.3 城市轨道交通系统安全的内涵 …… 9
1.4 城市轨道交通系统安全保障现状 …… 13
1.5 城市轨道交通系统安全保障体系的构成 …… 18
1.6 城市轨道交通系统安全保障体系框架 …… 21

2 国外城市轨道交通安全保障体系   27
2.1 美国城市轨道交通系统安全保障体系 …… 27
2.2 英国城市轨道交通系统安全保障体系 …… 32
2.3 德国城市轨道交通系统安全保障体系 …… 41
2.4 日本城市轨道交通系统安全保障体系 …… 47
2.5 欧盟城市轨道交通系统安全主要标准 …… 58
2.6 国外城市轨道交通系统安全保障总结 …… 60

3 城市轨道交通系统安全法规与标准体系   67
3.1 城市轨道交通系统安全法律法规体系 …… 67
3.2 城市轨道交通系统安全标准体系 …… 80
3.3 城市轨道交通系统安全法规与标准体系问题及建议 …… 88

4 城市轨道交通系统安全保障管理体制   93
4.1 城市轨道交通系统安全保障模式 …… 93
4.2 城市轨道交通系统安全保障体系组织架构 …… 97
4.3 城市轨道交通系统安全评价机制 …… 101

4.4 城市轨道交通关键设备安全认证机制 ······ 113
4.5 城市轨道交通系统安全管理其他制度 ······ 115

5 城市轨道交通系统安全风险管理方法 119
5.1 风险管理概述 ······ 119
5.2 城市轨道交通系统安全风险源及其识别方法 ······ 123
5.3 城市轨道交通系统安全风险评价方法 ······ 135
5.4 城市轨道交通系统安全风险减低与消除方法 ······ 145
5.5 城市轨道交通系统安全风险管理组织与实施 ······ 148

6 城市轨道交通系统安全过程控制及方法 153
6.1 城市轨道交通系统的生命周期 ······ 153
6.2 规划阶段系统安全过程控制方法 ······ 158
6.3 建造阶段系统安全过程控制方法 ······ 161
6.4 运营阶段系统安全过程控制方法 ······ 163

7 深圳地铁3号线系统安全保障工作的组织 167
7.1 深圳地铁3号线工程系统安全保障概述 ······ 167
7.2 深圳地铁3号线工程系统总体安全计划 ······ 170
7.3 深圳地铁3号线工程系统安全保证总控程序 ······ 178
7.4 深圳地铁3号线工程安全风险管理总控程序 ······ 194

8 深圳地铁3号线系统安全保障工作的实施 201
8.1 深圳地铁3号线工程初步设计危害分析 ······ 201
8.2 深圳地铁3号线工程初步设计安全审查 ······ 209
8.3 深圳地铁3号线工程安全预评价 ······ 214
8.4 深圳地铁3号线项目投融资及项目实施风险因素评估 ······ 222
8.5 深圳地铁3号线工程施工图设计阶段危害分析 ······ 229
8.6 深圳市城市轨道交通系统安全风险管理软件 ······ 234

9 研究结论与建议 243
9.1 结论 ······ 243
9.2 建议 ······ 246

名词与术语 ... 249

附表与附图 ... 253

参考文献 ... 261

1 城市轨道交通系统安全保障概述

1.1 我国城市轨道交通发展现状

1.1.1 城市轨道交通发展背景

随着我国经济的稳健、快速发展，城市人口迅猛增加，城镇化水平显著提高，城市交通问题已经成为制约城市发展的"瓶颈"。在许多大中城市，常规公交已经难以满足城市居民出行的要求，尽管政府投入大量资金，仍不能有效缓解城市交通的堵塞。如北京市内的立交桥不仅在中国堪称第一，在世界各大城市中也是屈指可数。即便如此，北京的交通状况依然严峻。城市车辆行驶速度已从 20 年前的 40km/h 下降到目前的 14km/h。毫无疑问，我国大力发展城市公共交通已迫在眉睫，这对实现城市可持续发展具有重要的意义。

城市轨道交通是一种集约化的交通方式，可以有效节约能源和土地资源。城市轨道交通一般采用电力牵引，具有低污染、大运量、集中化运输的特点，每运送一位乘客所产生的污染大大低于其他交通方式。因此城市轨道交通建设被公认为是解决城市交通问题的首要选择，也是引导城市可持续发展、迈向国际先进大都市行列的主要途径。目前世界上已有百余座城市共建设了轨道交通线 7000 多 km。其中，东京接近 2000km，年乘客 100 亿人次；伦敦 408km；巴黎共有 15 条线路，全长 199km，已占公交份额的 70%；纽约则有 27 条地铁，全长 443km；莫斯科有 9 条地铁，全长 243km，日搭乘量达 800 多万人。

城市轨道交通包括：有轨电车、轻轨、地铁、单轨、磁悬浮和城市铁路等型式。城市轨道交通与其他交通工具的功能比较如表 1-1 所示。

城市各类交通工具功能比较　　　　　　　　　表 1-1

交通工具	最高/平均速度(km/h)	运客能力(万人次/h)	平均站距(km)	建设周期(年)
公共汽车	<60/10~20	1~2	1.2~2	
快速公交	60/10~25	1~2	1.2~2	
有轨电车	<60/15~20	0.6~0.8	0.3~0.8	2~3
地铁	80~120/35~40	3~7	0.8~2	3~4
轻轨	80~120/20~30	1.5~3.5	0.8~1.5	2~3
单轨	60~80/35~40	1.5~3	1~2	2~3
中低速磁悬浮	80~120/50~70	2~2.5	>2.5	2~3
城市铁路	80~120/60	4~8	2~2.5	
轿车	110/40	—	—	

资料来源：陈宗器，我国轨道交通建设历程，电器工业，2009(7)：26-29

根据发达国家的经验，人均国民收入达到1200~1300美元是建设城市轨道交通的起步点，人均国民收入达到2500美元，轨道交通将进入大规模建设的时期。目前我国东部发达城市和省会城市人均国民收入基本上已达到第二阶段的水平，加快发展轨道交通建设的时期已经来临。

1.1.2　我国城市轨道交通的发展历程

20世纪50年代，我国开始筹建城市轨道交通，但直到40年后的90年代初才真正全面推进建设城市轨道交通。目前，我国34个人口过百万人的特大城市中，有28个城市正在建设和筹建城市轨道交通，形成兴建城市轨道交通的热潮。

我国第一条投入运营的地铁是北京地铁1号线，1965年7月1日动工，从北京站至苹果园共有17座车站，全长23.6公里。北京地铁1号线采用地面大开挖方式施工，工程量很大。北京地铁1号线工期历时4年，于1969年10月1日通车。随后几年，受文革干扰，地铁建设停顿下来。改革开放后，我国又相继建设了北京地铁2号线以及天津地铁1号线，分别在1982年和1984年投入运营。

随着我国经济的快速发展，为缓解城市交通拥挤，许多城市相继开展了轨道交通规划和建设。进入上世纪90年代，中国各大城市掀起一股"轨道交通热"，投资规模不断攀升。其中，上海地铁1号线采用国际融资方式建设，累计利用德国贷款4.6亿马克，美国贷款2300万美元，法国贷款2150万美元。此外，广州、天津等地轨道交通建设相继展开。

为了遏制各地过度的"轨道交通热"，降低工程造价，1999年国家计委制定了《关于城市轨道交通设备国产化的实施意见》。该文件明确规定，各地申报城市轨道交通建设项目，设备国产化率必须达到70%以上，否则不予立项。2003年，国务院办公厅发布通知规定只有地方财政收入达到100亿元，GDP达到1000亿元，市区人口达300万人，单线流量3万人以上的城市，才有资格申请地铁立项；地方财政收入达60亿元，GDP达600亿元，市区人口达150万人，单线流量1万人以上的城市，才有资格申请轻轨立项。

随着这些文件的出台，轨道交通建设开始进入了健康发展的轨道。轨道交通建设国产化率不断提升，建设规模得到了有效控制。随着国产化率的提升，车辆费用所占比例降为10%~15%，通信信号系统费用降为总造价的5%~10%。地铁造价由20世纪90年代初每1km 7亿元下降到上世纪90年代末的每1km 5亿元，轻轨每1km造价由4亿元降为2亿元。

1.1.3 我国城市轨道交通建设现状

近年来，随着经济社会的快速发展，人民群众对城市公共交通的需求日益增加，我国城市轨道交通进入快速发展时期，建设规模之大和速度之快在国际上尚无先例，特别是2009年以来，城市轨道交通建设进一步加快，对改善城市出行条件、缓解交通拥堵、提升城市功能发挥了重要作用。

"十一五"期间，我国城市轨道交通建设不断发展。全国2006年投入运营的轨道交通线有6条（包括延伸线），2007年投入运营的有5条，2008年投入运营的有3条。截至2008年年底，已有北京、上海、广州、深圳等10座城市的30条城市轨道交通线路建成运营，运营里程已达813.7km，已建成城市轨道交通线路及里程如表1-2所示。其中，运营里程最长的上海已达235km，北京达198km，广州超过117km。

我国已建成城市轨道交通线路及里程 表1-2

城市名称	项目名称	线路长度(km)	建成年份
北京	地铁1号线	31.44	1969/1999
	地铁2号线	23.1	1982
	地铁5号线	27.6	2007
	地铁10号线	26.2	2008
	奥运支线	5.9	2008
	机场线	27.3	2008
	城市铁路(13号线)	40.95	2003
	八通线	18.95	2003
上海	轨道交通1号线	33.7	1995/1997/2004
	轨道交通2号线	25.3	2000/2006
	轨道交通3号线	40.3	2000/2006
	轨道交通4号线	33.6	2003/2007
	轨道交通5号线	17.2	2005
	轨道交通6号线	33	2007
	轨道交通8号线	22.4	2007
	轨道交通9号线	31.1	2007
天津	津滨轻轨1期	45.4	2003
	地铁1号线	26.2	1984/2005/2006

续表

城市名称	项目名称	线路长度(km)	建成年份
重庆	轨道交通2号线	19.15	2005
广州	地铁1号线	18.5	1999
	地铁2号线	18.2	2003
	地铁3号线	36.7	2005/2006
	地铁4号线	36.2	2005/2006
大连	快轨3号线	49.15	2004
长春	轻轨1、2号线	31.96	2002/2006
南京	地铁1号线1期	21.7	2005
武汉	轨道1号线1期	10.23	2004
深圳	地铁1期	21.9	2004

资料来源：陈宗器，我国轨道交通建设历程，电器工业，2009(7)：26-29

在金融危机的影响下，为了拉动内需，轨道交通建设速度和规模进一步扩大。截至2010年11月，全国25个城市在建线路达到58条、约1618km，比2009年增加约220km，其中北京在建里程接近300km，上海、深圳在建里程超过100km。仅2010年就有上海5条，广州6条，南京、沈阳、成都各1条线路建成试运营。至2010年底，全国已有12个城市建成并投入运营线路总计40条，总里程约1240km，比2008年增加约60%。

截至2010年9月，国务院已批准28个城市的轨道交通近期建设规划，共计99条线路、2812.19km，总投资11366.92亿元，还有一些城市正在开展规划研究工作。部分城市轨道交通建设规划如表1-3所示。

部分城市轨道交通近期建设规划　　　　表1-3

城市名称	规划年度	线路(条)	长度(km)	总投资(亿元)	单位投资(亿元/km)
北京	2006～2015	15	447.4	1636	3.66
上海	2005～2012	10	389	1439	3.70
广州	2005～2010	7	127.66	487.01	3.81
深圳	2003～2010	5	120.7	364.3	3.02
南京	2004～2015	3	97.6	368.3	3.77
杭州	2004～2010	2	82.2	355.7	4.33
重庆	2004～2012	3	82	242	2.95
武汉	2004～2013	3	59.74	237.22	3.97
成都	2004～2013	2	54.18	197.18	3.64
天津	2003～2010	2	51.1	209.6	3.51
西安	2006～2015	2	50.3	179.5	3.57
苏州	2003～2010	2	47.4	165	3.48

续表

城市名称	规划年度	线路(条)	长度(km)	总投资(亿元)	单位投资(亿元/km)
哈尔滨	2004~2013	2	45.53	163	3.58
沈阳	2004~2010	2	40.85	171.8	4.21
长春	2004~2010	2	37.5	38.98	1.04
合计		62	1773.16	6234.59	3.52

资料来源：陈宗器，我国轨道交通建设历程，电器工业，2009(7)：26-29

预计到2015年前后，将有19个城市建成72条线路、2230km的城市轨道交通系统，总投资约7990亿元。至2020年，京、沪、穗三地的城市轨道交通运营里程都将超过500km，国内三大城市轨道交通的远景规划都有望突破1000km。2050年全国规划建设轨道交通网络的城市将达到25个，总里程高达5000km。

1.1.4 城市轨道交通建设的特点

与其他交通方式相比，城市轨道交通建设项目具有以下特点。

(1) 具有较为明显的规模经济特性

城市轨道交通建设需要高额的资本投入，由于投资规模大，回收周期长，投资成本高，分摊到每人次乘客上的固定成本也较高。而每增加1人次乘客所带来的可变成本增量却相对较低。随着网络系统规模的扩大，乘客数量增加的速度更快，可以不断摊铺固定成本，从而降低生产成本。因此，城市轨道交通规模经济特性十分明显。

(2) 具有显著的资产专用特性

资产专用性是指在不牺牲资产所具有的生产用途的条件下，可用于不同用途以及由不同使用者利用的程度。城市轨道交通基础设施的线路、车站、通信和车辆等设备，具有高度的资产专用性和高额的沉没成本，一经完成则不能用于其他用途。这些成本的补偿依赖于城市轨道交通项目客流量的多少，以及项目能否持久地获得收益。资产专用特性要求城市轨道交通项目必须具有良好的可持续性，实现可持续发展，才能保证成本回收和综合效益的实现。

(3) 需要多个专业之间的协调特性

城市轨道交通项目的规划、设计、建设和运营等各个阶段，涉及交通学、工程项目管理、社会学、经济学、管理学和环境学等多门综合学科的知识，需要多专业、多行业、多企业的相互配合。城市轨道交通项目中的各个行业共同依存于互相控制的资源，形成互惠的合作关系。专业协调特性体现了城市轨道交通项目可持续性问题的复杂性和综合性。

(4) 具有明显的公益性特征

城市轨道交通是大型城市基础设施，为社会生产和居民生活提供基础服务，属于准公共项目，具有非常显著的公益性。一方面，轨道交通能使其服务对象和影响范围内的其他项目效益提高，且效益的内涵丰富、种类繁多，包含社会、经济和环境等各个方面；另一方面，轨道交通的定价不能完全采用市场法则，也不能完全通过供求关系来调整票价。

1.2 城市轨道交通安全面临的挑战

1.2.1 城市轨道交通安全管理的特殊性

确保城市轨道交通质量安全，是保证人民群众生命财产安全、维护社会稳定的要求，是大力发展城市公共交通、切实改善民生的要求，是提高投资效益、促进经济社会健康发展的要求。与其他工程建设项目相比，城市轨道交通项目在安全管理方面具有自身显著的特点，主要表现在以下方面。

(1) 项目组织协调复杂

城市轨道交通项目建设规模和投资巨大。一个城市的轨道交通线网一般有百余千米至数百千米，同时在建的项目工点数可达数十个，每千米造价达 3 亿～5 亿元人民币。城市轨道交通建设参与单位多，建设、运营过程中所产生的信息量大，组织协调工作繁重。与此同时，城市轨道交通项目一般都面临着较大的工期压力，项目建设周期短，安全生产面临较大压力。如一些地方为了抢速度而倒排工期，设计、施工、调试时间不够充分，容易留下安全隐患。

(2) 多种制式和系统并存

我国轨道交通已拥有大运量的地铁系统、城市高架轨道交通系统、高架跨座式单轨系统和中低运量的地面轻轨系统，另外还有高速磁浮系统、快速市郊铁路系统等，形成了多种制式和系统并存的格局。大量技术和设备是从不同的国家进口，如上海地铁 1 号线主要设备是从德国进口的；广州地铁 1 号线主要设备从德国、日本、美国、英国等国家引进的；重庆轻轨线主要设备从日本引进的。进口设备虽然技术先进，但由于来自不同的国家，给运营、维修和安全管理带来了难度。

(3) 建设管理技术能力要求高

城市轨道交通建设和运营几乎涉及现代土木工程、机电设备工程的所有高新技术领域。现代控制、现代通信和现代网络等技术广泛应用，而国内城市轨道交通建设及运营的技术处于摸索探寻阶段。城市轨道交通建设、运营管理需要与当前建设和运营技术力量之间存在矛盾。由于很多城市同时上马城市轨道交通项目，相对当前的建设规模，曾参与过轨道交通勘察、设计、施工和运营管理的技术力量短缺，缺乏高端人才和富有经验的骨干人才。有些线路的部分施工单位是首次从事地铁建设，导致轨道交通安全建设和运营安全风险加大。

此外，我国的城市轨道交通在安全投入方面还不够充分。安全工作是一项系统工程，涉及管理、技术、资金等诸多要素。安全水平与人、财、物的投入成正比，要达到可控的安全标准，必须保证充足的投入。尽管工程项目概算中考虑了安全生产的相关费用,但相比城市轨道交通项目安全建设和运营的特殊性,这一比例目前仍然较低。经调查,国外城市轨道交通系统安全过程控制占总费用的比例一般在千分之五左右,而目前国内占总费用比例尚不足千分之一,远不能达到系统安全过程控制的投入要求。

1.2.2 城市轨道交通系统安全工程概述

如前文所述,城市轨道交通由于涉及诸多行业、专业,由众多的设备系统构成,从建设到运营管理涉及诸多的环节。其自身的复杂性,对建设、运营管理等诸多方面都提出了较高的安全性要求。单一产品、单一阶段以及单一部门的安全并不能保证城市轨道交通总体安全管理目标的实现。实现城市轨道交通安全的主要目标应当是追求城市轨道交通的系统安全。从系统的观点,引入系统安全工程的理念,面向城市轨道交通全寿命周期的风险控制,已经成为国内外城市轨道交通安全管理的趋势和重要手段。

系统一词源于希腊语,指由相互作用、相互依存的若干元素结合而成的具有特定功能的有机整体。作为一个系统,应当具备六个特征:整体性、相关性、目的性、层次性、综合性和环境适应性。其中,整体效应是系统最重要的特征,系统的整体具有组成部分在孤立状态时所没有的新性质,如新的特性、新的功能、新的行为等。因此,当从系统角度分析问题和解决问题时,应把重点放在整体效应上。

系统安全起源于20世纪50年代到60年代美国研制民兵式洲际导弹的过程中,它是人们为解决复杂系统的整体性和安全性问题而开发、研究出来的安全理论和方法体系。系统安全是指在系统生命期内应用系统安全工程和系统安全管理方法,辨识系统中的危险源,并采取控制措施使其危险性最小,从而使系统在规定的性能、时间和成本范围内达到最佳的安全程度。系统安全的定义将控制和合理性结合在一起,是指在运行有效性、时间、成本及其他限制下确定的,在系统寿命期的各阶段均可达到的最优安全程度。系统安全创新了安全观念,体现在以下方面:

(1) 安全的相对性;
(2) 安全贯穿于系统的整个生命期间;
(3) 危险源是事故发生的根本原因;
(4) 系统可靠性和系统安全性相辅相成。

系统安全要求在一个新系统构思阶段就必须考虑其安全性问题,制定并开始执行安全工作规划,把系统安全工作贯穿于整个系统生命期间,直到系统报废为止。系统安全的基本内容就是辨识系统中的危险源,采取措施消除和控制系统中的危险源。危险源是可能导致事故的潜在的不安全因素,系统中存在的危险源是事故发生的根本原因。在新系统的构思、可行性论证、设计、制造、试运转、运转、维修直到废弃的各个阶段都要辨识、评价、控制系统中的危险源。

采用系统工程方法保障系统安全的工作称之为系统安全工程(system safety engineering，SSE）。系统安全工程是以系统工程的方法研究、解决生产过程中的安全问题，预防事故和经济损失发生的一门新技术学科。系统安全工程是指采用系统工程方法，识别、分析、评价系统中的危险性，根据其结果调整工艺、设备、操作、管理、生产周期和投资等因素，使系统可能发生的事故得到控制，并使系统安全性达到最好的状态。其工作任务包括以下主要方面：

(1) 系统安全分析

为了充分认识系统中存在的危险性，要对系统进行细致的分析。根据需要可以进行不同深度的分析，可以是初步的或详细的，定性的或定量的。根据文献统计，系统安全分析方法多达70~80种，要完成一个准确的分析应根据系统的特点选择和综合使用各种分析方法，取长补短。系统安全分析的方法主要分为以下两类：

1) 定性分析。主要有系统检查法(安全检查表)等。

2) 定量分析。主要有危险性预先分析法(PHA)、故障类型及影响分析法(FMEA)、事件树分析法(ETA)、故障树分析法(FTA)等。

(2) 系统安全评价

系统安全分析的目的就是为了进行安全评价。通过分析了解系统中潜在的危险和薄弱环节、发生事故的概率和可能的严重程度等，都是进行评价的依据。决策者可以根据评价的结果选择技术路线，领导和监督机构可以根据评价结果督促企业改进安全状况。

(3) 安全控制

即采取安全措施，根据评价的结果对系统进行调整，对薄弱环节加以修正。

城市轨道交通系统安全工程就是采用系统安全工程理论和方法，通过系统安全分析、系统安全评价以及系统安全控制等手段和技术，保证实现城市轨道交通的系统安全。这也是当前城市轨道交通安全管理的主要任务。

1.2.3 城市轨道交通系统安全目标

当前，系统安全工程逐渐在国内外城市轨道交通中得到广泛应用。一些国家按照系统安全工程的要求制定了相应的法律法规和标准。其中，最典型的代表即欧盟的 EN 50126 标准，它为整个欧盟地区的铁路部门和铁路支柱产业提供了统一的轨道交通系统安全工程方法。

在借鉴国内外先进理论和经验的基础上，城市轨道交通系统安全的目标可以概括为通过系统安全工程的方法，保证实现城市轨道交通的可靠性、可用性、可维护性和安全性。通常情况下，可靠性、可用性、可维护性和安全性由其英文单词 Reliablity、Availability、Maintainability、Safety 的首字母缩写词 RAMS 表示。其具体含义如下所示：

(1) 可靠性：在给定时间间隔或给定工作次数的条件下，城市轨道交通系统能够完成所要求功能的可能性。

(2) 可用性：在给定提供外部资源的情况下，城市轨道交通系统能在给定的条件、给定的时间或给定的时间间隔中，完成要求的功能。

（3）可维护性：假定在一定的时间间隔内，给定维护行为一定的条件下使用规定的程序和资源执行的可能性。

（4）安全性：在规定的时段内，规定的条件下，系统能够成功执行规定的安全功能的可能性。

城市轨道交通系统安全的主要目标就是要实现系统的可靠性、可用性、可维护性和安全性（RAMS）。RAMS各要素存在内在联系，任何一方的薄弱或相互之间冲突管理不当可能会对系统安全产生影响。要实现城市轨道交通系统安全目标，必须着眼于城市轨道交通系统全寿命周期，对正在进行的或长远的维护、业务活动和制度环境进行控制，规范和达到系统最适宜的RAMS系列要求。

从RAMS具体内容来看，上述城市轨道交通系统安全目标可以概括为系统安全性和可靠性两个方面，前者强调系统整体所处的状态，后者强调系统所处状态的保证程度。

1.3 城市轨道交通系统安全的内涵

1.3.1 城市轨道交通系统安全性及系统安全工程

安全性是指不发生事故的能力，一般是指将伤害或损坏的风险限制在可接受水平的状态。系统安全性是指在给定的条件下，系统或产品无事故地完成任务的一种特性。其中事故指的是使一项正常进行的活动中断，并造成人员伤亡、职业病、财产损失或损害环境的意外事件。事故可以认为是由于未能鉴别危险或是由于控制危险的措施不合理所造成的。

城市轨道交通系统安全性工程也可称为城市轨道交通安全系统工程，内容包括了城市轨道交通系统安全生产、安全管理、安全技术、劳动保护、事故应急与调查处理，以及安全性分析研究等各个方面。对这些工作制定的一系列计划、安排、实施、检查等措施方案或规章制度可统称为安全性工程大纲。所有针对人的不安全行为和物的不安全状态的分析、发现、评价、监控、预防，以及事故后的应急救援、调查、处理等，都是安全性工程涉及的内容。

城市轨道交通系统有许多保障建设和运营安全的技术、管理措施。如技术层面上采用的监视与控制系统（ATS、ATP、FAS、SCADA、BAS等）及各种维修（维护）措施。管理层面有分级安全管理组织、安全管理制度、运营质量管理体系、设备维护管理系统、管理信息系统、应急预案等机制。这些技术和管理措施可以按照系统工程的原则建立统一的城市轨道交通系统安全性工程框架，如图1-1所示。

1.3.2 城市轨道交通系统可靠性及可靠性工程

系统可靠性是指系统、设备、零件等在实现功能性指标过程中，表现在时间上

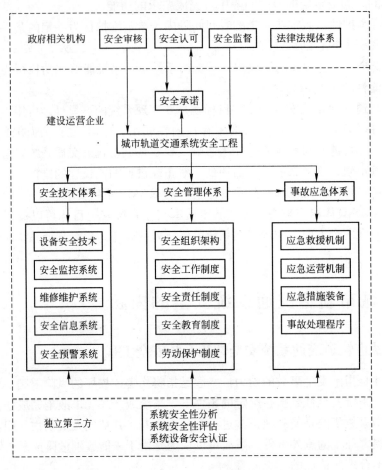

图 1-1　城市轨道交通系统安全性工程基本框架

的安定程度。一般意义上的产品故障少,指的就是可靠性高。一般可靠性高的系统、机器、设备,其安全性也高。系统安全性与系统可靠性等同为系统的特定性能指标,但安全性与可靠性既密切联系又相互区别。可靠并不等于安全,有的产品本身可靠性高,表现为结构坚固、经久耐用,但是在设计上没有考虑安全问题,存在对操作人员造成伤害的危险,其安全性是低的。安全系统工程的任务,不仅要提高系统的可靠性,同时还要提高系统的安全性。

系统可靠性工程是指依靠相关的可靠性理论,对具体系统进行的可靠性与维修性设计、分析、试验、评估、改进、提高等工作。可靠性理论主要包括可靠性数学、可靠性与维修性模型、可靠性与维修性分析、可靠性与维修性预测与增长、可靠性与维修性试验、可靠性与维修性管理等内容。

城市轨道交通系统可靠性工程包括三个主要方面。

一是可靠性技术体系。在城市轨道交通设计建造时为了提高可靠性,尤其是列车运行的可靠性,采用了大量的冗余技术和监控系统,在使用时制定有严格的定期或状态维修(维护)制度,以保障设备(设施)的使用可靠性。

二是可靠性管理体系。可靠性管理是系统可靠性工程的一个重要组成部分，城市轨道交通系统的可靠性管理体系主要包含可靠性管理组织结构，设备(设施)的验收、维修、维护制度，故障统计、分析、汇报制度等方面。可靠性管理体系的组织结构和信息流程通道可以与安全性的共享。

三是维修性技术体系。包含了设备(设施)的维修策略，故障的检测、诊断、隔离、维修技术措施，以及维修性验证等内容。

城市轨道交通系统可靠性工程框架，如图 1-2 所示。

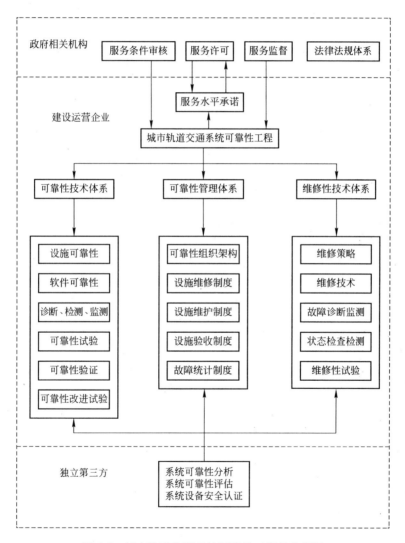

图 1-2 城市轨道交通系统可靠性工程基本框架

1.3.3 城市轨道交通系统安全性与可靠性的联系

系统安全性和可靠性同为系统安全的特性指标，但二者存在着区别。一般来讲，"安全"表示系统的"完整"与"稳定"状态，安全性是指系统保持这种状态的能力。安全状态被破坏是因为意外事件的发生,即通常讲的"事故"发生,其特征指标是人员伤亡、设备财产损失或环境危害的程度。"可靠"表示系统性能的"保证"与"可信赖",可靠性是指系统性能"保证"与"可信赖"的能力。可靠状态被破坏是因为自身某些能力的下降或消失,即通常讲的出现"故障",其特征指标是系统某些性能下降或丧失的程度。

当某个系统的可靠性出现下降,则容易出现故障。当故障出现后,不仅造成系统性能的下降,而且可能会导致事故的发生,即系统安全性下降。反之,当有事故发生时,系统性能会下降或无法运转,此时的事故从可靠性角度讲就是故障。有时人们将"事故"与"故障"混用,但一般在安全性研究中用"事故"来描述事件,在可靠性研究中用"故障"来描述事件。

例如,对于城市轨道交通系统,其运营过程中的安全性是指在系统运营过程中保障"乘客和员工不受伤害以及设备(设施)不遭破坏"的能力。保障"乘客和员工不受伤害以及设备(设施)不遭破坏"的能力包含了两个方面的含义,即不发生意外的安全(Safety)和免遭破坏的安全(Security)。其对应的事故也有两类,即意外发生的事故(Accident)和故意造成的事件(Incident)。城市轨道交通系统运营安全性指标,可以用整个系统或某条线路的人员伤亡率和设备(设施)损失率,来反映保障"乘客和员工不受伤害以及设备(设施)不遭破坏"的能力。

根据系统可靠性的含义,城市轨道交通系统可靠性是指在系统运营过程中保障"乘客准时到达目的地"的能力。保障"乘客准时到达目的地"的能力也包含了两个方面的内容:一是运输容量能力,如因乘车人多造成拥挤而导致无法登乘、列车无法准时出发以及由此引发的后续列车运行延误和车底周转延误;二是列车按计划正点运行能力,如因技术或管理原因造成的运营中断、列车延误以及由此引发的后续列车运行延误和车底周转延误、或维修延误造成的列车运行延误。城市轨道交通系统运营可靠性指标,可以用整个系统或某条线路的运营可靠度、运营恢复度及运营利用率等,来表示保障"乘客准时到达目的地"的能力。

另外,城市轨道交通系统可靠性也可用保障"乘客方便舒适地旅行"的能力来表示。如车站的乘客引导系统、自动售票机、兑币机、残疾人电梯、车厢内饰设施等,这些设备发生故障可能并不影响列车的正点运行,但会给乘客带来不便或不舒服。此项能力可作为更高一级的可靠性能力,即正点运营可靠性基础上的服务质量可靠性。而通常所讲的"保障乘客安全正点旅行"则包含了上述城市轨道交通系统安全性与可靠性两方面的概念。

目前,城市轨道交通系统安全性和可靠性还不可能完全量化,为了简化问题,一般需要做不同的假设。这主要是由以下原因造成的:第一,系统可靠性和安全性数据往往无法精确测量。许多方法需要失效率数据和原始输入数据,但这些数据往往不能准确测量,或是无法得到。在工作条件和预期的使用条件一致的情况下,只有通过大量的寿命试验才能获得准确的失效率数据,但是有一些因素可能阻碍这种试验。如从供应商采购来的系统元件普遍达到了较高的可靠性级别,可以可靠运行许多年。精确的寿命测试要求系统始终运行直至发生故障,因此测试所需要的时间远远超过了数据的有效期(在测试完成以前元件已经报废)。第二，系统的环境不同会使工作提交发生明显变化。某种环境下的失效率可能比其他环境下的失效率高得多。第三，使用方法也会影响元件的可靠性，在城市轨道交通系统复杂的建设、应用环境中更是如此。

1.4 城市轨道交通系统安全保障现状

1.4.1 城市轨道交通系统安全保障发展概况

系统安全保障方法国外最早应用于军事项目。20世纪后期，国际上逐渐将风险理论引入轨道交通建设和运营的系统安全管理，建立起较完善的安全保障体系。在一些重要的建设项目，如高速铁路、城市轨道交通的建设和运营开始采用系统安全保障的手段来确保系统建设和运营的安全。尽管不同国家和地区的具体做法不尽相同，但主要均通过全过程安全控制来保障系统的安全。

从总体来看，我国城市轨道交通安全经历了"安全生产责任制——安全评价——系统安全保障"的发展过程。我国城市轨道交通系统的安全保障工作，大致可以划分为以下三个阶段。

(1) 从安全生产责任制到安全责任体系的发展阶段

早期，大部分城市轨道交通项目基本按照建设程序规定、工程建设标准规范和施工验收规范进行设计、建设和验收，其实质是以产品的安全为核心建立大量标准(内容包括材料的选择、计算方法、必须执行的生产工艺和生产方法、各种测试方法，验收及运输规定等)，通过产品个体的安全来确保系统的安全。

早期的地铁安全保障，主要是通过建立安全生产责任制来实现的。如北京地铁公司按照安全生产法的要求与地铁运营实际情况，组织对安全生产责任制进行系统完善和补充，出台了相应的安全生产责任制、消防安全责任制、运营安全责任制、交通安全责任制、劳动安全责任制，从各级领导、各级组织、单位、各个岗位细化了相应的安全生产职责范围。北京地铁公司每年度与各分司签订"年度安全目标管理责任书"，建立了双向挂钩的考核制度。同时还完善了公司安全生产监督职责体系，制定出台了干部安全责任追究制度等，配以安全生产其他相关责任制，如签订了安全生产承包责任书、交通安全责任书、消防安全责任书等，从而细化了安全责任制的内容，并形成了完整健全的安全责任体系。

(2) 以安全评价为核心的安全保障工作阶段

目前，我国的城市轨道交通建设已经进入了快速发展时期。随着城市轨道交通建设速度和规模的迅速扩大，在建设、运营过程中不断出现隐患，甚至事故也时有发生。借鉴其他行业的经验，有关部门出台了一系列的法规和标准，建立了安全评价制度。

城市轨道交通建设过程要进行安全预评价、竣工验收评价、运营安全评价、安全评价体制的建立，强化了政府对轨道交通建设和运营安全的监管，有利于提高轨道交通建设和运营的安全性。这种做法引入了风险管理的理念,但是仅针对项目的部分节点进行安全评价,缺乏能揭示轨道交通工程各阶段内在联系的过程安全控制,仍处于初级阶段,实际效果仍然有待于在实践中检验。

(3) 探索建立过程安全控制的安全保障体系阶段

进入 21 世纪后,国外出现以系统安全、风险管理理念和基于项目全寿命周期的过程安全控制为核心的轨道交通系统安全保障体系,并得到广泛的应用。系统安全保障的基本概念是通过系统的和科学的手段对复杂系统的安全特性进行评估,建立用户对该产品安全性的信心。近年来,全寿命周期的过程安全控制已经引入国内城市轨道交通的建设中,进行了有益的探索。这种新的安全理念和做法已在国内一些城市轨道交通项目尝试应用,相继开展了一些相关的工作。

从目前的现状来看,国内关于安全方面的法律、法规和标准已基本形成体系,但专门针对轨道交通安全的还待完善,这方面的现状与分析详见第 3 章。除此之外,城市轨道交通安全保障的工作也在不断完善和发展之中,包括已在实施的城市轨道交通安全评价工作,贯穿于城市轨道交通全过程安全控制的安全保障体系的实施也在探索尝试之中。

1.4.2 城市轨道交通安全评价现状

1. 安全评价制度

安全评价工作是我国安全监管部门和企业安全生产的基础工作之一,安全评价报告已成为企业安全和安全生产管理工作的重要组成部分。我国的安全评价工作起步于 20 世纪 70 年代,是伴随着建设项目"三同时"制度而发展的。经过三十多年的发展,国家安监局已陆续发布危险化学品、煤矿、陆上石油和天然气开采等 10 项安全评价技术导则。评价内容覆盖了工程、系统的全寿命周期,适应了安全生产的需要。

依据《中华人民共和国安全生产法》关于建设项目"三同时"的要求,建设项目安全评价从单一的预评价扩展为安全预评价、安全验收评价和安全现状综合评价以及专项安全评价等类型。

(1) 安全预评价。安全预评价是指根据建设单位项目可行性研究报告的内容,分析和预测建设项目可能存在的各种危险、有害因素的种类和程度,提出合理可行的安全对策措施及建议,以利于提高该项目的本质安全程度。

(2) 安全验收评价。安全验收评价是通过对系统的设施、设备、装置实际运营状况和管理状况的调查分析,查找该系统投产后存在的危险、有害因素,确定其危险度,提出合理可行的安全建议,其目的是对未达到安全目标的系统或单元提出安全补救措施。

(3) 安全现状综合评价。安全现状综合评价是通过对运营单位的设施、设备、装置实际情况和管理状况的调查、分析,运用安全系统工程方法,进行危险有害因素的识别及其危险度评价。

2. 城市轨道交通安全评价现状

虽然我国工程建设的安全评价工作起步较早,但针对城市轨道交通建设的安全评价工作则启动较晚。依据《中华人民共和国安全生产法》，2007年国家安全生产监督管理总局颁布了行业标准《城市轨道交通安全预评价细则》（AQ 8004—2007）、《城市轨道交通安全验收评价细则》（AQ 8005—2007)以及国家标准《地铁运营安全评价》（GB/T 50438—2007），规范了城市轨道交通安全评价的相关内容，其附录中推荐了一些评价的方法，借鉴了建筑、危险品、矿山等危险行业的一些评价指标方法，但特别针对轨道交通的评价指标和方法仍需进一步研究。

国内大部分城市轨道交通建设一般是在项目工程可行性研究报告中包含安全性评价内容，但分散在不同章节中，如在自然地理状况和地质条件分析中，涉及关于防洪、防震安全性的评价；关于运营管理部分有关运营环境的安全评价，则放在报警和监控、防灾、环境保护及劳动安全卫生分析等章节。

大多数城市新建线路建设时在可行性研究阶段做安全预评价，如北京、上海、广州等城市线路作了城市轨道交通预评价，并编写预评价报告。北京地铁1、2号线2005年5月进行了运营系统现状安全评价，是自北京地铁建成以来，首次对地铁运营系统现状进行的安全评价，从危险危害因素分析、安全性分析评价、定量总体综合评价、突发事件人员疏散计算机模拟等方面对地铁运营系统的安全进行了较全面的综合分析。

3. 城市轨道交通安全评价存在的问题

目前，城市轨道交通安全评价存在如下主要问题。

(1) 安全预评价与竣工验收评价工程跨度太大

安全预评价在工程可行性研究阶段进行，而安全验收评价在项目开通运行后才进行，时间长达3~4年，工程跨度太大。从初步设计到项目验收，当中的设计、制造、安装施工好几个关键阶段，仅依靠相关技术标准来保证设施、设备安全，没有关于系统安全的控制手段，系统安全无法得到充分保证。

(2) 分析深度不够

当前安全评价对城市轨道交通安全特征研究不够，潜在安全隐患分析不足。评价内容主要以防火、防洪、防震为主，缺乏对轨道交通系统安全性、可靠性研究，尤其是对消除危及乘客、员工、项目承包商及公众生命安全的隐患的保护措施及影响等因素分析不够。安全评价导则中推荐了一些评价的方法，但针对轨道交通的评价方法仍需进一步研究，评价的指标也需要在相关标准中进一步明确。

(3) 施工安全评价措施落实不到位

随着城市轨道交通建设速度加快，一些地方在建设过程中片面强调时间和费用，忽略了施工安全管理的重要性。虽然在施工中进行施工安全评价，但一些项目的安全措施落实不到位。城市轨道交通施工方法及施工技术面临着城市轨道交通沿线的工程地质、水文环境复杂多变，工程周边既有建筑、地下管线环境复杂，施工作业条件受自然天气影响较大，施工理论研究尚不成熟等多方面不利因素，并且在施工中隧道塌方、结构位移、涌水、基坑灌水、高处坠落、机电伤害等易造成重大伤亡的事故仍时有发生。因此施工方法及施工技术需反复论证，施工安全评价提出的安全措施必须落实到位。

(4) 缺少关键设备安全认证

城市轨道交通系统构成复杂，设备种类繁多。在关键安全设备、设施的采用上，存在着片面强调技术的先进性的现象。而单纯追求"最新技术"，忽视对这些关键设备的安全论证、认证工作，将给今后轨道交通系统运营留下安全隐患。国外轨道交通项目针对关键设备、设施的安全认证体制，值得国内城市轨道交通项目认真学习和借鉴。

1.4.3 城市轨道交通系统过程安全控制现状

为了保证城市轨道交通系统安全，有关部门和各地采取了多种措施。国外一些城市在城市轨道交通安全保障，特别是在过程安全控制的安全保障体系的建立和发展上取得了较好的效果。因此，国内一些城市开始借鉴风险分析理念开展城市轨道交通系统安全控制工作。

1. 城市轨道交通系统过程安全控制现状

香港城市轨道交通安全保障体系已发展多年并较完善，其特点是将安全保障与服务评价相结合。从1990年起，香港地铁采用系统安全保障手段来确保地铁建设和运营的安全，政府则建立了相应的监督法规。随后新加坡、韩国的轨道交通项目，也相继采用系统安全保障手段来确保地铁建设和运营的安全。

国内深圳、成都、上海等城市的新建线路，已开展轨道交通系统安全保障工作，开始尝试建立安全保障体系。如北京4号线、成都1号线等项目，参照国外城市轨道交通系统安全保障体系的一些成功经验，引进系统风险管理的新理念，通过城市轨道交通系统建设、运营全过程的安全控制工作，来提升对城市轨道交通系统的安全控制水平。成都地铁1号线，分6个阶段9个系统进行了系统安全保障设计工作，每个系统均从系统保证计划、系统安全要求、可靠性要求、系统保证分析的基本条件及规则以及系统保证审核等进行系统安全保障设计。并将服务表现指标及子系统RAM目标渗入到安全保障系统设计目标中，并取得了一定的进展。

2006年，上海市轨道交通10号线工程进行了系统安全计划，系统安全保障工作围绕确保上海市轨道交通10号线工程项目的施工图设计阶段的安全进行考虑。对轨道交通各个系统内部，以及系统之间的接口可能影响安全的风险因素，进行充分的分析和研究，提出解决方案，督促有关部门和人员采取必要的措施予以消除。确保建成的轨道交通系统能保证乘客、运营管理及服务人员、维修人员、施工人员、进入运营系统的其他人员及设备的安全。建立了系统安全保障组织架构，其主要内容包括初步危害分析、施工图设计危害分析、设计安全审查(DSR)、安全及风险管理(HMS)、分期和分批对系统安全保障架构的所有人员进行培训、对系统安全保障文件进行内部审核和外部审核。

深圳地铁3号线是国内较早开展城市轨道交通系统安全保障工作的线路。2005年深圳地铁3号线在初步设计中首次引入了城市轨道交通安全保障系统的内容，开创了在指导和监督下，由勘察设计总承包单位负责设计阶段系统安全保障工作的先例，并取得了阶段性初步成果。深圳地铁3号线公司高度重视项目的系统安全性和可靠性工作，在项目管理中应用了风险管理的理念，开展了系统安全保障研究和应用工作。其系统安全保障及风险管理工作包括以下内容：

（1）项目设计（总体设计、扩大初步设计、施工图设计）、施工、采购、安装、调试、验收、缺陷责任期、试运营与系统设计相关的工作；

（2）在工程初期制订详细的系统安全计划，提出了系统保证及风险管理组织架构及相应的安全责任；

（3）对地铁各个系统内部以及系统之间的接口，可能对安全产生威胁的风险因素进行充分的分析和研究，提出解决方案，督促有关部门和人员采取必要的措施予以消除；

（4）对三轨供电等重大技术问题采用风险分析方法进行安全性评估，确保建成的地铁系统能有效保证乘客和工作人员以及设备的安全。

这些在建立轨道交通安全保障体系方面的尝试，将为建立适合我国国情的城市轨道安全保障体系提供宝贵经验，并将促进适合我国国情的城市轨道交通安全保障体系的建立。

从实践情况看，国内各城市已逐步将注重过程安全控制的和风险评估的新理念引入到国内城市轨道交通安全保障。尽管各个城市依据不同，阶段和系统划分不尽相同，采用的安全评估方法、程序、指标不尽一致，碰到的问题不同，但均是从系统的角度进行的，是一种有益的尝试。以下是国内一些线路采用系统安全保障体系的特点，如表1-4所示。

部分城市轨道交通系统安全保障特点对比分析 表1-4

城市	线路	系统安全保障特点
北京	4号线	新建线路4号线依据香港地铁的经验，采用风险为本的方法，在系统生命周期内开展安全保障工作，遵循风险等级原则
上海	10号线	围绕确保上海市轨道交通10号线工程项目的施工图设计阶段的安全进行考虑。对轨道交通各个系统内部，以及系统之间的接口可能影响安全的风险因素，进行充分的分析和研究，提出解决方案，督促有关部门和人员采取必要的措施予以消除。确保建成的轨道交通系统能保证乘客、运营管理及服务人员、维修人员、施工人员、进入运营系统的其他人员及设备的安全
深圳	3号线	为深圳市地铁3号线工程的全部勘察设计工作制定总体系统保证方针、明确在各阶段工作中对各相关主体的要求。订立具体的系统资源分配模式，明确有关各方的角色及责任分配，订立系统保证文件编制的大纲及提交计划
香港		➢ 成熟的法律法规体系。采用风险为本的方法，在系统生命周期内开展安全保障工作，遵循ALARP原则。在政府主管部门层面，香港政府委任香港铁路检验机构（HKRI）对铁路系统进行审查。通过其审查后，铁路系统方可投入运营 ➢ 建设及运营单位设置负责识别及控制危害的人员、项目系统保证部门、车站安全工作组及车辆、轨道、基建安全工作和最终责任人（香港地铁的项目经理），从不同层面上负责城市轨道交通系统的风险控制各项相关工作 ➢ 承包商、供应商在详细设计阶段、制造及调试测试阶段，开展危害分析，落实危害减轻措施，并以此更新承包商的危害登记册 ➢ 在项目建设期，香港地铁会聘请独立第三方评估机构开展四项安全审查（即系统审查、工作审查、承包商审查及安全技术评估） ➢ 在运营期，运营部门将落实危害减轻措施

2. 城市轨道交通系统过程安全控制存在的主要问题

上述许多城市轨道交通项目虽然吸取了国际上通行的风险管理理念，参照了 EN 50126 等国际安全标准，思路基本相同，但由于理解和应用条件的不同，具体做法相差较大。城市轨道交通过程安全控制工作还存在一些需要解决的问题，主要体现在以下方面。

(1) 缺乏统一的标准

各地建设项目采用的标准、工作内容、工作方法、工作流程、文件格式等许多技术问题没有统一。个别项目脱离实际情况，完全采用国外技术标准，造成与具体项目脱节，增加了项目实施的难度，增加了系统安全控制工作的费用，影响了工作的效果。

(2) 过程安全控制与项目管理脱节

一些项目没有严格遵循国内城市轨道交通工程基本建设程序，系统安全控制工作与工程项目管理不能有机结合而导致脱节，加上参与各方缺乏相应的经验，使工作量和工作周期增加。

(3) 安全控制工作缺乏规范管理

有些项目完全依靠国外咨询公司开展系统安全控制工作，国内城市轨道交通建设单位内部没有建立相应的组织架构和管理流程予以配合，管理体系不完整，安全控制工作的开展和工作的延续性受到很大影响。

1.5 城市轨道交通系统安全保障体系的构成

1.5.1 城市轨道交通系统安全保障体系的含义

从前面的分析可以了解，国内已有部分城市为解决轨道交通项目系统安全性和可靠性问题，相继在建设和运营过程中开展了系统安全保障工作。但这些项目的系统安全保障工作基本都处于分散的探索阶段，尚未形成完整的体系。也缺乏相关的城市轨道交通安全过程控制技术标准和统一的法规、规范，需要建立相应的制度来规定各方职责和工作标准。鉴于国内城市轨道交通事业快速发展而安全保障、安全控制相对滞后的形势，研究建立城市轨道交通安全保障体系具有显著的理论和现实意义。

从对于产品的定义来看，城市轨道交通项目同样可以看做是一种产品，因此其具备产品安全管理的共同要素，需要综合考虑多种宏观因素，包括政策、法律、技术、组织管理等层面，综合采取法律、经济、行政、技术多种手段，将规划设计、建设施工及管理运营不同阶段不同环节有机结合起来，形成完整的监督管理链条。具体来说，就是要使城市轨道交通系统参与各方针对系统全生命周期，从策划、设计、制造、安装、调试、直至报废的全过程，依靠一系列的保障系统安全的理论和方法，对城市轨道交通系统全生命周期的各阶段进行安全把关，保证系统始终处于可控的安全状态，构成城市轨道交通安全建设及运营的多方主体、多方面措施相互配合的有机整体，以保证系统安全目标的实现。构建这个完整的工作体系，就是为了贯彻"安全第一，预防为主"的方针，实现城市轨道交通系统安全保障工作的规范化，避免和减少各类事故的发生，降低生命、财产损失，全面提高城市轨道交通系统的安全水平，最终使城市轨道交通系统达到最优的RAMS（可靠性、可用性、可维修性、安全性）水平。

实践证明，由于我国管理体制和经济基础的特点，完全照搬国外的城市轨道交通安全保障体制和做法，实施中存在诸多问题。因此，有必要对符合国情的城市轨道交通系统安全保障体系进行深入研究和分析。在对已有研究分析的基础上，借鉴国内外研究成果，本书提出建立面向城市轨道交通全生命周期的安全保障体系。为使城市轨道交通系统达到最优的RAMS（可靠性、可用性、可维修性、安全性）水平，保障系统安全的一系列的理论和方法所形成的有机整体即称为城市轨道交通安全保障体系。建立完善的城市轨道交通系统安全保障体系，在城市轨道交通建设项目中开展系统安全保障工作，可以有效提高轨道交通系统生命周期内的安全性和可靠性，其经济效益和社会效益将是巨大的。

从城市轨道交通系统安全的目标与任务出发，其安全保障体系具体包括三个方面的内容，如图1-3所示。其中，法规保障体系是指国家、行业等各级管理部门和机构制定的法律、法规和标准、规范体系，为城市轨道交通系统安全提供统一、规范的行动指南。组织管理保障体系是指围绕城市轨道交通系统安全管理建立的一系列组织管理体制、管理程序和具体工作制度，为城市轨道交通系统安全提供可操作的工作流程。安全技术保障体系是指为保证实现城市轨道交通安全目标可以采取的具体安全控制方法和技术，为城市轨道交通系统安全提供具体的实施措施和手段。

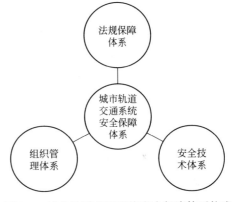

图1-3 城市轨道交通系统安全保障体系构成

本书引入国际上先进的系统安全及风险管理的理念，结合深圳市地铁3号线等城市轨道交通项目的实践，从法制、技术、组织管理等方面，探讨在城市轨道交通项目建设的各阶段（包括项目规划、可行性研究、设计、招标、设备制造、安装施工、调试验收、试运营及质保期等）开展系统安全保障的组织、方法和评价指标体系，并为政府有关部门制定系统安全保障法规和政策，建立适合我国国情的城市轨道交通安全保障体系提供理论和实践依据，以期填补我国在该领域的空白。

1.5.2 建立城市轨道交通安全保障体系的必要性

当前我国城市轨道交通不仅建设城市多，建设线路多，并且同时开工的线路多，建设速度快。城市轨道交通在把握机遇、快速发展的同时，由于系统复杂性和项目的特殊性，其建设、运营安全面临着诸多挑战。从法规、技术、管理等各个层面针对城市轨道交通全寿命周期的安全管理进行深入研究,对于保证城市轨道交通建设、运营安全无疑具有重要的意义。

(1) 适应城市轨道交通快速发展、完善安全保障的需要

我国已成为世界上城市轨道交通发展最快的国家,轨道交通已经成为大城市公共交通的主要发展趋势。各城市轨道交通在建的和已建成运营的轨道交通项目重大安全事故时有发生,安全保障任务艰巨。党中央和国务院领导同志对城市轨道交通安全多次做出重要批示,强调城市轨道交通安全管理工作的重要性,要求进一步加强城市轨道交通的安全生产管理工作。

国家和有关部门针对城市轨道交通建设和运营的安全管理,发布了一系列指导性文件并采取了强有力的措施,要求进一步完善地铁安全管理的法规和制度,强化全过程监管,督促各有关单位建立健全地铁安全工作的责任保证体系,落实安全管理各项措施。其主要内容是要求在城市轨道交通的规划、设计、建设、运营中,强化建设"以人为本、关爱生命"的安全文化氛围,健全安全法律法规体系,认真贯彻"安全第一、预防为主、综合治理"的方针;建立健全城市轨道交通安全管理机构,进一步加强对轨道交通建设、运营安全生产依法监督管理工作;借鉴国际上地铁建设和运营先进城市经验,学习其先进的理念、方法,建立适合我国国情的城市轨道交通安全管理体系,用系统论和方法论科学确定安全标准。因此,通过对我国城市轨道交通安全保障的现状进行充分的研究和分析,尽快建立适合中国国情且系统、有效的轨道交通安全保障体系,这对于我国城市轨道交通可持续发展具有重要的意义。

(2) 适应预防和控制事故灾害影响的需要

随着城市轨道交通建设规模、运营线路的不断增加,发生灾害的风险也愈来愈大。据国内不完全统计,城市轨道交通除了列车冲撞、脱轨和外因引起的火灾等重大事故外,在施工过程中发生的各种事故和运营期间由于车辆及各类机电设备故障引起事故的发生频率较高,是城市轨道交通安全的主要隐患。

为了规范城市轨道交通市场和建设、运营,实现以人为本的方针,应从预防的角度保护乘客的根本利益和人身安全,提高系统的安全性和可靠性。对可能引发城市轨道交通事故的设备因素、人为因素和环境因素,均可以通过采用建设期或运营期全过程的安全控制来防范,以避免事故的发生或减小其危害。因此,在城市轨道交通建设和运营过程中,对系统安全性、可靠性问题进行有效的控制和管理,已逐渐成为各城市轨道交通建设和运营关注的首要问题。

(3) 适应大量出现的城市轨道交通新技术、新产品和新型系统应用的需要

我国城市轨道交通安全保障工作传统的做法是强调单个产品的安全,即从材料的选择、计算方法、必须执行的生产工艺和生产方法、各种检测试验方法、验收及运输规定等各方面建立大量标准来保证每个产品的安全,通过产品个体的安全来确保系统安全。随着科学技术的发展,产品创新周期缩短,新技术、新产品大量涌现,产品组合的形式和功能日趋复杂,单个产品的安全并不能完全保证由此组合而成的各子系统和系统整体的安全要求。现代城市轨道交通安全理念建立在系统安全、风险分析理论及方法的基础上,通过规范化的风险识别、风险分析等手段,以及降低风险的措施来提高轨道交通系统的可靠性、可用性、可维护性和安全性。

我国城市轨道交通建设目前大多直接照搬国外的安全标准,由于国情不同,各城市引进设备的国别、系统制式不同以及对各国标准理解的偏差,造成了在采用安全标准方面的不规范、不统一,为城市轨道交通系统安全留下了隐患。因此,通过开展城市轨道交通系统安全保障体系的研究,建立相应的适合的管理体制、标准,从系统、整体的视角解决大量新技术、新产品的集成应用问题是保障城市轨道交通安全极为重要的任务。

综上所述,尽管国内目前已有一些线路正在尝试建立城市轨道交通过程安全保障机制,采用系统安全、风险理念来指导项目的安全保障工作,但实践中暴露出一些关系到政策性的根本问题,亟须政府制定相应的法律、法规和标准体系来加以规范和支撑。借鉴国外安全保障体系的先进做法,吸收风险控制等先进理念,结合国内城市轨道交通发展的现状,对我国城市轨道交通事业的发展十分重要和必要。因此,通过深入研究城市轨道交通安全保障的理论和方法,为未来的实践提供参考,建立科学、合理的安全保障体系,具有重要的理论和现实意义。

1.6　城市轨道交通系统安全保障体系框架

建立完善的城市轨道交通安全保障体系,涉及城市轨道交通系统的安全政策和技术标准体系、项目规划与设计、施工建设和运营管理过程的安全监控、安全性评估和产品安全认证、预警与灾害应急处置和救援机制、综合紧急救援技术和装备等诸多方面。本书将主要针对城市轨道交通安全保障体系的法律法规制度、体系的管理组织架构与各有关方的职责、独立第三方安全评价(评估)和建立现代化的管理手段、安全过程控制的工作内容和工作方法等几个方面进行分析和研究。

1.6.1　城市轨道交通系统安全保障体系的目标

在国内外典型城市轨道交通项目系统安全保障体系的分析和研究基础上,针对我国城市轨道交通系统安全保障体系存在问题,结合轨道交通建设运营特点,城市轨道交通系统安全保障体系应实现以下总体目标。

(1)建立有效的城市轨道交通系统安全管理体制。充分体现政府对城市轨道交通项目系统安全保障工作的主导地位,实现对轨道交通全生命周期内的安全监管。只有建立合理的管理机制,才能实现政府部门对轨道交通建设、运营的各参与方进行有效控制。

(2)建立适合我国国情的城市轨道交通系统安全保障法律法规和技术标准,使各有关方能遵照统一的技术标准开展项目的系统安全保障工作。具体任务包括由政府制定完备的法律、法规和规范,明确对轨道交通系统安全管理的规定,建立城市轨道交通系统安全保障管理组织架构,明确城市轨道交通各级相关机构的安全职能、安全责任,明确各方安全相关人员的责任和应当依据的规程,明确系统安全保障工作的费用标准。

（3）研究面向城市轨道交通系统全寿命周期的安全控制方法。城市轨道交通系统安全保障工作要覆盖城市轨道交通项目全生命周期的各个阶段，城市轨道交通建设单位及运营单位等各方主体，须在项目生命周期内开展系统安全保障工作，识别、评估风险，并采取相应的风险减轻措施。

（4）完善安全评价组织管理制度。在政府的监管下，由具备资质的独立第三方依据国家标准对轨道交通的建设和运营过程进行评估、监控，从而保障轨道交通的系统安全。在运营前，政府主管部门将分别审查建设单位及运营单位的系统安全保障工作，对合格项目颁发安全证书，确定项目符合安全开通条件，并使运营单位取得开通资格。

1.6.2 城市轨道交通系统安全保障体系的构建原则

城市轨道交通安全保障体系应贯穿轨道交通全生命周期，安全保障体系的各部分应该是相互关联的有机整体。同时，一个完善而有效的安全保障体系不但应包含现有各阶段安全保障措施与技术，而且能够吸纳不断涌现的新的安全管理制度和技术。安全保障体系应具备系统、兼容、全面等特征。具体来说，建立城市轨道交通安全保障体系应遵循下列原则：

(1) 系统性原则

城市轨道交通系统安全保障工作是一个复杂的系统工程，必须以系统理论为基础，全面考虑系统的安全保障工作。安全保障体系包含的各部分内容之间相互关联，相互影响。例如，安全法律规范体系是将现有成熟的安全保障技术和方法标准化、制度化。同时，完善的法律规范也是系统参与各方的行动指南和政府的监管依据。只有各参与方安全责任的合理分配，才能确保各项安全保障工作，包括标准实施、安全评价、安全预警及应急救援和安全信息追溯的顺利开展。

(2) 层次性原则

安全保障体系应结构清晰，各子体系关系明确，层次分明。体系包含的内容应该依据系统的全生命周期过程划分，或者安全保障工作的实施过程构建完善的子体系架构。

(3) 协调性原则

城市轨道交通系统安全保障体系必须与我国现有的安全法律规范，安全管理制度以及安全评价工作相衔接，避免城市轨道交通保障体系与国家安全保障法律政策相互脱节。同时，安全保障体系应适应市场经济的要求并与国际先进的城市轨道交通安全保障体系相接轨。

1.6.3 城市轨道交通系统安全保障体系框架

城市轨道交通属于一种非常特殊的公共建设项目，其建设及运营的安全性尤其重要，而系统全生命周期的各项活动又极为复杂，对其安全的保障工作需要进行全方位的展开。课题组在其研究工作中，主要分析了轨道交通的法律法规建设、风险管理、各阶段日常安全工作分析等几个方面。而从系统构成因素方面，安全保障体系的内容亦可理解为，轨道交通安全保障体系就是通过信息化网络的连结，使人、机、环境三方面能实现自控、互控和协调，实现系统的安全目标。

考虑城市轨道交通安全保障体系的研究内容，根据项目全生命周期理论、系统可靠性理论以及借鉴产品质量管理体系相关理论，构建了城市轨道交通项目全寿命周期安全保障体系，见图1-4。

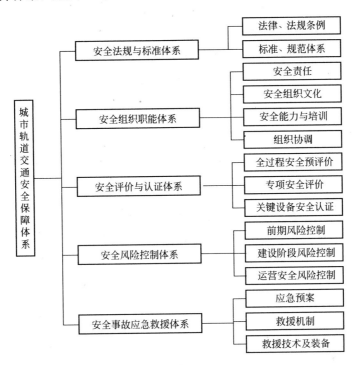

图1-4 城市轨道交通安全保障体系框架

1. 安全法规与标准体系

城市轨道交通系统安全法规与标准体系是指专门针对城市轨道交通行业安全管理的法律法规及标准规范体系，具有规定性、稳定性和强制性特点，是城市轨道交通安全建设与运营的基本依据。城市轨道交通系统安全保障法规与标准体系是对成熟的安全理论、安全技术和安全管理工作的制度化和标准化的结果。

城市轨道交通系统安全法规是指专门针对城市轨道交通制定的安全生产、安全监督等方面的法律、行政法规、地方性法规以及部门规章等。目前，我国城市轨道交通城市轨道交通安全法律体系是以《安全生产法》为中心，在现有建设工程有关法律和城市轨道交通运营法律规章的基础上，逐步完善系统全生命周期各阶段的法律体系。具体内容详见第3章。

随着城市轨道交通在我国的蓬勃发展，城市轨道交通安全标准体系的研究得到日益重视。构建城市轨道交通安全标准体系是为了在一定范围内建立具有内在联系及特定功能的、协调配套的标准有机整体，达到最佳的标准化效果。在对国外相关安全标准分析总结基础上，城市轨道交通安全标准体系分为安全技术标准、安全管理标准、安全行为标准三部分，即通过制定相应的技术要求，确保各类工程实体因素的安全；通过规定合适的方法和要求，在管理中对安全进行控制；通过规范的行为准则，保障建设者和运营操作者的人身安全，在三者共同作用的情况下切实保障轨道交通的安全。同时，根据我国标准编制和使用范围规定，可以将标准分为国家及行业标准、地方标准、企业标准三个层次。

2. 安全组织职能体系

一个全面和清晰的安全管理体制是保障系统安全的组织保证。城市轨道交通从系统设计、建造到运营，都应有相应的组织架构，承担各项安全风险管理任务，确保各阶段的安全管理有效落实，避免出现权责不清、缺乏沟通、监督不力等问题。城市轨道交通安全管理职能体系的主要内容包括安全责任体系，安全组织文化，安全能力与培训以及组织协调等。

安全责任体系是安全组织职能体系的核心内容，是保障城市轨道交通安全的关键。安全责任体系是为了明确界定系统全生命周期中涉及的所有单位的安全责任，将城市轨道交通安全责任落实到每个参与单位、每个单位的员工，并通过法律法规，政府监督及参与方之间的相互监督保证各单位安全责任的有效落实，最终保障系统安全，避免安全事故的发生。我国城市轨道交通生产经营单位包括建设单位、运营单位、设计、勘测、施工、安装等单位，也包括车辆等机电设备生产单位。建设和运营有同为一个主体的，也有分开经营的。根据安全责任体系构建原理和工程风险分担原则，将城市轨道交通安全责任分配到各单位。

总体来说，我国城市轨道交通安全组织职能体系架构仍需要进一步优化。就政府层面来说，目前我国城市轨道交通安全缺乏统一的协调组织结构，致使各个阶段和层面的管理脱节。虽然安监局是作为系统全过程安全的综合监管部门，但轨道交通专业性强、技术复杂，单单依靠安监局来综合协调住建部、交通部、质检总局及公安、卫生等部门，在管理和技术上都无法保障，在地方政府层面也是如此。另外，不同安全责任主体的安全技术水平也参差不齐，咨询单位在建设工程方面较强，而对于运营等方面的安全咨询则很弱。轨道交通工程设计方面技术能力较强，而轨道交通安全评价、产品认证方面则较弱。咨询单位也缺乏独立性，业主既是委托单位也是被评价单位。因此，现有安全责任体系仍需要进一步优化，各安全责任主体的安全职责应该进一步明确，各主体之间既要保持绝对的独立性，也要建立良好的协调合作关系。

3. 安全评价与认证体系

城市轨道交通安全评价是以实现系统安全为目的，应用安全系统工程原理和方法，对系统中存在的危险、潜在的有害因素进行辨识与分析，判断系统发生事故的可能性及其严重程度，提出安全对策和建议，从而为系统制定安全防范措施和管理决策提供科学依据。评价体系是政府监督城市轨道交通企业安全工作和系统安全性状态的重要方法；同时，也是企业进行安全水平自评的主要方式。

安全评价工作是目前城市轨道交通建设、运营安全依法要求执行的，也是对

"三同时"原则(所谓"三同时",即建设项目的安全设施,必须与主体工程同时设计、同时施工、同时投入生产和使用)在城市轨道交通建设安全工作中贯彻的监管。目前国内一些城市的新建线路已根据政府监管部门的要求进行评价工作,但是由于配套的评价机构、评价技术标准还需进一步完善等体制上的原因,大多数城市新建线路建设时仅可行性研究阶段做安全预评价。

4. 安全风险控制体系

安全过程控制体系对系统建设、运营全过程的安全风险进行实时监控管理,实现对城市轨道交通的过程控制,是安全保障的关键方法。系统设计、建设及运营各阶段均应开展风险控制的工作。

前期阶段,城市轨道交通系统安全风险控制的主要任务主要是对项目建设风险进行规划,对设计成果进行风险识别、评价并采取相应措施。此外,还应建立相应的安全风险控制机制,确定安全风险控制策略。

建设阶段,风险监控主体包括独立第三方监测单位和土建施工单位。监测项目包括工程施工中所有监测项目的相关属性,支持地表、地表建筑、地下管线及结构物沉降、拱顶下沉、周边净空收敛、裂缝监测、孔隙水压力、支撑或轴杆锚力等。监测数据需按工程线路、工程标段、监测体系、监测项目、监测测点进行监测数据的分类,从而帮助建设单位监督各方监测工作实施到位的情况,规范各方监测行为。监测人员应按照每种监测类型的统一数据格式和报表样式,对监测数据进行标准化、结构化的存储和管理,实现监测数据的标准化。

运营阶段,城市轨道交通安全监控体系主要是在对路网协调指挥、各线路运营系统集成、信息共享和决策支持等系统需求分析的基础上,构建城市轨道交通的综合监控系统。将现有各个处于信息孤岛状态的不同线路日常运营管理工作综合集成起来,使物理上分散的各个监控系统包括列车控制系统 ATC、设备监控系统 SCADA、自动售检票系统 AFC、火灾监控系统 FAS、环境监控系统 EMCS 等综合集成起来实现综合监控,以发挥监控系统的整体优势。并且能够在突发事件时,为事故和灾害的应急处置提供大量的静态原始基础信息和动态监控信息,如客流信息、现场电子地图信息和辅助决策信息。

5. 安全事故应急救援体系

为了应对各种可能的突发情况,需要制定在发生轨道交通事故后所采取的紧急措施和应急处置预案,充分利用一切可能的力量,在事故发生后迅速控制事故发展并尽快排除事故,保护乘客和员工的人身安全,将事故对人员、设施和环境造成的损失降低至最低程度。目前,国内已基本建立起一个比较完善的城市轨道交通应急组织管理体系,形成了国务院、省市、城市轨道交通单位三个层次的应急管理机构。按照"以人为本、科学决策、统一指挥,分级负责、各负其责、分工协作"的工作原则,对城市轨道交通企业生产过程中的应急事件进行管理、处置。

尽管我国已经开始意识到应对城市轨道交通事故灾害的重要性和紧迫性,并在实践中取得了一定的效果,但是还存在一些问题和限制因素,制约了城市轨道交通事故灾难管理水平的进一步提高。如应急管理部门,包括建设、交通、消防、防汛等部门分割的管理体制，造成部门间职能交叉、相互推诿等协调问题，同时也降低了应急救援的效率。此外，应急管理的技术和手段还有待提高。目前，已有部分城市应用了先进的安全保障技术，如武汉地铁在建设施工期间的安全风险监控管理系统的应用（含远程监控传输、信息管理、视频监控等），上海建立了轨道交通网络运营协调与应急指挥系统（COCC&ETC）取得了较好的效果，可以进一步推广应用。

2 国外城市轨道交通安全保障体系

2.1 美国城市轨道交通系统安全保障体系

2.1.1 轨道交通安全法规与标准体系

1. 轨道交通安全法律法规体系

美国对于城市轨道交通安全保障的做法是通过全过程安全控制来保障系统的安全。具体来说，美国城市轨道安全法律法规体系分为两大部分：建筑安全法律法规和轨道交通安全运营法律法规，具体构成见图2-1。

建筑安全相关法律法规属于整个职业安全与健康法律体系的一部分。美国目前的职业安全与健康法律体系是在1970年通过的《职业安全与健康法》的基础上形成的，分为三个层次：第一层次是基本法——职业安全与健康法，明确了职业安全与健康的各项基本原则，成立了管理机构体系；第二层次是OSHA（职业安全与健康局）制定的严格、细致的各项标准，不但明确了安全与健康措施的各个细节，甚至对各行业应该采取的不同的工程措施也作了详细规定；第三层次是OSHA标准的行动指南。

轨道交通安全运营方面，2005年8月美国国会众参两院及总统通过了最新的交通授权法和安全的、负责任的、灵活的、有效率的交通平等法案，这是美国针对公共交通安全领域制订的最高级别的法律。有了法律之后，联邦机构的设置、权力（限）、活动和有关项目安排就有了法律依据。相对于交通方面的行政法，美国交通部法、交通授权法和交通拨款法则是这些法律中最活跃也是最主要的部分之一。

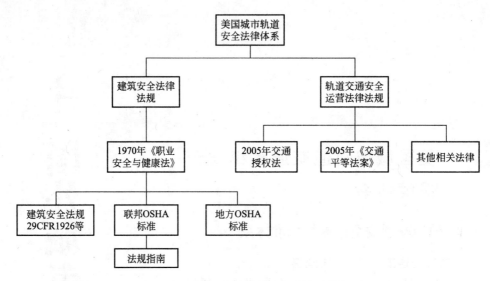

图 2-1 美国城市轨道交通安全法律体系

美国城市轨道安全方面的法律法规立法的基本程序是比较具有特色的，美国的政治架构决定了其在各方面包括城市轨道交通安全方面的立法产生以及立法通过的基本程序。美国城市轨道安全方面立法的基本程序是民众选举代表，代表提出法律提议、经过民众听证及代表讨论，最后制定出交通相关法律。

交通法的提议有两种。一种是行政提议(Administration Bill)，另一种是国会提议(Congressional Bill)。当发生了重大安全事故之后，国家运输安全委员会(NTSB)负责对安全事故进行深入地调查以确定可能的事故原因，并从中吸取教训，针对现有的法律法规的不足，总结出改进建议，然后提交给运输部(DOT)处理。

制定轨道交通安全运营法律法规的美国众参两院和交通有关的专门委员会分别是：参议院商业、科学和交通委员会(负责交通有关的安全事务)，以及参议院银行、住房和城市事务委员会(负责大运量公共交通)。从某种程度上讲，美国的交通法律是服务于这些委员会的众参议员制定的，而这些议员则是由各选区选民选举，对选民负责。

2. 轨道交通安全标准体系

在标准、规范的效力方面，美国实行技术法规与技术标准相结合的体制。技术标准包括国家标准等都是自愿采纳，而技术法规层面则必须强制执行。美国的各类标准的制订都建立在私人企业的竞争机制上。在美国，任何一个组织，包括协会、学会、制造商等，都可以自己投资去编制那些自认为是需要的技术标准，这些标准在得到国家权威机构认可前，实际上只是一种技术资料而已。美国政府在美国标准体系中不处于主导地位，但其作用至关重要。美国政府在制定国家技术法规体系时，一方面，在必须集中国家力量的重大领域制定强制性标准(法规)。另一方面，在立法中采用自愿性标准，使之具有强制执行力。在实施政府采购时，美国政府则利用合同引用来确立其采购标准的地位。美国标准技术研究院(NIST)作为美国政府中唯一的标准化官方机构，集中体现了政府对美国标准化进程提供的巨大技术支持。此外,美国政府还通过标准化立法来直接推进美国标准体系的发展。美国国会于1995年通过《国家技术转移和进步法》,从法律上确立了美国私营领域的主导地位和政府参与的标准体系。

目前,美国在城市轨道安全方面主要涉及以下三个标准体系。

(1) ANSI 标准体系

1918年,美国材料试验协会(ASTM)、美国机械工程师协会(ASME)、美国矿业与冶金工程师协会(ASMME)、美国土木工程师协会(ASCE)、美国电气工程师协会(AIEE)等组织,共同成立了美国工程标准委员会(AESC),1969年正式改为美国国家标准学会。

ANSI 是美国自愿性标准体系的管理者和协调者,其自身虽然并不参与标准制定,但负责标准制定者的资格认定和美国国家标准的审核批准,实质上已经成为美国国家标准化活动的中心。ANSI 不隶属于美国政府部门,而是一个非营利性质的民间标准化组织。ANSI 承担了越来越多的公共事业职能,协调并指导全国标准化活动,起到了联邦政府和私营领域标准化系统之间的桥梁作用。现今的 ANSI 虽然在法律上仍是一个纯粹的民营团体,但事实上已具有相当程度的半官方色彩。

ANSI 经联邦政府授权,作为自愿性标准体系中的协调中心,其主要职能是:协调国内各机构、团体的标准化活动;审核批准美国国家标准;代表美国参加国际标准化活动;提供标准信息咨询服务;与政府机构进行合作。ANSI 现有工业学会、协会等团体会员约200个,公司(企业)会员约1400个。其经费来源于会费和标准资料销售收入,无政府基金。美国标准学会下设电工、建筑、日用品、制图、材料试验等各种技术委员会。

美国国家标准学会本身很少制订标准,其 ANSI 标准的编制遵循自愿性、公开性、透明性、协商一致性的原则,主要采取投票调查法、委员会法及从各专业学会、协会团体制订的标准中,将其较成熟的,而且对于全国普遍具有重要意义者,经 ANSI 各技术委员会审核后,提升为国家标准(ANSI)并冠以 ANSI 标准代号及分类号,但同时保留原专业标准代号。目前,经 ANSI 认可的标准制定机构有180多个,制定的标准总数有3.7万个,占非政府标准的75%。其中的小部分经 ANSI 批准为国家标准。ANSI 制定发布的1.1万个标准中,只有1600个是自行制定的。ANSI 于1946年代表美国参加国际标准化组织(ISO)和国际电工委员会(IEC),同时也是美国技术标准委员会(COPANT)和太平洋地区标准会议(PASC)的积极成员。ANSI 标准体系中没有针对城市轨道交通安全方面的标准体系。

(2) OSHA 标准体系

OSHA 标准属于整个职业安全与健康法律体系的一部分,它与美国的建筑安全相关法律的相互关系见图2-2。

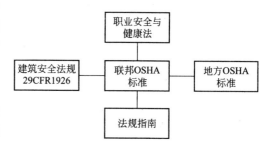

图 2-2　OSHA 标准与美国的建筑安全相关法律的相互关系

OSHA 标准可以分为四个主要类别：一般行业、建筑、海事和农业。在所有 OSHA 标准中，与轨道交通安全关系密切的包括：29 CFR 1903（检查、起诉和惩罚）、29 CFR 1904（记录与汇报职业伤害与疾病）、29 CFR 1910（一般行业中的第十二部分建筑工程）和 29 CFR 1926（建筑安全与健康法规）。其中 29 CFR 1926 作为建筑安全与健康标准，分为 26 个部分，从一般安全与健康条款，到环境控制、个人防护用品和急救工具、火灾预防、标识和遮挡、材料处理和堆积等建筑施工的各个环节，都规定了详细的关于建筑施工的各项细则。其中 C 分部 "一般安全与健康条款" 包括：每一个承包商、雇主参与并保持安全与健康计划的责任；规定专业人士实施经常和常规的检查；指导每一位雇员认识和避免不安全的环境，认识哪些法律适用于工作环境。

(3) 行业协会标准体系

美国与城市轨道交通安全有关的行业协会和标准体系主要有美国土木工程师协会（ASCE）、美国公共运输协会（APTA）和美国试验与材料学会国际组织（ASTM）。

美国土木工程师协会（ASCE）可以发展和制定统一准则和规定，并作为设计导则，ASCE 的动作需要通过美国标准委员会（ANSI）的批准，因而 ASCE 所有标准均可经 ANSI 批准成为美国国家标准。

美国公共运输协会（APTA）是一个拥有 1500 多个公共和私人成员组织的非营利性的国际协会，包括过境运输系统和通勤铁路运营；规划、设计、建造和金融公司；产品和服务的提供者；学术机构，过境协会和国家有关部门的运输。APTA 成员通过提供安全，有效和经济的运输服务和产品为公众利益服务。标准已成为 APTA 和公共交通行业一个重要的项目活动，APTA 通过其政策和规划委员会创造了积极的工作机构组织，为标准的发展发挥了重大作用。数百名志愿者服务行业的许多工作委员会为公共汽车、轨道交通和通勤铁路运营、维修、采购制定标准，这些标准目前正用于实现服务改进、设施和车辆运营效率和安全性等方面。APTA 被美国政府正式指定为标准发展组织，它建立了一个常设的筹资机制，以支持建立标准的活动，并建立了一个常设委员会，称为标准制定和监督理事会（SDOC），以监督和领导 APTA 的标准发展。

ASTM（美国试验与材料学会国际组织）是目前世界上最大的制定自愿性标准的组织，成立于 1898 年。ASTM 原名美国材料和测试协会，现有会员 30000 余名，来自 100 多个国家，是世界上最古老也是最大的自愿协调标准制定机构之一。ASTM 是美国为数不多的专注于标准制定工作的标准化机构，2001 年改名为 ASTM International，显示了 ASTM 想成为国际性标准制定机构的雄心。ASTM 现有标准 12000 多个，高质量使 ASTM 标准在世界范围内获得广泛应用，目前有 125 个国家的技术法规中引用 ASTM 标准，美国政府也对 ASTM 标准的依赖程度很高。作为非营利性组织，ASTM International 为材料、产品、系统和服务的自愿性协商一致标准的制定和发布提供论坛。ASTM International 的成员代表制造商、用户、消费者、政府和学术机构制订技术文件，这些技术文件是生产、管理、采购以及制定法规与条例的基础。

此外，行业协会标准体系中还有 AAR 标准，它是确保北美铁路安全、迅速、高效、整洁、技术先进的非营利性技术协会，其成员包括美国、加拿大、墨西哥的铁路货运公司以及美国客运公司（Amtrak）等；其业务主要涉及铁路货运方面以建立行业标准为基础的技术服务，不同组织机构之间的运输协调和铁路技术基础性、耐久性和有效性的研究等。

2.1.2 轨道交通安全保障管理体制

美国城市轨道交通安全管理体制可以概括为"国家监察，企业负责，保险制约，行业咨询"。国家监察是指美国交通运输部、劳工部职业安全与健康监察局（OSHA）及其分支机构等对各建设现场、运营公司的监督和检查。企业负责是指轨道交通运营公司的雇主对本企业生产经营过程中所有人员的安全和健康负责，其必须自觉遵守已颁布的非常详细的联邦及本州的各项安全标准和法规，一旦发生事故，雇主要承担一切责任。保险制约是指在联邦法律中明确规定雇主必须为雇员提供人身保险，保险费率是根据企业安全管理状况及上年度事故情况来确定，应用经济手段控制企业的生产成本，从而制约运营公司的安全生产行为。行业咨询是指国家职业安全与健康研究所所属的12个专业委员会对 OSHA 的咨询以及各行业协会及专业咨询公司对城市轨道交通运营公司的安全咨询，其中美国土木工程师协会 ASCE 也提供咨询服务。虽然 NIOSH 和 OSHA 是基于国会的同一法案而建立起来的，但它们是两个职责不同的机构。NIOSH 隶属于美国卫生与公众服务部，是一个研究机构。OSHA 隶属于美国劳工部，是负责建立和执行工作场所安全与卫生法规。NIOSH 和 OSHA 经常携手合作，致力于共同的目标——保护工人安全与健康。美国公共运输协会（APTA）是联邦铁路局（FRA）的一个子协会，是一个标准发展组织。

美国城市轨道交通安全管理体制见图 2-3。

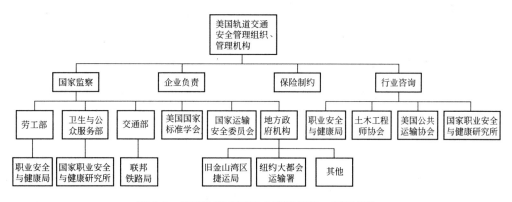

图 2-3 美国轨道交通安全管理组织、管理机构

成立于1971年的职业安全与健康局（OSHA）是美国职业安全与健康的领导机构，它致力于寻找并分享最有效率的途径，为工作场所中所有雇员提供一个安全、健康的工作环境，以保护生命、预防伤害和职业病。OSHA 的最终目标始终是：

减少伤害和职业病，实现"零死亡"。OSHA 的任务是通过制定和实施标准加强全美工人的安全与健康，提供培训、扩展服务和教育，建立伙伴关系，鼓励持续改善工作场所的安全与健康。

成立于 1967 年的美国交通运输部（DOT）扮演着国家交通领域的领导者角色。总部位于华盛顿，作为美国政府的职能部门，主要是发展和完善与交通和运输相关的法规，以满足环境和国防的需要，同时交通运输部也是联邦政府中的一个基础部门，担负着制订和管理有关政策和项目，以保护并提高交通运输系统服务的安全性、适当性和有效性。交通部的组织机构庞大，职能部门繁多，涉及与效能相关的各个领域的事务，下设联邦公路、铁路、航空、海运等管理局、总检察官办公室、国家公路交通安全局（NHTSA）等部门，在全美拥有 6 万名雇员。美国交通运输部中负责城市轨道交通的部门是联邦公共交通管理局（FTA）。FTA 是美国交通运输部的 11 个业务管理部门之一，在全国设 10 个区域办事处，由总统任命的一名管理者统率，FTA 提供相关的指导，项目范围包括全美的各种本地规划，建造和运营的公共交通系统，包括巴士、地铁、轻轨、通勤铁路、有轨电车、单轨列车、客船等，尤其倾向于轨道交通。

国家运输安全委员会（NTSB）是独立的国家机构，是一个政府行政部门。这个机构调查美国的重大交通事故，进行特别调查和安全研究，并提出安全建议，预防以后发生类似的事故，评估其他政府机构的计划预防交通事故的效力，并且复审申请强制执行判决的诉讼。安全委员会调查员全年 365 天每天 24 小时工作。

铁路安全咨询委员会（RSAC）的主要职能是解决任何现有的或潜在的安全问题，找出成本效用解决方法，并找出需要调整的选项。在决定规则是否需要的时候，这个委员会要考虑美国行政命令。RSAC 会给 FRA（联邦铁路局）提供意见和建议。

2.2 英国城市轨道交通系统安全保障体系

2.2.1 轨道交通安全法规与标准体系

英国城市轨道交通安全法规与标准体系分为 4 个层次：第一层次是基本法——劳动健康安全法，明确了雇主和其他参与主体人的基本安全责任，并且成立安全管理机构体系；第二层次是行政法规，通过设立标准的形式明确了各行业各企业所应该达到的安全管理目标，但并没有规定为达到目标而需要采取的措施；第三层次是官方批准的实践规范，由各行业自行起草，详细描述并推荐行业中能够达到法律要求的比较好的安全实践形式的各个方面，但并不做硬性要求；第四层次是指南和标准，作为雇主采取安全措施时的建议和指导。具体的城市轨道交通安全法律、法规和标准体系见图 2-4。

1. 安全法律法规体系

英国安全保障法律法规体系包括三个方面：法律法规、行政法规以及官方批准的实践技术规范。

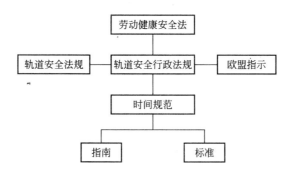

图 2-4 英国城市轨道交通安全法律、法规和标准体系

(1) 法律法规

在法律层面,《劳动健康安全法》(HSW Act)是基本法。《劳动健康安全法》(HSW Act)规定了雇主和雇员的安全职责,是英国管理工作场所健康和安全的最高层次的法案,也是英国的工作场所更加安全的里程碑,它第一次强调所有的雇主保持自己工作场所的健康和安全,为更好、更有效的管理提供了一个强有力的框架,并改变了英国工作场所的健康与安全状况。

《劳动健康安全法》的基本特征是:要求所有的雇主尽可能合理地为其雇员提供一个健康安全的工作场所;要求雇主确保非雇员(包括参观工作场所的非雇员人士、消费者、过路人和地区居民)免于接触那些影响他们健康和安全的风险;要求雇员为他们自己以及其他人的安全采取合理的预防措施。该法把法定的健康与安全责任施加给以下人士:雇员;自我雇佣人员;设计师、工程经营者、工作中使用的设备和材料的进口商和供应商;经营场所的管理者;社会公众。其主要条款表明了一般责任,比如:雇主负责维持安全的工作环境;作业人员负责保证公众的安全;要求产品的设计能保证人的安全,对健康没有任何风险;要求雇员与雇主合作。《劳动健康安全法》适用于铁路和城市轨道交通系统,对负责线路建造、运行维护的组织具有约束力。该法案拥有制定行政法规和规范的权力,在该法案框架下制定的规范拥有法律效力,而健康安全执行局又针对这些规范制定操作指南。2004 年 5 月英国政府发布了《健康安全(董事责任)法案》,该法案的目的是对《劳动健康安全法》进行修订,以落实公司董事法定的职业健康安全责任和落实大公司任命专门负责健康安全工作的董事的职责。

除此之外,铁路领域的安全管理有其特定的法律和法案,主要包括《铁路与运输安全法》、《铁路法》、《反恐怖主义法》等。英国 2006 年 4 月颁布了《铁路和其他导向系统安全管理条例》(ROGS)。

另外,英国在城市轨道交通领域也有其特定的法律和法案,如伦敦地铁法案。伦敦地铁法案于 1991 年颁布实施,其主要分为五个部分:第一部分前言,主要是一些名词解释和与普通法律的结合;第二部分主要内容是对工作中需要使用的街道进行各种开挖、停用等权力,地铁建设的一般模式、污水处理以及相关计划的通过等;第三部分主要内容是土地和特殊地块的征用和强制收购、保留地的增值、土地的临时占用、教会财产等；第四部分保护性条款，主要包括英国铁道部、邮局和英格兰历史遗迹皇家委员会的保护条款；第五部分综合，包括英国铁道部的同意、已废弃的地下有轨电车的利用、计划通过、仲裁和法案成本等。

(2) 行政法规体系

英国的行政法规通常是由相应的政府大臣根据 HSC 提交的建议，在咨询后签署。英国涉及城市轨道交通安全方面的行政法规主要有《工作场所健康和安全管理条例》，其中规定雇主必须评估雇员及其他受到工作影响的人员的风险。使用同一个工作场所的雇主必须共同协作，保证该工作场所的安全，共享安全信息；《建筑(设计与管理)条例》提出了参与建设项目的人员应负的职责。他们必须做好计划、协同工作、分析信息，并保持一定的记录。这能够控制受到建设项目影响的人群的健康和安全，而参与建设项目的人员必须向健康和安全执行局证明他们做了这些工作。《铁路(安全关键工作)条例》对于其雇员参与了铁路"安全关键工作"的雇主提出了要求。他们必须评估雇员是否能够胜任和是否适合这项工作，而这些评估过程必须记录下来。《铁路(安全事故)条例》中指出，铁路和车站的工作人员，以及铁路基础设施的控制人员必须准备好应对铁路安全事故。在进行操作前，要先考虑是否会出现安全事故，并遵循一定的操作指南。此外还有其他一些条例和规范，比如《危险物品运输管理条例》、《危险物品携带管理条例》、《用电安全、质量和持续性条例》、《铁路及其他指导性运输系统管理(安全)条例》等。

(3) 官方批准的实践技术规范(ACOPs)

官方批准的实践规范(ACOPs)是在征得相应国务大臣的同意后批准的，不需要经过议会的同意。ACOPs 在法律中具有特殊的权威，若有既不遵守《劳动健康安全法》或相关行政法规的要求，也不遵守 ACOPs 条款，法院可以对其提起刑事诉讼，除非他可以证明自己遵守了 ACOPs 的要求。因此，ACOPs 更容易更新，具有应对创新和技术变化而不降低标准的灵活性。

2. 安全保障标准体系

安全保障各类指南是由健康与安全委员会或其建议委员会、或健康与安全执行局颁发。指南并不具有强制性，雇主自由选择采取其他措施。铁路行业的指南主要有黄皮书系列及其应用手册。

英国在 1996 年制定了轨道交通工程安全管理技术标准《Engineering Safety Management Issue(Yellow Book)》(ESM)，称为"黄页"(Yellow Book)。是针对铁路系统在系统生命周期内安全保障工作的指导，指导安全审核和安全认证工作。现行的黄皮书版本为第四版第一卷和第二卷，以及《维护人员使用摘要》《Abridged version for maintainers》。黄皮书编写组还出版了一系列实施指南作为黄皮书的补充，在某一方面提供更加具体和实用的操作指导，目前使用的指南主要有《独立安全认证》、《黄皮书与欧盟指示的关系》、《维护检查表》。

英国城市轨道交通行业的技术及管理标准按照对象可分为控制与信号(Control Command & Signalling)、铁路站场(Fixed & Mobile Plant)、列车(Trains & Rolling Stock)、轨道结构及固定基础设施(Track, Structures, Stations & Fixed Infrastructure)、运营(Operations，Operational Signalling，Special Operations Such as the Acceptance & Carriage of Dangerous Goods，& Safety Critical Activities)及电气电子系统(Electrification Systems & Electrical Installations)六大类；按标准类型可分为RT(Railway Group Standards)、RC(Railway Approved Code of Practice)和GN(Guidance Notes)三种。

英国城市轨道交通行业的技术及管理标准具体见表2-1。

英国城市轨道交通行业的技术及管理标准　　　表2-1

标准号	英语名称	中文名称
BS OHSAS 18001—2007	Occupational health and safety management systems-Requirements	职业健康安全管理体系——要求
BS 8411—2007	Code of practice for safety nets on construction sites and other works	建筑工地和其他场所安全网实施规范
BS-EN-474-2006	Earth-moving machinery-Safety	土方机械——安全
BS EN 50126—1999	Railway applications-The specification and demonstration of reliability, availability, maintainability and safety (RAMS)	铁路设施——可靠性、可用性、可维修性和安全性(RAMS)的规范和验证
BS ISO 22896—2006	Road vehicles-Deployment and sensor bus for occupant safety systems	道路车辆——安全系统部署和客车装备传感器
BS ISO 20828—2006	Road vehicles-Security certificate management	道路车辆——安全认证管理
BS EN ISO 19432—2006	Building construction machinery and equipment-Portable, hand-held, internal combustion engine driven cut-off machines-Safety requirements and testing	建筑施工机械和设备——便携、手持、内燃机引擎驱动的切断机——安全要求和试验
BS DD IEC/PAS 62267—2006	Railway applications-Automated urban guided transport (AUGT)-Safety requirements	铁路设施——都市自动化有轨运输(AUGT)——安全要求
BIP 2050—2004	Managing Safety the Systems Way	管理安全系统方法
BS 8800—2004	Occupational health and safety management systems-Guide	职业健康和安全管理系统——指南
BS EN 12001—2004	Conveying, spraying and placing machines for concrete and mortar-Safety requirements	混凝土和灰浆用传送机、喷射机和浇筑机——安全要求
BIP 2029—2003	Construction Safety-Questions and answers-A Practical approach	施工安全——问题和答案——实用方法
BIP 2033—2003	Risk Assessment-Questions and answers-A Practical approach	风险评估——问题和答案——实用方法
BIP 2031—2003	Health and Safety-Questions and answers-A Practical approach	健康和安全——问题和答案——实用方法
BIP 2032—2003	Fire Safety-Questions and answers-A practical approach	防火安全——问题和答案——实用方法

续表

标准号	英语名称	中文名称
BS EN 50355—2003	Railway applications-Railway rolling stock cables having special fire performance-Thin wall and standard wall-Guide to use	铁路设施——有特殊防火效能的铁路机车电缆(薄壁和标准壁)——使用指南
BS EN 50129—2003	Railway applications - Communication, signalling and processing systems-Safety related electronic systems for signalling	铁路设施——通信、信号传输和处理系统——信号传输用与安全性相关的电子系统
BS EN 12110—2002	Tunnelling machines-Air locks-Safety requirements	隧道掘进机——气闸——安全要求
BS 6164—2001	Code of practice for safety in tunnelling in the construction industry	建筑业中隧道开挖作业安全实用规程
BS EN 50159—1—2001	Railway applications-Communication, signalling and processing systems-Safety related communication in closed transmission systems	铁路设施——通信，信号和处理系统——封闭运输系统通信安全
BS EN 1317—3—2000	Road restraint systems-Performance classes, impact test acceptance criteria and test methods for crash cushions	道路防护系统——防撞缓冲物的性能等级、冲击试验验收标准和试验方法
KIT 21—2000	Occupational health and safety management systems set	职业健康和安全管理体系
OHSAS 18002—2000	Occupational health and safety management systems-Guidelines for the implementation of OHSAS 18001	职业健康和安全管理系统——OHSAS 18001 的执行指南
KT 21—2000	Occupational health and safety management systems	职业卫生和安全管理系统
BS EN 50122—1—1998	Railway applications-Fixed installations-Protective provisions relating to electrical safety and earthing	铁路设施——固定设备——电气安全和接地的防护设备
BS EN 61508—1999	Functional safety of electrical/electronic/ programmable electronic safety-related systems	电气、电子、可编程电子安全相关系统的功能安全性

2.2.2 轨道交通安全保障管理体制

英国铁路私有化之后，铁路部门分成两大块。第一块是铁路的基础设施网，包括轨道、信号、桥梁、隧道、车站和车厂，组建路网公司；第二块是车辆运营公司。根据相关规章，铁路管理办公室(ORR)负责管理国家铁路网的运营商，而运输部(DFT)负责客运和车辆相关事务。英国铁路的相关组织结构可以分为五大类，政府、公司、安全主体、英国运输警方和旅客，其城市轨道交通安全相关机构见图 2-5。

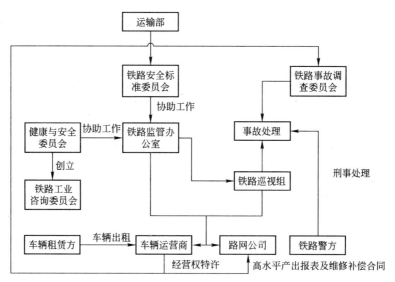

图 2-5 英国城市轨道交通安全相关机构关系图

1. 政府各部门的职能

英国政府一直希望通过铁路私有化来提高运营效率,实现网运分离,弱化铁路方面政府的参与程度。2005 年英国铁路法获得批准后,铁路战略局被撤销,改组为运输部铁路署。铁路署下设铁路计划处、铁路货运服务处、铁路战略和财务处、铁路技术和业务处、客户和股东关系部、采购部。铁路署的主要职能包括制定铁路长期发展规划和战略;调整国家铁路产业战略;管理铁路客运特许经营权;推动路网公司和列车运营公司提高绩效、控制成本;与完全垂直一体化公司合作;与外部股东和铁路使用者合作;确保整个铁路行业的职责和义务清晰、透明。交通安全和保障是英国交通部的职责之一。

铁路管理办公室(ORR)原来只负责对铁路的商务监管,不负责安全监管。2006 年年初,政府把健康与安全执行委员会(HSE)中铁路安全监管职责分离出来,移交给 ORR,卫生和安全执委会(HSE)的责任之一则是为铁路运营制定安全运输规则。铁路管理办公室(ORR)依据铁路运输安全法(2003)成立于 2004 年 6 月,独立于政府之外,只向议会负责。英国国务运输大臣虽有权依法任命或解职铁路管理办公室董事局成员,并向 ORR 提出指导或施加压力,但没权利向 ORR 发布命令,董事局成员每月召开一次会议。在工作上与其相关的政府主体有运输部、苏格兰议会、威尔士议会、旅客运输委员会。

ORR 的主要职责包括:保护铁路使用者的利益,促进铁路客、货运的发展,促进卫生与安全绩效的不断提高,必要时可采取执法行动;负责铁路设施经营的牌照发放,并为车辆运营商利用铁路网及其他设施制定规则(路网章程),在铁路行业执行竞争法;监督路网公司的维修投入,管理线路使用协议、铁路许可证和竞争,审批线路使用费标准;公布政府提供资金的数目,并通过补贴的形式发放给列车运营公司;负责发放相关管理证书,如路网证书、客运证书、非客运车辆运营证书、轻型车厂维修许可证等。

铁路巡视组是 ORR 的下属机构之一。检查和审核铁路行业管理体制是否到位，确保他们能够有效的控制卫生与安全风险，执行一些强制检验的方案。同时负责调查一般伤害案件，而铁路事故调查委员会处理 1 人死亡或 2 人以上重伤事件。英国铁路警方(BTP)是国家建立的为铁路服务的警察力量，ORR 与之经常打交道。严重事故中，BTP、ORR、铁路事故调查协会(RAIB)都会参与到调查中。警察只能调查严重的刑事犯罪。BTP 会首先参与到这些类型的调查中来，RAIB 则会提供相应的科学技术支持。在有些情况下 RAIB 并不参与调查，ORR 则会提供相应的科学技术支持。另一些情况下，警察并不参与其中，RAIB 则会调查事故的原因。

在所有环境下，ORR 都需要调查卫生与安全方面的违规行为。RAIB 并不参与的某些场合，ORR 会调查引起的管理过程中卫生和安全问题的技术原因，并在卫生安全法的框架下提起可能的刑事指控。

2. 各类公司的职能

在轨道交通安全管理保障体系方面，各类相关公司也有相应的责任和义务。如路网公司拥有并运营国有铁路网，负责提供、维护和管理国有铁路的基础设施，它是无股东、不分红、不以营利为目的的有限公司，不是普通意义上的私有化公司。作为一个路网经营商，它需要向铁路管理办公室申请并获得营业许可，它的收入来源于车辆运营公司的线路使用费以及以维修合同等形式支付的政府补贴。铁路管理办公室每 5 年决定一次线路使用费额度，并负责对路网公司监管。

过去，路网公司内部负责安全管理的部门是安全和标准理事会(S&SD)。安全管理体系的设计造成了事实上是由路网公司在负责整个铁路业的安全，即由 S&SD 制订安全方案，经 HSE 批准后成为英国铁路的安全标准。各客运公司也必须制订自己的安全方案，由路网公司审核批准。

"汉特菲尔德事故"后，英国政府认识到安全监管存在的问题，开始充实监管力量。主要措施包括：一是加强铁路监管办公室(ORR)；二是将路网公司所属的安全与标准理事会(S&SD)改组为铁路安全公司(Railway Safety)。铁路安全公司现归属于路网公司所有，但独立性大为增强，是一个独立的非盈利公司，拥有自己的董事会，董事由铁路业代表和独立安全专家组成。铁路安全公司不再拥有许可客运公司安全方案的权力，它只对各公司的铁路安全报告进行审定，然后上报铁路监管办公室批准，铁路安全公司有权检查安全方案的执行情况，并提出建议。

另外，车辆运营商在安全保障体系中也有重要的责任和义务。车辆运营商负责提供乘客铁路服务，它通过与路网公司的合同来获得线路使用权。通过 DFT(运输部)的特许经营授权后他们可以向铁路管理办公室(ORR)申请运营安全证书。车辆运营商和路网公司需要通过(ORR)批准轨道和车站准入协定。铁路管理办公室(ORR)负责确保路网公司运营前取得安全证书，运营后维持安全证书。在履行法定职责时，铁路管理办公室(ORR)、车辆运营商和车辆租赁公司(ROSCO)间保持密切联系。大部分的车辆运营商都没有自己的车辆，而是向车辆租赁公司租借的。

3. 安全管理职能部门

英国的安全管理职能部门包含铁路事故调查分会(RAIB)、铁路安全标准委员会

(RSSB)、英吉利海峡隧道安全局，但英吉利海峡隧道安全局与城市地铁的工作并不相关。

铁路事故调查分会(RAIB)是英国独立的铁路事故调查组织。它负责调查英国铁路事故或事件，从而改进安全、确定责任。它的调查范围有六项，其中一项便是伦敦和格拉斯哥的地铁以及其他轨道系统。通过调查吸取经验教训，更好地开展保障运营安全只是 RAIB 的调查的任务之一。铁路事故调查分会(RAIB)以安全权威的角色向铁路管理办公室(ORR)提供报告，铁路管理办公室(ORR)则会根据他们的报告考虑相关人的责任，并进行相应处理。RAIB 既不承担责备和责任，也不可以强制执法或者提起诉讼。

铁路安全与标准委员会(RSSB)建立于 2003 年。委员会的主要目标是引导英国铁路工业的持续改进，降低乘客、雇员和相关公众的风险、在 RSSB 的公告板会发布他们在这一领域的成果。RSSB 是由行业主要股东掌管的非营利公司和咨询委员会，由其成员进行管理，不隶属于任何一家单独的铁路公司，也不与铁路公司分享经济利益。其主要目标是领导和帮助轨道行业达到健康和安全方面的持续改进，帮助降低乘客、雇员和可能受到影响的公众的风险。其主要职责包括从行业角度管理轨道标准；制定行业长远安全战略，包括出版年度轨道安全战略计划；协助研发项目、教育和警示；衡量和评价健康安全情况、趋势和风险；支持跨行业小组对于安全方面的研究；出版与欧盟铁路系统相对应的铁路标准，协助英国铁路部门在欧盟范围内扩大影响力。

RSSB 下设有 Operations Focus Group (OFG，伦敦轨道运营中心小组)，这是一个希望通过鉴定、讨论、发展和促进合理有效的活动、方案和工具逐步改善操作安全和运营安全、运行安全的小组。OFG 的成员是由铁路网络、列车经营者、货运经营者、基础设施维修公司、工会、铁路调节办公室和伦敦地铁公司分别指派的。2006 年，RSSB 将轨道安全以及与职工直接沟通的权利交给了 NR。2007 年 5 月，RSSB 和 NR 合作成立了安全网(Safety Net)。

2.2.3 轨道交通安全保障技术方法体系

英国通过制定各类轨道交通系统(安全)规定、基于信号系统安全的安全原则和安全评估来构建安全保障技术方法体系。

1. 铁路及其他轨道交通系统(安全)规定(2006)的构建

国际标准化组织也十分关注轨道交通信号系统安全问题，提出了一系列标准，包括以 IEC 61508 为代表的标准簇，以及 ERTMS/ETCS、IEEE 等国际组织也在关注轨道交通信号安全，提出了相应的规范和标准，如 ERTMS/ETCS02S1266、IEEE 1474.1—1999 等。

英国法规根据欧盟指令更新，最新法规"铁路及其他轨道交通系统(安全)规定 2006"(简称"规定")于 2006 年正式颁布。规定涵盖铁路及其他轨道交通系统，包括地铁、轻轨等。根据规定，所有轨道交通系统的建设单位或运营单位(基建管理商以及列车运营商)需建立安全管理体系，并开展安全保障工作。在系统投入运营之前，其安全管理体系必须通过铁路管理办公室相关专家的审批，并获得铁路管理办公室颁发的安全证书；在运营期内，安全证书每年必须维护。而且安全证书有效期最长不超过 5 年，在安全证书失效之前，基建管理商及列车运营商必须更新证书。此外，规定还对基建管理商及列车运营商建立的安全管理体系提出要求，要求该体系必须涵盖特定要素。规定要求，相关单位的安全管理系统中须建立以下规程，以确保系统的安全：

（1）安全组织方面，包括安全政策、人员资质、培训等；
（2）生命周期内开展风险评估的流程；
（3）安全信息和编档方面的流程等。

为符合规定以及其他法规的要求，基建管理商及列车运营商参照相关标准（如，EN 50126、EN 50128、EN 50129、工程安全管理指导（黄皮书）、IEC 61508 等）建立安全管理体系，并开展安全保障工作。其中各标准涵盖的范围为：

（1）EN 50126：针对整个铁路系统在系统生命周期内安全保障工作的指导；
（2）EN 50128：针对铁路电子电器系统软件生命周期内安全保障工作的指导；
（3）EN 50129：针对铁路信号系统生命周期内安全保障工作的指导；
（4）IEC 61508：不仅针对铁路行业，而且针对所有电子电气系统生命周期内安全保障工作的指导；
（5）工程安全管理指导（黄皮书）：针对整个铁路系统在系统生命周期内安全保障工作的指导，包括安全组织、安全流程、风险评估以及风险减轻措施等方面，是上述标准在英国的实施性指南。工程安全管理黄页中把安全评估过程分为两部分：安全审核和安全认证。安全审核是要检查工程的安全管理是否完善，能否和安全计划保持一致。评估员应该检查一下安全计划里说明的标准和步骤是不是被正确的执行了，看一下工程行为和安全计划是不是具有继承性。安全审核最后要有一个安全审核报告，这个报告应该包括：对项目和安全计划一致性的评价、认为安全计划可行的评价和计划相符或是有所改进的建议。安全认证是一个判断和系统相关的风险扩大或者减小到一定等级的过程。系统的安全要求是安全认证的核心。评估员应该根据产品制造商提供的安全事例（Safety Case）回顾一下安全需求规范以评价它对控制系统风险是不是已经足够，以及系统能不能满足安全需求规范。进行安全认证的目的就是收集足够的信息来证明系统的风险是可以接受的。

IEC 61508 和 EN 50126/EN 50129 的概念是兼容的，两者都是基于风险控制的方法，安全生命周期的概念、关于安全目标设置的方法也基本相同，但系统协议等级（EN 50126/EN 50129）、操作模式的使用（EN 50126/EN 50129）、RAM 和安全的集成（IEC 61508 只考虑安全）、安全案例概念（IEC 61508 不详细涉及）略有差异。

2. 基于信号系统安全的安全原则

2000 年，欧洲轨道交通联盟与欧洲委员会针对欧洲轨道交通运输管理系统（European Rail Traffic Management System）中欧洲列车控制系统（European Train Control System）的信号技术—简称 ERTMS/ETCS 制定系统 RAMS 需求规范 02S1266，它是关于轨道交通信号安全的规范和标准。

IEEE 关于 CBTC 需求规范 1474.1—1999 标准是为基于通信的列车控制 CBTC

(Communication Based Train Control)系统制定的功能和需求规范。CBTC是一种连续的、采用高效列车定位技术、不依赖于轨道电路的,采用连续、大容量、双向的车地数据通信技术的自动列车控制系统,即移动闭塞。该标准不但定义了ATP车载及轨旁、ATO、ATS系统的功能需求,而且定义了系统可用性(包括可靠性和维修性)、安全性及列车间隔等要求。但由于CBTC系统作为一种新技术尚在试验阶段,因此,标准中未提出具体的量化指标和验收准则。

在制定安全标准的同时,由于对信号系统安全的认知差别,目前欧洲形成了三种安全原则和理念,这些原则对划分系统安全完整度等级起着原则性作用。其中英国的安全原则名为ALARP(As Low as Reasonably Practicable)。该原则的含义是采用尽可能低的成本、合理并且可行方法进行风险降低。根据实际应用,尽可能降低故障率,它的风险分成以下3类:足够大的风险,不能接受;足够小风险,可以忽略以及介于以上两种风险之间的风险,必须采用适当的、可行的、合理成本下的方法将其降到可以接收的最低程度。

3. CASS安全评估框架的构建

城市轨道交通系统安全保障工作覆盖项目的整个生命周期,包括设计阶段、施工、系统设备采购及安装阶段、调试及验收阶段、缺陷责任期、试运营及正式运营阶段。英国对于城市轨道交通系统安全保障的具体做法是英国政府负责制定安全法规和对安全评价机构的认定和监督。基于风险理论,由独立的第三方对项目的安全进行评价和认证。英国CASS安全评估框架见图2-6。

CASS评估框架是英国工商部(Department of Trade & Industry)和健康安全部门(Health & Safety Executive)制定的一个安全评估认证框架项目,为此还成立了CASS策划公司,它的任务和目标是为基于IEC 61508标准的安全相关系统开发一个标准的认证框架。

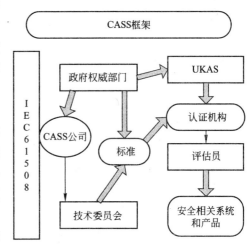

图2-6 英国CASS框架图

2.3 德国城市轨道交通系统安全保障体系

2.3.1 轨道交通安全法规与标准体系

德国的法律体系是由德国宪法所确定的,宪法规定了什么机构有立法权以及法规的颁布程序。此外,德国还制定了包括实体法在内的行政法。行政法分为行政法令、行政规章和自治规章三类,根据有关法律授权后,由有关行政机关(相关的联邦政府各部)制定及颁布。在德国，并没有明确的技术法规的概念，有关的技术法规是以行政法的面目出现的。行政法令可以再授权给政府职能部门制定法令的解释或说明，在技术领域，这种解释性的"细则"可以是技术规范、标准、导则、指南等，主要由标准化方面的专家、行业组织代表和政府官员起草，批准发布程序较为简单，无需进行公示。细则并不排除存在瑕疵，即可能存在对法令解释的不完全正确性。如果在诉讼中提出异议，则由德国联邦行政法院进行审定，从而确定细则是否合法。无论是联邦法律授权制定的行政法令，还是行政法令再授权制定的解释性细则，均由联邦政府部门负责组织制定，本身具有强制性。之所以再授权制定细则，是因为细则所涉及的内容是以技术规定为主，考虑到技术本身的发展，采取较为简单的颁布程序，便于更新和维护，从而不至于阻碍技术的进步。

德国的轨道交通领域有两个法律范围，即铁路运输(包括近郊列车)及城市轨道交通。对铁路运输，有铁路法、铁路建设与运营规则和铁路信号规则。对城市轨道交通，有乘客运输法、城市轨道交通建设与运营规则等。无论是铁路运输还是城市轨道交通，其建设与运营都需要经过国家授权机构的批准，接受国家监督机构的监督，建设与运营单位必须遵循有关的技术标准及企业内部规章。其中，德国城市轨道交通的法律体制主要由法律、行政法令、技术标准和企业规章组成。其体系结构见图 2-7。

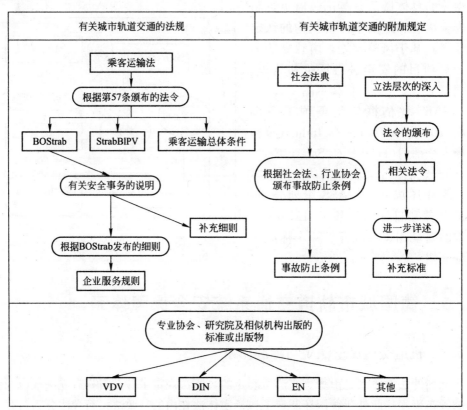

图 2-7 德国轨道交通法规体系

1. 安全保障法律法规体系

德国乘客运输法是所有公共交通行业的基本法，该法律授权德国建设和交通部发布行政法令，并规定了行政法令的权限。在德国议会上院同意的前提下，建设部和交通部以法令的方式发布本法律中的、各种国际协定及欧盟委员会或议会的法令中必须强制执行的条款。在城市轨道交通方面有三个与德国乘客运输法有关的重要法令。它们是《城市轨道交通建设与运营规则》（BOStrab）、《城市轨道交通运营经理考试规则》（StrabBlPV）和《城市轨道交通、无轨电车及公共汽车的乘客运输总体要求条件规则》。

《城市轨道交通建设与运营规则》发布于1987年12月11日。该法令遵守的原则是"必须使工程设施、运营设备及车辆的正常运行不会导致任何人的伤害，不会对任何人造成无法避免的危险与妨碍"。其中大量的篇幅是安全方面的条款，它包括如稳定性、防火、轨道的安全导向、操作危险部件时的防护、车辆和运营设备的技术安全措施以及工程设施和运营设备的如何维护以确保运营安全等。根据《城市轨道交通建设与运营规则》制定的细则（或标准）对《城市轨道交通建设与运营规则》中的技术条款进行了解释和详述。

《城市轨道交通运营经理考试规则》发布于1988年7月29日。德国城市轨道交通技术控制方面的一个特色就是任命一位承担重要责任的运营经理。这是根据德国乘客运输法第57章1节3款，在《城市轨道交通建设与运营规则》中规定的。《城市轨道交通运营经理考试规则》规定，运营经理取得资格才能上岗，同时接受技术监督机构的业务指导。

德国《城市轨道交通、无轨电车及公共汽车运输总体要求条件规则》颁布于1970年2月27日，最新版本出版于1998年5月26日。其中明确规定了乘客与运输企业间的权利和义务。

另一方面，企业规章对城市轨道交通安全的建设和运营起着很大的作用。根据其责任范围，企业运营经理必须发布企业内部规章（运营与维护的条例及程序），并编汇成册分发给运营人员，以保证BOStrab的各项要求得到遵守。此外，运营经理必须保证工作人员在工作中遵守这些规章，必须将此运营维护条例及程序呈报技术监督局。这样，企业内部规章就具有了制约效力，不过企业内部规章仅在本企业内部具有效力。

2. 安全保障标准体系

除技术法规外，德国还有大量的协会、专业学会、研究所、及其他机构发行的标准和出版物。它们对前述的城市轨道交通领域中的技术问题做了详尽的解释，它们对城市轨道交通系统的建设和运营更具直接的指导作用。

在此值得一提的是事故预防条例，这是有关在工作中预防事故的安全规定。根据《社会法》（SGB）的规定，专业协会被授权发布"事故预防条例"，直接约束操作者，而操作者又有义务监督这些规定的遵守情况。专业协会目前已发布了大量包括地铁、轻轨运行、维护等多个领域的安全规定。

德国将各种技术上的标准、规格、规程、规范、细则、法规统称为技术规则

(Technische Regeln)。目前，现行有效的技术规则大约有 4.3 万余个，是由近 120 个专业团体、工业协会、民间组织和政府部门制订的。每年大约有 6000 个新技术规则出版问世。与此同时，又有 3000 多个技术规则作废失效。这些技术规则中，德国标准化协会制定的 DIN 标准占 59%，其他专业团体制订的占 29%，政府部门制定颁布的占 12%。

德国标准分为国家标准和企业标准两级，德国的国家标准由德国标准化协会 (DIN) 制定，在德国任何个人、团体、企业、政府和外国企业都可以建议制定某一方面的标准并参与标准的制定工作，标准的制定时间一般为两年半。目前德国各类标准有 2.5 万多项，包括正式标准、标准草案、暂行标准、标准摘录、汇总标准、双号标准、标准附录等几种。其他民间组织团体制定的标准不列入标准化的体系，标准本身也没有法律效力，但可以由政府的法令或合同来赋予约束力。德国现有的国家标准中，有 1 万多项等同采用欧洲标准，剩下的标准许多是直接采用国际标准 ISO/IEC（国际标准有 30% 的技术委员会 TC 由德国 DIN 承担），真正属于德国专有而制定的标准很少，不超过 5%。

德国联邦政府现在共有 15 个部，3 个州级市和 16 个普通州。建设和交通部负责建筑工程和交通运输的技术法规管理工作，但在管理深度上是不同的。交通方面的技术法规以建设和交通部为主进行制订，建筑方面的技术法规是以各个州为主制订的。各个州的法规可以不一样，但不能相差太大，这是因为各个州在制定行政法规时，应当遵守"合法性原则"和"平衡原则"。各个州的法规在技术问题上引用了一些 DIN 标准，但他们自己并不制定技术标准规范，如果认为没有合适的 DIN 和其他组织的标准可以引用，他们则在州的法规中具体规定一些技术要求，法规的支撑来源于大量的 DIN 标准。

2.3.2 轨道交通安全保障管理体制

德国政府一般设有城市轨道交通项目的审批和监督机构，分别负责城市轨道交通项目的审批和技术监督。

1. 城市轨道交通的审批

德国法律对申请城市轨道交通建设和运营的基本规定是：凡是用地铁、轻轨或有轨电车运送旅客，必须事先得到批准；对新建线路的选线、建设与运营都要经过批准；只有在企业必须保证能够安全运营并且具有足够的运输能力的前提条件满足的情况下，国家审批部门才会给地铁、轻轨或有轨电车交通的运营部门颁发许可；企业主是可靠的，且运营地铁、轻轨或有轨电车是它的主要业务。

如果在要新建的线路上，已有一个企业能同样地或更好地完成运输任务，就不能对申请的企业给予批准。国家审批部门在签发许可时要做一系列的检查工作，归纳起来即安全性、可靠性、能力估计、企业的业务范围、已存在的交通条件等。

2. 城市轨道交通的技术监督

(1) 政府监督

在考虑批准建设一条新线的时候，要首先对新线的设计等技术资料进行审核，这一审核工作通常是由国家监督机构主持的。如果新线不符合技术法规的规定，监督部门有权否决项目审批部门颁发的项目许可，因此，监督机构与项目审批机构必须互相协助，共同工作。新线建成后，只有在各方面要求都满足的情况下，特别是工程设施和运营设备经监督部门验收后，新线才允许投入运营。因此，国家的监督机构在城市轨道交通的建设与运营过程中，起着决定性的作用。

政府监督机构一般要对城市轨道交通系统的建设和运营的全过程进行监督。首先是对工程建设的资料进行技术审核，然后是建设与制造过程中对工程设施、车辆与运营设备的监督。即使在新线建成后运营的过程中，监督机构也必须监督线路的运营是否安全以及是否符合技术法规的规定。

对于政府监督部门来说，《城市轨道交通建设与运营规则》（BOStrab）及其细则是进行监督的基础。《城市轨道交通建设与运营规则》中主要规定的是安全目标，对如何达到这些目标并不作明确的规定，所以在《城市轨道交通建设与运营规则》中很少有具体的数字规定。这样做有一个很大的好处，即技术发展不会因为一些很具体的规定而受局限。如果在建设或运营中应用了一种新技术，则国家监督部门只要检查新技术是否同样能否达到安全目标，而不需要制定一些特殊规定来批准某一项新技术。

尽管如此，安全目标也不是一成不变的，在某些情况下要重新定义目标，甚至取消某些要求或规定。例如《城市轨道交通建设与运营规则》中规定，在黑暗或天气朦胧的情况下要使行人能够较容易地区别轨道交通、公共汽车或私人轿车等其他交通工具。制定这一目标的目的是因为轨道车辆只能在轨道上运行，不能像汽车一样随意转弯来躲避行人，所以要特别引人注目。为此，《城市轨道交通建设与运营规则》中规定，在城市轨道车辆上要安装 A 型信号（即列车头部的三个白灯）。因为地铁车辆相对于有轨电车来说在运行中有专属的专用线路，而这些专用线路行人不能随便进入，所以这一有关 A 型信号的规定对地铁就不适用，于是这一条规定在地铁车辆的建造中被取消了。

当然国家监督部门的权限并不是无限的，他们要参照相对于《城市轨道交通建设与运营规则》中规定的技术标准，在技术标准中规定的具体数据要在能达到同样安全程度的前提下才允许有偏差。国家监督机构的任务不仅局限于监督技术法规的遵守情况及颁布一些特殊规定，它的任务还包括评估企业的运营情况和分析事故原因等。

(2) 企业监督

德国《城市轨道交通建设与运营规则》中有这样的规定，大型轨道交通运营企业要从保证安全与遵守规章出发，推举出一位受过相应教育、通过考核的，且经过国家监督机构同意的安全负责人（运营经理）。安全负责人要对保证安全及遵守规章负责，并且要在运营管理中对以下几个方面发表意见：规划、建设与安装运营设施；车辆的制造；确定职工人数；选择、使用与监督检查运营人员；职工考核；检查职工在工作中的违法行为（如酗酒），并采取相应的措施。

企业的安全负责人在有关安全的问题上是国家监督机构的直接联络人，并且要经常向国家监督机构汇报情况。企业的安全负责人不仅有他的职责，同样也有一定的权力，安全负责人在企业中要担任一定的职位，企业必须保证安全负责人能在企业中行使其权力。

2.3.3 轨道交通安全保障技术方法体系

对技术法规和技术标准的执行，需要采取事前控制的措施。德国主要是通过技术监督、引用标准和合格评定来进行。

1. 技术监督

技术监督分为政府的监督和企业的监督。政府监督机构根据技术法规实施监督，并发放相应的许可。监督工作包括对工程建设技术文件的审查；对工程建设使用的设备监督，检查其是否符合技术法规的要求；在工程和设备投入使用前，需要经过技术监督机构组织的验收；在工程和设备投入运营期间，监督机构同样具有监督的权利和义务。根据技术法规的要求，企业内部必须建立相应的监督机制。企业内部必须设立技术监督负责人，如城市轨道交通运营企业的运营经理。企业技术监督负责人需要通过国家认可的准入考试，其任命也必须经过国家监督机构的确认。企业技术监督负责人的职责是根据技术法规制订企业内部规章，并保证技术法规和企业内部规章的贯彻实施。

2. 引用标准

在技术法规中引用标准可以避免在法规正文中包括详细的技术条款，也可以避免重复编写技术标准。法规的制定机构有权取消这种引用，或者引用其他标准来代替，或者在法规条文直接加入必要的技术条文。如果在法规中引用标准，该标准就必须执行。这种执行可以是整个标准也可以是满足法规条文的部分执行，这时的标准就不是自愿采用的了。引用的标准它本身仍然不是法规的条文，而是作为实现法规要求的一种手段。在各个契约合同中也可引用标准，这里引用的标准对缔约方来说也必须执行。引用标准所赋予的约束力，应将无约束力的标准与法规区别开，后者具有法律约束力的，很多法律及目前数量日益增加的各种契约合同也是如此。

大量的协会、专业学会、研究所、DIN研究院及其他机构发行的标准，它们对本领域中的技术问题做了详尽解释。这些标准之间的规定可能有重复和不一致，但是如果得到政府、企业和其他组织所引用，标准的咨询服务和符合标准的合格评定也得到认可，这些制定标准的机构从而也得到了经济上的回报，使得自身良性循环。

3. 合格评定

合格评定过程实质上是执行标准的过程。标准是自愿采用的，企业生产的产品被证明是符合标准要求的而使其在市场中具有竞争力。德国标准协会（DIN）为此进行合格评定，也就是认证，经过认证的产品容许使用DIN标志。现在进入欧盟的产品也要求进行合格评定，采用CE标志。这种评定的过程主要根据本组织认定的标准规范，来判定是否符合标准。经过权威组织认定的产品，采用其标志，认定机构采用不定期的检查是否按照标准生产，如有不符合的情况，将取消其标志，取得标志的产品政府监督部门或者消费者也给予认可，国际上将这种活动归结到标准化的实践工作。

2.4 日本城市轨道交通系统安全保障体系

日本对于城市轨道交通系统安全保障的做法是由政府制定涉及整个轨道交通系统建设和运营的各个环节的全面、细致的法规,来严格控制系统的整个过程的安全工作的。

2.4.1 轨道交通安全法规与标准体系

日本轨道交通安全是以法律为依据,以安全技术标准为基础,在国家指导监督下,安全信息公开,以各事业安全管理规程为核心,各级管理者负责的、制度严谨的安全保障体系。

1. 轨道交通安全法规体系

日本是轨道交通比较发达的国家之一,由于受到各方面的重视,轨道交通事故在较长时间内一直处在下降趋势。日本城市轨道交通的安全保障是通过法制的手段来实现的。1986年轨道交通事故数为1627件,1996年下降到1012件,2006年则下降到821件,轨道交通事故数前十年下降38.18%,后十年又下降18.87%。尽管轨道交通事故数量在减少,但2005年4月25日,西日本铁道株式会社福知山线列车脱轨事故发生,造成重大伤亡,死亡105人,受伤555人,引起社会震惊,招致舆论批评,对轨道交通安全组织的可靠性产生疑问,认为轨道交通提出的安全优先,徒有其表,部门之间沟通、信息资源共享还有欠缺等。

近年来,随着日本人口的减少,出生率低、老龄化的进程明显,铁路运输量有减少的倾向。各种交通工具竞争日趋激烈,轨道交通系统为了提高效率,减少投入,出现单人运转,维修保养外围化等做法,轨道交通安全有日渐淡薄的倾向。在这种形势下,主管轨道交通运输的国土交通省,为了确保轨道交通运输安全、强化安全管理,对铁道事业法为主的相关法律进行了全面的修订,向国会正式提交《为提高运输安全性铁道事业法等部分法律修订的法律》,简称运输安全总括法,2000年3月31日该法律正式公布执行。新的运输安全总括法有3个重点:铁道事业(者)安全保障体系的确立;轨道交通使用者监视的强化;国家指导监督体制的强化。

日本在轨道交通,包括干线铁道、地方铁道及城市轨道交通等方面有着完善的法律法规体系。据初步统计,到2006年年底,仅法律、政令和省令等,共226项,其中法律58项、政令38项、省令130项。主要法律、政令和省令见表2-2。

日本轨道交通方面主要法律、政令和省令 表2-2

序号	法律、政令和省令	颁布时间
1	铁道事业法	1986.12.4
2	铁道营业法	1900.3.16
3	轨道法	1921.4.14

续表

序号	法律、政令和省令	颁布时间
4	铁轨道整备法	
5	道口改良促进法	1961.11.7
6	特定城市铁道整备促进特别措施法	
7	铁道事故等报告规则	1987.2.20
8	关于制定铁道技术标准的省令	
9	关于动车司机驾照的省令	
10	铁道事业等报告规则	1987.3.2
11	铁道事业等监察规则	1987.3.2
12	铁道事业等检查规则	1987.3.2
13	轨道运转规则	1954.4.30
14	轨道运输规则	1923.12.29
15	轨道建设规则	1923.12.29
16	日本国有铁道改革法	1986.12.4
17	航空、铁道事故调查委员会设置法	1937.10.12

日本轨道交通的法律分为三个层次，即法律、政令和省令。法律通常称为法，是日本国会参众两院按规定手续制定的法律，其效力低于宪法，而高于政令和省令。通常所说的法规，也是日本国会参众两院按规定手续制定的法律，其效力低于宪法和一般法，但高于省令。命令是宪法、法律以外的行政法规的总称，其中政令，是内阁制定的命令，其效力低于法律，但高于省令和府令，省令则是日本各个省大臣为实施法律和政令、或就其委任事项所发出的命令。

2. 轨道交通安全保障标准体系

(1) 铁道技术标准管理体制

铁道技术标准和规程是依据铁道事业法和其他法律，为了确保在不同自然条件和适用条件下铁道运输的安全，对铁道设施进行安全和经济的建设管理而制定的。铁道技术标准以省令、告示、设计标准为主的，还包括指南细则等。2001年，国土交通省颁布了《关于制定铁道技术标准的省令》，对轨道交通的铁道设施，车辆结构，动车驾驶，铁道系统维护管理都制定了相应标准。

日本的工业标准由政府和民间共同制定，组成由政府、民间团体、铁通企业、大学、研究单位等参加的标准作业委员会。轨道交通方面的民间团体主要有日本铁通车辆工业会，日本铁通电气技术协会，铁道道岔工业会、日本铁道设施协会。

日本工业标准调查会JISC，设置在经济产业省，是根据工业标准化法建立的归口标准化管理机构，以工业标准化法为基础，进行有关工业标准化调查审议工作，包括日本工业标准的制定(JIS)、修改、审议、并向相关各省提供咨询意见和建议。另外，作为国际标准化机构(ISO)，国际电气标准会议(IEC)的唯一会员，还参加国际标准的开发研究工作。其标准化审议体制见图2-8。

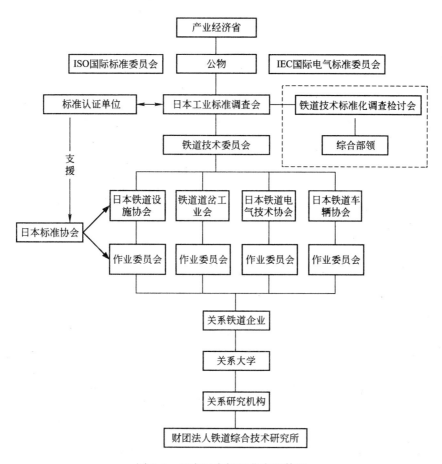

图 2-8 日本国内标准化审议体制

(2) 技术标准体系

1998 年 11 月 13 日运输技术审议会的咨询报告《今后的铁道技术行政》提出，为提高铁道事业者的技术自由度，对新技术的发展、标准应提出性能规定的要求。根据这一建议，日本国土交通省设置了有经验者组成的技术标准研讨会，对技术标准性能的规范化、具体方针进行了研讨，并于 2001 年 12 月颁布了新的铁道技术标准的省令，同时建立了实施标准、解说和解释标准，构成了不同层次的铁道技术标准体系，如图 2-9。

日本铁道技术标准体系中，为确保安全、顺利的引入新技术，提高铁道事业者技术自由度，铁道技术标准（即省令），应规定技术原则和必要的性能。不许各铁道企业技术水平和经营状态有何差异，作为国家制定的技术标准的命令，所有各企业在铁道设施、车辆构造及维

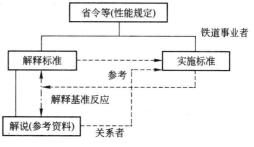

图 2-9 日本铁道技术标准体系

护、运营管理工作中都应该遵守。

解释标准是铁道事业者判断技术的指标，是基于铁道事业法，工程实施认可申请、铁道设施变更认可申请等审查时的判断标准，因此，解释标准是省会内容的具体化、数据化，虽不是强制要求，但需要公告。

由国家、铁道综合技术研究所，铁道建设运输设施、整备支援机构、铁道技术协会、铁道事业者等有关者，根据省令和解释标准，编制说明，介绍相应规定、考虑的理由和依据，而且有具体的事例。解说只作为参考资料，不具法律效应。

根据省令和解释标准，实施标准是考虑铁道事业者的设施，车辆设计与运用实际情况，在省令和解释标准的适应范围内，明确设计、建设、维护保养时的标准，是解释标准的实例，是由铁道事业者策划编制的。当实施标准不符合省令时，应指示其变更，当与解释标准不同时，应遵守省令规定并予以说明。

2005年4月，福知山线路事故后，国土交通省设置了技术标准检讨委员会，从技术标准方面研究避免铁道事故应采取的措施，并根据事故调查委员会的调查报告，提出了技术标准检讨委员会的中间报告，提出了以下建议：设置速度限制装置；司机异常时，列车停止装置的设置；运营状态记录装置的设置；无线防护可靠性提高；禁止司机在饮酒和使用药物状态下开车。

(3) 日本铁道技术标准

日本铁道技术标准是由政府、民间团体、铁道企业单位、大学和研究所等共同制定的，2001年关于铁道技术标准省令下达后，过去由各企业制定的规格、尺寸、型号、制式等标准必须遵守部令的要求，增加性能方面的要求。在参与制定标准的单位中，特别介绍财团法人铁道综合技术研究所。铁道综合技术研究所是1986年12月建立的，是日本铁道最高技术权威机构。2001年国土交通省将铁道构造物的设计技术标准作为一个体系进行整备，并将任务委托铁道综合技术研究所。其内容包括安全且经济的铁道构造物的设计、施工及施工实例、最新技术开发和研究成果，具体的设计方法等，以便使其成为编制实施标准的依据。

铁道综合技术研究所为充分利用各部门的研究成果，组成由国土交通省、铁道企业、铁道运输机构、学者和研究所各研究部门等参加的委员会，并召开技术标准整合联络会议，听取各方面意见，集思广益。设计标准包括耐震设计标准、混凝土构造物设计标准、隧道设计标准、盾构隧道设计标准、城市山地隧道设计标准、上结构设计标准、轨道结构和基础构造设计标准、钢合成构造物标准、电气设备设计标准、曲线线型设计标准等。日本的轨道车辆标准见表2-3。

日本的轨道车辆标准　　　　　　　　　　　表2-3

标准序号	标准名称	标准序号	标准名称
JIS401085	铁道车辆及铁道车辆常见型号	JIS401692	铁道车辆照度标准及测定方法
JIS401189	同质量测定方法	JIS401700	铁道车辆电气用图符号
JIS401489	绝缘阻力及耐压试验方法	JIS401895	铁道车辆漏磁测定方法
JIS401589	铁道车辆空调及采暖温度测定方法	JIS401999	特殊铁道车辆用语

续表

标准序号	标准名称	标准序号	标准名称
JIS402194	铁道车辆车内噪声试验方法	JIS402494	铁道车辆换气性能试验方法
JIS402299	铁道车辆防水试验方法	JIS402501	铁道车辆车外噪声测定方法
JIS402390	铁道车辆振动特性测定方法		

2.4.2 轨道交通安全保障管理体制

日本的城市轨道交通安全管理由国土交通省负责，同时由各事业单位具体承担安全职责，包括技术法规的制定和执行。

1. 国土交通省的管理体制

国土交通省（Ministry of Land, Infrastructure, Transport and Tourism）是日本的中央省厅之一，在2001年的中央省厅再编中由运输省、建设省、北海道开发厅和国土厅等机关合并而成，其业务范围包括国土计划、河川、都市、住宅、道路、港湾、政府厅舍营缮的建设与维持管理等。

日本政府根据国家行政组织法，设置国土交通省，其主要的任务是谋求国土综合、系统的利用、开发及保全、社会资本的整合、交通政策的推进、气象业务的健全发展及海上安全、治安的确保。国土交通省代表国家，对各种轨道交通事业进行指导监督和管理，轨道交通方面的业务主要包括轨道交通的整备及与整备、运营有关的环境对策；轨道交通的运输及与运输有关事业的发展、改善及调整；轨道交通安全的确保；为了查明轨道交通事故原因、损坏原因及关于事故征兆的调查研究；以及轨道交通使用车辆、信号及其他设备的制造、流通、销售等增长、改善及调整，以及设备生产企业的发展、改善及调整。轨道交通建设、运营、维护、安全等具体业务，则委托国土交通省下属的办公厅、铁道局、地方支分局办理。

按国土交通省设置法，在国土交通省设运输审议会、交通政策审议会、或根据其他法律设置在国土交通省的审议会。交通政策审议会主要工作是对国土交通大臣的咨询，对有关交通政策的重要事项进行调查审议。下设包括交通体系、技术、陆上交通等8个分科会，委员规定不超30人。运输审议会则根据铁道事业法、轨道法、都市铁道方便增进法规定，提出要咨询的问题和国土交通大臣将处理的事情咨询。运输审议会对有关案例，尽量采取召开意见听取会的形式，使事情应该公平合理的解决。审议制度的建立，使政府和大臣决策更加科学合理而少产生失误。

国土交通省设有办公厅、内部部局及综合政策局，本文仅介绍与轨道交通相关的机构。日本国土交通省机构设置见图2-10。

(1) 办公厅

办公厅设有总审议官、技术总审议官、综合观光政策审议官、政策评价审议官、技术审议官及运输安全政策审议官总计29人，此外还有参事官及技术参事官14人。其中运输安全政策审议官，总负责国土交通省所管辖事物，确保运输安全相关政策的策划、立案及调整事务。此外，办公厅还设有人事、总务、技术调查课

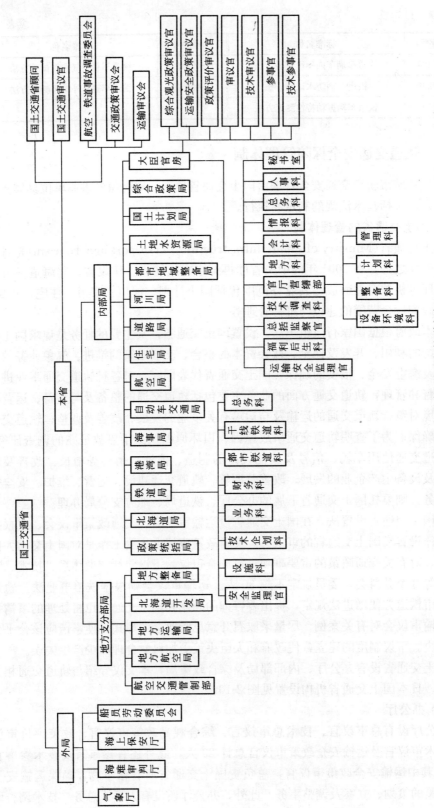

图 2-10 日本国土交通省组织图（轨道部门）

等12个课及总监督官、运输安全监督官、运输安全监理官。运输安全监督官负责管理运输事业者与运输有关的安全管理体制的评价、与其他运输事业有关的确保运输安全的基本事务。

(2) 综合政策局

综合政策局设有19个科，其中有技术安全科，该科的一项任务就是对国土交通省所辖，有可能妨碍交通安全的人为或技术因素，开展基础调查研究和分析，并据此采取开发消除该因素的办法及手段。

(3) 铁道局

铁道局设有总务、干线铁道、城市铁道、财务、业务、技术企划，设施7个课及安全监理官，这个局掌握日本全部轨道交通，其主要任务为：轨道交通的整备，与整备、运输有关的环境对策；大城市地域住宅与铁道整备一体化开发特别措施法的实施；轨道交通运输事业的发展、改善及调整；轨道交通安全确保；以及轨道交通事故原因、损害原因及事故征兆调查研究。

铁道局内设7个科，与轨道交通安全有关的课室有危机管理室（设在总务科内）——负责轨道交通危机事务管理；技术开发室和技术标准管理官（设在技术开发科内）——技术开发室和技术标准管理官，负责新技术开发及轨道交通技术标准的设定、策划、立项，及与其他有关行政机关的联络调整。以及铁道防灾对策官（设在设施科内）——轨道交通设施灾害的防止及复旧的策划、立项及与其他机构调整。

轨道交通安全官负责车辆及其他设施管理、维护、运营管理状态检查，其主要工作内容是轨道交通运行计划、轨道交通安全确保和轨道交通事故原因、被害原因调查、事故征兆的调查。

(4) 地方支分部局

地方分部局有地方整备局8个，北海道开发局及地方运输局9个，北海道、东北、关东、北陆信越、中部、近畿、中国、四国、九州等。运输局下设4个部，即总务部、企划观光部、交通环境部、铁道部等，还设有地方交通审议会。总务部设有总务课、人事课、会计课。在轨道交通安全方面，担负着管内轨道交通安全的确保、交通防灾、危机管理等基本政策的策划、立项及实施方面的事务。

铁道部具体承担局管轨道交通安全工作为：轨道交通整备；及与整备、运输有关的环境对策；轨道交通运输，及与运输有关的发展、改善及调整；轨道交通安全的确保；轨道交通事故原因、损害原因的调查研究、事故征兆的调查研究；轨道交通用车辆、信号及其他陆用设备的生产、流通、消费的发展、改善及调整。

铁道部设有7个课，其中安全指导课负责工作包括轨道交通运营及运营事业发展、改善及调整事务中的技术工作；轨道交通安全的确保；轨道交通事故原因、被害原因的调查研究、事故征兆的调查研究，以及轨道交通企业的安全体制。铁道企业的安全管理体制见图2-11。

2. 企业运输安全的管理体制

轨道交通是保证城市和社会正常运转的基础设施，肩负着维持社会安全的重大责任，同时因为铁道安全管理体制的复杂性，为确保运输安全，及安全管理规程得

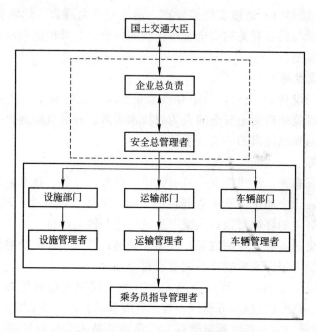

图 2-11　铁道企业的安全管理体制

以正确、顺利的实施，日本采取 PDCA 管理体制，即计划、实施、评价、改善程序。轨道交通企业的最高负责如社长是企业安全的总负责。在铁道企业主管全力投入，明确作为企业主管应承担的安全责任和义务前提下，确立铁道企业"安全第一"的理念，树立确保安全是企业首要使命的安全宪章，建立事故风险管理制度，制定安全对策，员工安全教育制度化。企业运输安全采取的 PDCA 管理体制程序具体表现在以下几个方面：

(1) 安全管理规程的实施

内容包含安全管理者的选任，各级管理者责任的明确；经营主管与现场的双向交流的确保；事故、风险信息的收集整理、评价及对策研究；相关法律的贯彻，必要的教育、训练等的实施；安全管理规程实施过程中文件，纪录等的管理。

(2) 安全管理规程的评价

内容包含聘请企业外部有经验者组成安全咨询委员会，听取职工意见，各部门安全推进会议等；铁道企业内部对安全管理规程的监察，内部各部门间的监察。

(3) 运输管理规程的改善

根据企业安全管理规程实施具体情况和内部监察以及安全技术的发展，对大型铁道运输企业就发生过重大事故的企业的安全管理规程进行评估。一种是国土交通省进行的评估，一种是地方运输局进行评估。并在评估基础上，提出安全管理规程的修改意见，重新制定或修改安全管理规程，使铁道企业安全管理规程不断完善和提高。

2.4.3　轨道交通安全保障技术方法体系

日本的城市轨道交通系统安全保障技术方法体系包括企业安全组织架构的完

善、乘客监督的强化和独立的事故调查三个方面。

1. 企业的安全组织架构

日本铁道企业设安全总管，分管设施安全、运营管理安全、车辆管理安全。运营管理安全负责人还负责乘务员的安全管理，包括乘务员的教育、培训、资质的确认。铁道企业安全总管，通常由公司领导担任，对上向交通省负责，对下负责整个企业的安全，通常应有一定的实践经验，其资格的确认要向上级机关申报。设施、运营和车辆的安全负责人，通常由有经验的负责人担任。日本铁道企业的安全管理可以总结为如下几个方面。

(1) 安全管理规程

安全管理规程作为日本轨道交通安全保障体系的核心内容，由各企业负责制定，对其要求极为严格。铁道企业按国土交通省令规定，制定或更改修正的安全管理规程，必须向国土交通大臣申报，包括以下各项内容：

首先是确保运输安全的运营方针，包含基本方针、遵守相关法律法令、需认真解决的事项。其次是为了确保运输安全、轨道交通企业实施其管理体制，包含关于组织体制的事项、关于与运输安全确保有关的经营责任者的责任和义务等事项、关于安全总管理者的责任和义务事项、关于乘务员指导管理者的选任及责任、义务等事项。

为了确保运输安全，需另外选任必要管理者时，企业的对选任管理者的实施及管理方法等事项包含：信息的传递及共享事项、事故防止对策的研讨及实施、事故灾害发生时的应对措施、事业的实施及管理状态的确认、关于安全管理规程的周知事宜、相关法令等及与事业有关(决定)的记录及其他与运输安全有关文书的整备及管理事宜、事业的实施及管理改善等事项。

列车运营业务的实施及管理方法的内容包含：运行计划的确定及变更、乘务员及车辆的运用计划、乘务员和从事列车运营业务人员的培养和资质的维持、列车运行指令及列车运行、列车运行信息的收集及传递、事故灾害及其他紧急事态发生时的处置、业务的受委托事宜。

铁道设施业务的实施及管理方法要求：轨道交通设施建设和改造及维护、工程维修时安全的确保、与工程建造及维修有关的职员资质的保持、业务的受委托事宜。

关于车辆业务的实施及其管理方法内容包含：新选车辆及改造和维修、车辆维护有关的职员资质的维持、业务的受委托事宜。

(2) 安全总管理者的选任及解任

按法律规定，安全总管理者是企业的安全总管，要从运营参与管理决策中，并对轨道交通业务有一定的实践经验，并符合国土交通省确定的必要条件的人中进行选择。通常由企业的副社长或铁道本部长中选任。要求总管理者必须具备以下条件：从事轨道交通安全业务具有总计10年以上经验者或国土交通大臣认定具有同等以上能力者；有总管确保运输安全业务的权限；该安全总管理者因工作不努力，显著影响运输安全而被解任，从解任之日算起不足2年者，不可以选任；铁道事业者在安全总管理者选任、解任时,按照省令要求不得延误,必须向大臣申报;铁道事业者为了确保安全,应当尊重安全总管理者的职务上意见。

(3) 运营管理者的选任及解任

运营管理者在铁道经营企业通常是运输部长,按法律规定运输管理者的必要条件为:从事轨道交通运营业务具有5年以上经验者或国土交通大臣认为具有同等以上能力者;列车运行、司机或车长资质的保持、有管理运营业务权限;已被解任,不足2年的不可选任。

(4) 乘务员指导管理者

乘务员指导管理者,在运营管理者的指导监督下,对乘务员的资质进行确认、管理,对乘务员进行必要的教育和培训,在铁道企业中通常是乘务段长或车辆段长来担任。

2. 利用者(乘客)监督的强化

轨道交通作为大运量快速交通工具,一旦发生事故将对社会经济产生巨大影响和破坏,造成不可估量的损失。为了进一步促进轨道运输安全,提高轨道交通各事业单位的安全意识,除教育乘车者遵守乘车规则,乘车次序,不得损害交通工具和各种设备之外,日本创建了轨道交通安全信息公告制度,是一个非常重要的特点。这一制度体现了以人为本的思想,强化了利用者监督作用,提高各事业单位的安全意识,起到安民告示的作用。主要内容有以下两项:

(1) 国土交通大臣关于运输安全信息的公告

国土交通大臣每年应按国土交通省省令规定,凡与运输安全有密切关系的信息应予以公告,主要内容为:根据铁道事故报告规则的铁道运行事故的报告;按国土交通省省令有可能发生的运营事故和运输障碍;为确保旅客安全、顺畅运输而采取的措施;关于道口的劝告;对铁道事业者的行政指导;铁道事业者采取的改善措施;铁道事业者与运输安全有关的设备投资情况;与运输安全有关铁道设施情况以及与运输安全有重大关系的事项。

(2) 铁道事业者安全报告书的公告

法律规定,铁道事业者每个事业年度结束后6个月内必须将安全报告书以公告形式发布,内容包括:为确保运输安全,事业的基本运营方针;为确保运输安全,事业实施及管理体制等;防止事故再发生采取的措施和想采取的措施;为确保运输安全采取的措施、打算采取的措施以及与运输安全有重大关系的事项。

3. 独立的事故调查

《航空、铁道事故调查委员会设置法》是1973年10月12日制定的第113号法律,该法律作过多次改定,2001年将航空事故调查委员会改组为航空、铁道事故调查委员会。该法律规定了事故委员会设置的目的、设在哪个省,对铁道事故及事故征兆、委员会的职权范围、事故委员会人员及数量、委员长及委员任免、任期、职务的限制、事故调查、事务局组织、调查委托、事故通报、大臣的支援、相关部门的协调、意见的听取、事故调查报告书的编写、如何向主管大臣提出防止和减少铁道事故、减少事故造成的损失意见和建议书等详细内容。

法律规定事故调查委员会，设在国土交通省，目的是为确实查明事故原因及事故损伤、事故征兆，以达到防止事故再次发生和有助于减少事故损伤程度。该委员会，委员任期3年。主要工作是事故原因调查、损害原因调查、事故征兆调查，为防止事故再发生，提供建议。航空、铁道事故调查委员会由委员长和委员9人组成，其人选应能科学而公正的完成轨道交通事故调查任务，经议会两院同意，由国土交通大臣任命。并规定破产未恢复的、受到刑事处分的人不能担任。铁道事业经营者，包括为铁道提供车辆、信号或其他陆用设备的制造、改造、整备、销售的经营者、或其职员、或其从业人员均不能担任。事故调查委员会应对调查活动进行保密，不得从事有报酬的其他职务；违反要求，不能履行业务，经两院同意予以罢免。在事故发生后，事故调查委员会将开展如下调查工作：

（1）对铁道事业者、铁道经营者、车辆乘务人员、事故救援者和事故有关的人员的调查；

（2）对事故现场、铁道事业者和经营者的事务所、其他有必要进入的场所，均可进入调查，对铁道设施、文件、与事故有关的物件进行检查；

（3）对与事故有关的人提问；

（4）对相关物件所有者、持有者、保管者，可以提出或留置该物件；

（5）命令关系物件所有者、持有者、保管者对该物件进行保全，禁止移动，为不影响工作，一般事故现场禁止入内；

（6）航空、铁道事故调查委员会应该遵守一定的工作程序，具体工作流程见图2-12。

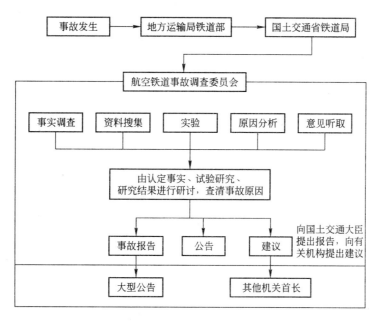

图 2-12　航空铁道事故调查委员会工作流程

2.5 欧盟城市轨道交通系统安全主要标准

2.5.1 轨道交通安全标准

欧盟在轨道交通的发展上走在了世界的前列，欧盟一些国家如英国、法国、德国的地铁历史都有 100 多年。伦敦地铁是世界上第一条地铁，它开通于 145 年前。今天伦敦依然是世界上地铁最发达的城市之一，12 条地铁线纵横交错，总长度 408km，年客运量 8.68 亿人次。法国巴黎地铁系统高度发达，目前巴黎地铁总长度 221.6km，14 条主线，2 条支线。德国柏林共有 9 条地铁运营线，年客运量 4.0 亿人次，在地铁的设计与车辆制造上享有盛誉。在悠久的历史及新形势下所遭遇的种种麻烦（如伦敦地铁爆炸案）的基础上积累了大量的经验与教训，安全保障体系也不断完善与成熟。

在英国和德国的国家级标准（BS 和 DIN）中，均大量引用欧盟标准（EN），这主要是基于欧盟标准对欧洲国家的影响。欧盟为了建立统一的市场，消除技术贸易壁垒，通过颁布欧盟指令、制定欧洲标准和合格评定相互确认来约束各成员国的技术行动。

早在 20 世纪 60 年代，欧盟的前身欧共体就开始了协调技术法规、技术标准的工作。从欧盟立法层次上而言，目前欧盟还没有单独的、专项的技术法规方面的法律，在 1987 年正式生效的《单一欧洲法令》中，含有大量的产品安全、人体健康、环境保护方面的条款。欧盟更多的是通过颁布欧盟协调指令来指导欧洲各国制定技术法规和技术标准。欧盟协调指令是欧盟成员国共同制定、协商的对某些产品生产销售必须遵守的一种技术文件。这些指令不但要求欧盟成员国必须遵守，其他国家的产品要进入欧盟时也要符合指令的要求。目前，通过测试和评定结果互认协议，建立联合或统一的认证机构等措施，欧盟逐步推进欧洲标准化的步伐。

在欧洲，有三个机构能够代表欧盟委员会制定标准，即 CEN（欧洲标准委员会）、CENELEC（欧洲电气工程标准委员会）、ETSI（欧洲通信标准委员会），这三个欧洲标准机构可以单独或与其他两个机构共同合作，制定各种必要的标准。其中 CEN 和 CENELEC，将欧盟成员国间的标准标准化，尽量统一了应用于欧盟各国相关的机器、设备安全标准，大多以 EN 打头。为保证该系统有计划、有组织、安全、高效地运行，欧洲电气化标准委员会（CENELEC）下属 SC9XA 委员会，制定了以计算机控制的信号系统作为对象的铁道信号标准，包括 4 个部分：

(1) EN 50126 铁路应用：可靠性、可用性、可维护性和安全性（RAMS）规范和说明；

(2) EN 50129 铁路应用：安全相关电子系统；

(3) EN 50128 铁路应用：铁路控制和防护系统的软件；

(4) EN 50159.1 铁路应用：通信、信号和处理系统。

标准中提到的安全文件（safety case）等概念已经被欧共体国家以法律的形式强制执行，成为欧洲标准认证的内容。另外欧洲国家也正在对标准中涉及的交叉接收

(cross acceptance)等概念进行应用指导的撰写工作，相信交叉接收在不久的将来也会以法律的形式出现。由于欧洲国家在安全认证方面的真实需求，使得其在这方面的研究始终处于世界领先地位；国际电工委员会(IEC)已经直接宣布正式接纳两个以上提到的标准，剩下的标准成为国际标准只是时间问题。

EN 50126(IEC 62278)《铁路应用：可靠性、可用性、可维护性和安全性(RAMS)规范和说明》标准定义了轨道交通运输一般系统 RAMS(Reliability, Availability, Maintainability and Safety)，即可靠性、可用性、可维护性和安全性），在整个系统的生命周期内，给出了各个阶段 RAMS 的管理和要求。RAMS 是衡量系统服务质量的一个重要特征。如果系统的可靠性和可维护性在系统给定的时间内能够满足要求，则系统的安全性和可用性将得到保证。为了达到规定的 RAMS，必须针对影响 RAMS 的因素，在整个系统的生命周期内有效控制 RAMS 的影响因素，即在系统设计和实现阶段要考虑系统的随机故障和系统故障。

EN 50129《铁路应用：信号系统、通信系统和处理系统——用于信号系统的电子系统》标准适用于铁路信号应用中与安全相关的电子系统(包括子系统和设备)。可用于所有与安全相关的铁路信号系统、子系统或设备。标准建议对所有铁路信号系统、子系统或设备，都需要 EN 50126 和本标准中定义的危险分析和风险评估过程。该标准不仅适用于完整的信号系统的规范、设计、构建、安装、接受、运行、维护和修改、扩展阶段，也适用于系统中子系统和设备。该标准定义了质量管理措施、安全管理措施、功能和技术安全措施以及安全接受和论证四个方面。对于安全案例，系统研究开发人员应按照标准在整个系统研制开发生命周期内所要完成的质量管理、安全管理和相关的技术安全措施的实施。其中在安全管理方面需要进行全程的安全评估和验证，进一步减少与安全相关的人为失误，减少系统故障风险。

EN 50128(IEC 62279)(《铁路应用：用于铁路指挥及防护系统的软件》)关注软件安全完整性等级的方法，并利用这些方法来提供满足安全完整性要求的软件。安全完整性通过在软件上加载广泛的安全考虑而达到安全的目的。成为软件安全系统的通用标准，是 IEC 61508 标准的一部分。本标准同样包含了所有五个软件完整性等级，软件失效所产生的后果越严重，那么对软件安全完整性等级就越高。

EN 50159.1 标准《铁路应用：通信、信号和过程控制系统》在铁路中应用第一部分：封闭传输系统中安全相关通信。这个标准适用于采用封闭传输系统实现通信目的的安全相关系统。对安全相关设备和传输系统的通信接口信息传输提出安全要求。

2.5.2 轨道交通安全准则

在制定安全标准的同时，由于对信号系统安全的认知差别，目前欧洲形成了三种安全原则和理念，这些原则对划分系统安全完整度等级起着原则性作用，包括：

(1) GAMAB(Globalement Au Moins Aussi Bon)，法国的安全原则，对于所有新的交通运输系统必须提供最好的安全性能，至少也要与现有同类系统的安全性能相当。对于该原则，没对系统提供商提出具体的要求。

(2) ALARP (As Low as Reasonably Practicable)，英国的安全原则，根据实际应用，尽可能降低故障率。它风险分成以下 3 类：足够大的风险，不能接受；足够小风险，可以忽略；介于以上两种风险之间的风险，必须采适当的、可行的、合理成本下的方法将其降到可以接收的最低程度。对于第 3 种风险，采用 ALARP 原则进行风险的减低，该原则的含义是采用尽可能低的成本、合理并且可行方法进行风险降低。

(3) MEM(Minimum Endogenous Mortality)，德国的安全原则新系统的应用不能增加人员伤亡的概率。在发达国家，一般规定为灾难性危险/(人×年)以内。

2.6 国外城市轨道交通系统安全保障总结

2.6.1 各国城市轨道交通系统安全保障的特点

1. 美国

美国根据职业安全卫生基本法律的要求，制定辅助的条例、标准和规范，从而形成较完整的法律法规体系。以 1970 年制定的《职业安全与健康法》为基本法，明确职业安全和健康的各项基本要求，安全管理机构体系，是美国适用于各行业的安全基本法。

城市轨道交通安全作为职业安全的一部分，是职业安全和卫生管理的目标、策略和手段在城市轨道交通这一特殊领域的应用。在《职业安全与健康法》为基本法的基础上直接针对城市轨道交通，美国又制定了交通授权法，交通部法，交通拨款法案。交通授权法则涵盖和影响所有交通模式和与交通有关的安全、环保、规划、评估和研究等事务的目标和资金供给，规范一段时间(通常 5 年)联邦政府对所有交通项目的资产总额度，资金分配原则和相关事宜。交通拨款法则依据交通救援法，综合考虑联邦燃油税、一般税收、项目进度和项目要求，具体细化政府划拨每个项目的资金。作为第二层次，职业安全与健康局则制定严格的标准，不但明确安全和健康措施的细节，甚至各行业采取的措施也做了规定。

2. 英国

英国铁路行业安全保障体系吸取了其他工业的经验，目前铁路安全保障体系已发展得非常成熟，行业内各方职责明确，安全保障标准完善，在项目中得到普遍应用。相关资料齐全，可在公共领域获取。

英国与美国相似，制定了劳动健康和安全法，明确了雇主和雇员的安全责任，建立了安全管理的架构，此法是英国工作场所健康和安全的最高层次法律，该法律适用于铁路和城市轨道交通，对轨道交通建设、运营、维护企业具有约束力，该法律拥有制定行政法规和规范的权利。涉及铁路的行政法规有铁路安全条例、铁路事故条例、建筑设计条例等等，其中铁路和导轨运输系统安全条例，适用于城市轨道交通，该法规有 5 部分 34 条，内容涉及城市轨道交通各种设施的使用，管理，安全证书的认证，变更、许可及撤销、风险评估、年度安全报告及应用、安全关键问题等城市轨道交通全过程。直接针对城市轨道交通的有伦敦地铁法(1991)，共分 5

部分，内容包括建设模式、土地利用、征地、文物保护及地下有轨电车的应用等。

英国安全保障相关法规在欧盟统一指令的基础上编制，代表了欧洲的普遍做法。英国和欧盟国家的做法，是通过系统安全保障确保地铁建设和运营的安全，基于风险理论，由独立具有资质的第三方对项目的安全进行评价，政府负责制定安全法规和对安全评价机构的认定与监督。其间，出现了一批从事城市轨道交通项目系统安全保障的机构。例如：英国ATKINS、德国莱茵公司、德国HC公司、法国索菲图公司、美国PARSONS公司等。

英国法规明确要求，铁路建设单位及运营单位须在建设周期内开展安全保障工作，识别、评估运营风险，并采取相应的风险减轻措施。在运营前，政府主管部门将审查建设单位及运营单位的系统保障工作，并颁发安全证书。为开展系统安全保障工作，建设单位及运营单位根据相关标准的指导，建立安全管理系统、安全保障工作流程，编制安全报告，供政府主管部门审查，以便获得安全证书，从组织上、方法上保证安全保障工作的实施。这种建设单位采用风险为本的方法开展安全保障工作的机制，在系统全寿命周期内、针对整个铁路系统开展。

3. 德国

德国与英美不同，铁路和城市轨道交通分为两个法律范围，各有适应的法律和规则，城市轨道交通方面有乘客运输法及根据乘客运输法制定法规法令，即城市轨道交通建设与运营规则，运营经理考试规则，城市轨道交通、无轨电车与公共汽车乘客运输总体要求规则等。根据乘客运输法及各种规则制定的细则或标准，对各种规则中的技术条款进行解释和评述，指导城市轨道建设和运营。

乘客运输法及各种规则，对于安全管理工作则包括明确城市轨道交通的审批程序和监督机制，包括企业选线、建设、运营等均需得到许可，达到企业安全责任及安全负责人的要求。政府的监督体现在企业监督和技术监管，是轨道交通建设运营全过程的监管，对轨道交通产品的监管则是执行标准监督和产品合格的评定。

4. 日本

日本通过建立法律、法规和标准系统，以及成立完善的机构执行相关法律法规，来保障系统的安全，并通过专门的法律、法规、规定来控制人员培训的质量和保障轨道交通安全保障人员的素质，即通过保障安全的各个相关因素来控制城市轨道交通系统的安全。

日本的情况，又不同于英国、德国、美国，日本的法律法规执行的是分类立法、平行立法，针对不同行业、不同性质的业务制订不同的法律法规，形成较多的单行法律。初步统计，到2006年法律法规和省令共226项，其中法律58部，法规38项，省令130项(不包括已废止的)。对铁路和城市轨道交通都适用的法律、法规有铁道事业法、铁路营业法、轨道法、航空铁道事故调查委员会设置法、铁道事业法施行规则、铁道设施等检查规则、铁道事故报告规则等；只适用于城市轨道交通方面的法律、法规则有特定都市铁道整合促进措施、东京地铁株式会社法、促进高龄者、身体障碍者出行顺畅化的法律及相应的规则等等。其中，最重要的是1986年12月4日制定的第92号铁道事业法。1987年颁布了铁道事业法实施规则。

按铁道事业法规定，经营铁道事业，许可的申请、计划变更、工程实施、工程竣工、设施变更、车辆确认、运行计划等都须向国土交通大臣申报，提出理由，在获得批准后方可进行。对轨道交通安全，包括安全企业管理规程及变更，安全负责人的确认及变更，事故报告、事故调查委员会组成及职权范围，企业安全报告等都须申报国土交通大臣，得到确认和批准，规定既详细又严格。

综合上述四国的情况，英国和美国在制定一个安全健康法后再制定配套的相关法规，辅以相关标准。德国则针对铁路与城市轨道交通系统分别立法，再辅以相关的技术标准和管理条例。日本则针对不同行业、不同性质的业务制订不同的法律法规，形成较多的单行法律。值得注意的是，中国也制定了铁路安全条例，但仅适用于大铁路系统，我国尚缺乏适用于城市轨道交通的安全条例。

归纳起来，国际上城市轨道交通主要通过两种方法来开展安全保障工作，以保证系统的安全，一种是以风险为本的方法；另外一种是制定非常详细的技术规范，通过遵守技术规范来保证系统达到运营。在风险为本的方法里面，又可以分为两类，一类为对系统可靠度、可用度、可维护度以及安全（RAMS）进行管理，另一类是着重对运营安全的管理，即所有工作着重于提高系统的安全水平，见图2-13。

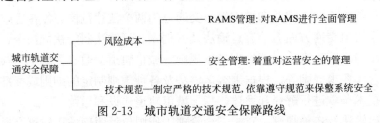

图 2-13　城市轨道交通安全保障路线

目前，国际上风险为本的方法逐渐得到广泛应用，越来越多的原本采用技术规范的国家，也逐渐接受了风险为本的方法，有些在项目实践中应用，更有些国家已经制定相关法律法规。

在采用风险为本的方法开展安全保障工作的体系中，虽然每个体系又有各自的特点，但仍然存在一些共同要素，这些要素是建立安全保障体系需重点考虑的部分：

(1) 法律法规及标准保障。通过调研可以看出，法律法规是安全保障体系得以有效实施的有力保障，而相关标准是开展安全保障工作的重要参考依据。

(2) 安全计划。在项目前期参照相关规范编制安全计划，计划在项目开展期间需要开展的安全保障工作，以及开展工作的组织框架、相关人员的职责及要求、开展工作的时间、采用方法、采用的风险准则以及编制的相关报告等内容，作为日后工作的指导，可以保证安全保障工作的顺利开展。

(3) 安全保障由专人负责。从事安全保障工作的人员需要有一定的资质，拥有相应的资源以及获得管理层的授权。国际上一般都有专门部门负责安全保障工作，并且安全保障工作需整合到项目建设日常工作中，由安全保障部门与其他部门共同合作完成。

(4) 基本的工作流程。采用风险为本的方法开展安全保障工作，主要借鉴了风险管理的理念，在项目生命周期内，主动地控制系统的风险。虽然各个国家及地区的安全保障体系都有不同特点，但其基本工作流程大致相似。

在安全保障体系中，除了项目本身开展安全保障工作外，还需要有组织负责对安全保障工作进行审查和评估，以加强对系统安全的信心。根据欧盟标准（如 EN 5012X 系列标准、IEC 61508 标准等），在项目建设期，对于铁路系统，特别是安全关键系统，必须由独立的并具有相应资质的机构，开展独立安全评估及审查工作，简称为 ISA。独立安全评估机构除了应具有风险为本的知识外，还应精通独立安全评估特定的技术。

2.6.2 各国城市轨道交通安全保障差异分析

国内安全评价制度是从法律、法规层面和标准上规定了对轨道交通建设和运营不同阶段结果的安全控制，是以评价在建设、运营过程中安全法规、标准的实施情况来保障城市轨道交通安全。具体包括在工程可行性研究阶段实施安全预评价，针对产品测试、调试的专项安全评价，在试运营期进行的安全验收评价以及在运营期进行运营安全评价。过程安全控制是近年来国内一些城市借鉴国外安全保障体系的相关经验，依据欧洲相关过程控制标准进行的有益尝试，并无制度上的限制，也不是强制执行的。目前，我国的技术安全控制参照的依据是分散在各个实体标准中的，而国外的技术控制体系本身则独立形成一个标准。

英国和日本针对城市轨道交通的安全法律方面，包括对城市轨道交通建设管理规定的安全法律、法规以及行政规章，把安全控制与基本建设程序结合起来，也有明确的针对轨道交通系统参与各方的资质的规定。在标准方面，日本制定了一套安全管理的标准，英国制定了一套城市轨道交通过程安全控制标准。英国在组织构架方面是政府指导，利用资质制度确保轨道交通安全评价的客观性和有效性。而日本是通过政府全程参与，法制控制全过程来确保城市轨道交通的安全。

部分国家城市轨道交通安全保障体系特点如表 2-4 所示。

英国和日本城市轨道交通安全保障体系特点比较 表 2-4

国家和地区	法律法规的制定	安全机构设置	人员培训
欧盟（英国、德国）	英国法规明确要求，铁路建设单位及运营单位须在建设周期内开展安全保障工作，识别、评估运营风险，并采取相应的风险减轻措施。在运营前，政府主管部门将审查建设单位及运营单位的系统保障工作，并颁发安全证书。为开展系统安全保障工作，建设单位及运营单位根据相关标准的指导，建立安全管理系统、安全保障工作流程，从组织上、方法上保证安全保障工作的实施 建设单位采用风险为本的方法开展安全保障工作，在系统全寿命周期内，针对整个铁路系统开展。在运营之前，建设单位及运营单位将汇总自己所有工作，编制安全报告，供政府主管部门审查，以便获得安全证书	政府管理机构，即铁路管理办公室，负责所有铁路系统（包括传统铁路以及城市轨道交通系统）的管理工作。安全方面，铁路管理办公室负责向基建管理商以及列车运营商颁发安全证书。铁路管理办公室下设有一铁路检验机构——HMRI，负责根据相关法规要求，通过审查其安全报告（还包括独立安全审查报告、独立安全评估报告），评估基建管理商及列车运营商的安全管理体系是否保持有效，系统是否已经达到相应的安全等级。其检查的结论是铁路管理办公室颁发安全证书的重要依据	规定安全组织方面的人员培训，包括安全政策、人员资质、培训等

续表

国家和地区	法律法规的制定	安全机构设置	人员培训
日本	政府控制下的完善的安全方面的法律法规和标准体系制定	专门负责交通安全的政府机构。完善的机构制定、执行和监督相关法律、法规，保障标准的执行 强化国家的指导监督体制，铁路运营公司内部安全管理体制的确立	专门的法律、法规规定人员培训
美国	《建筑安全与健康法》为基本法的完善的法律法规体系	有安全管理机构体系	
德国	有《乘客运输法》及根据《乘客运输法》制定的法规法令	政府审批和监督机制	

2.6.3 国外城市轨道交通系统安全保障借鉴

1. 城市轨道交通安全保障体系总体要求

通过对国外城市轨道交通安全保障体系的研究，本书建议国内可以通过法律、法规、规范对参与建设及运营各单位的相关要求，并依据法律、法规制定出可操作性强的技术标准，明确对安全管理系统的规定。

如英国的安全保障体系是在政府的监管下，由具备资质的独立第三方依据规定标准对轨道交通的建设和运营过程进行评估、监控，从而保障轨道交通的安全。法规明确要求，铁路建设单位及运营单位须在建设周期内开展安全保障工作，识别、评估运营风险，并采取相应的风险减轻措施。在运营前，政府主管部门将审查建设单位及运营单位的系统保障工作，并规定安全管理系统中应包括的规程，为符合规定以及其他法规的要求，并颁发安全证书。基建管理商及列车运营商参照相关标准。

日本则是由政府制定完备的法律、法规体系，并建立完备的政府部门对轨道交通建设、运营的各个涉及方进行控制。通过一系列的法律、规定来明确城市轨道交通各级相关机构的安全职能、安全责任，具体到安全责任人的任免制度，明确各个相关人员的责任和应当依据的操作规程，其法规的细致程度，已能覆盖到十分具体的细节方面，从而从细部出发来保障整个城市轨道交通系统的安全。

上述两种安全保障体系内，政府扮演不同的角色，但均实现了对轨道交通全寿命周期内的安全监管，以过程的安全保证结果的安全，并且均是基于完备的体制、机构和标准体系基础上的。

在国内外典型城市轨道交通项目系统安全保障体系的分析和研究的基础上，针对我国城市交通系统安全保障体系存在的问题，结合我国城市轨道交通建设运营特点，为建立和完善符合我国国情的城市轨道交通系统安全保障体系，可采取以下措施：

（1）加强政府对城市轨道交通项目系统安全保障工作的主导地位，实现对轨道交通全生命周期内的安全监管。由政府制定完备的法律、法规体系，明确对轨道交通系统安全管理系统的规定，建立城市轨道交通系统安全保障管理组织架构，明确城市轨道交通各级相关机构的安全职能、安全责任，并明确各个安全相关人员的责任和应当依据的规程，明确系统安全保障工作的费用标准。建立合理的管理机制，使政府部门对轨道交通建设、运营的各参与方能进行有效控制。

（2）依据法律、法规制定出适合国情的系统安全保障相关的技术标准，使各有关方能遵照统一的标准开展项目的系统安全保障工作。

（3）通过法规明确要求，城市轨道交通建设单位及运营单位，须在项目生命周期内开展系统安全保障工作，识别、评估风险，并采取相应的风险减轻措施，使得安全保障工作覆盖城市轨道交通项目全生命周期的各个阶段。

（4）实行独立第三方监管制。在政府的监管下，由具备资质的独立第三方依据国家标准对轨道交通的建设和运营过程进行评估、监控，从而保障轨道交通的系统安全。

（5）实行项目运营前安全资格审查制。在运营前，政府主管部门分别审查建设单位及运营单位的系统安全保障工作，并颁发安全证书，以确定项目符合安全开通条件和运营单位取得开通资格。

2. 国内城市轨道交通安全保障体系的法律法规体系研究建议

目前我国需尽快完善城市轨道交通安全法规、标准体系，以使城市轨道交通安全保障有法可依、有技术标准可循。在总结各城市轨道交通安全保障工作经验和研究国外如 EN 系列等安全标准在我国适应性的基础上，应由国家有关部门负责，制定专门针对城市轨道交通建设运营安全管理的法规系列，编制适合我国的轨道交通安全控制方面的标准，全面规定我国城市轨道交通安全管理的框架体系，明确政府和各参与方的基本安全责任，明确轨道交通企业所应该达到的安全管理目标，制定合理的安全标准和安全工作指南。建议如下。

（1）完善城市轨道交通安全保障标准体系

欧盟、美国、澳大利亚和日本等国家和地区已建立了比较完善的安全评估和安全管理体系，制定了一系列切实可行的安全评估的技术标准。在欧洲，有三个机构能够代表欧盟委员会制定标准，即 CEN（欧洲标准委员会）、CENELEC（欧洲电气工程标准委员会）、ETSI（欧洲通信标准委员会），这三个欧洲标准机构可以单独或与其他两个机构共同合作，制定各种必要的标准。CEN 和 CENELEC，将欧盟成员国间的标准标准化，产生了今天的欧洲机器指令和大量相关的机器、设备的安全标准。如欧洲电气工程标准委员会（CENELEC）下属 SC9XA 委员会制定的 EN 50126～EN 50129 系列标准。国际电子电工委员会（IEC）制定的 IEC 61508《电气、电子、可编程电子安全相关系统的功能安全》国际标准，是进行轨道交通安全评估和论证重要的参考标准。

目前，各国遵守的安全标准上的差异及其对信号系统安全的认知不同，对系统安全的描述和评估内容也有所差异。如 IEC 61505 提出了安全完整性等级的依据，利用安全完整性等级来评价系统的安全；而有些方法是从其他方面考虑进行评估的，如风险评估、可靠性评估、具体保障评估等方法。

国内应建立城市轨道交通安全法规、标准体系,以使城市轨道交通安全保障有法可依、有技术标准可循。目前,研究如 EN 系列等安全标准在我国的适应性以及适合我国的轨道交通安全控制方面的标准编制工作已在进行中。需制定《城市轨道交通安全保障工作标准》,该标准应具体规定城市轨道交通项目全生命周期各阶段内,安全保障的具体工作目标、工作内容、工作方法、工作流程、采用的标准,以有利于国内城市轨道交通安全保障工作的技术标准统一,避免盲目的过高或过低要求,使各地城市轨道交通项目的建设和运营管理成本更趋合理。

(2) 建立合理有效的城市轨道交通安全保障组织架构

根据国外城市轨道交通安全保障现状的分析,英国城市轨道交通安全评估框架具有监督、审批和政府授权的安全认证机构。德国的特点则是技术控制体制和审批与监督机制,由国家审批部门和监督机构执行。日本则是严格的审批制度和安全管理制度,机构由国家政府机关审批部门、地方民营集团、公益法人和相关的标准制定委员会组成,依法各司其职。因此建议我国城市轨道交通安全保障的组织架构,应明确政府管理机构的职责;明确建设及运营单位的人员的安全机构设置以及安全责任分配;最后还要明确产品供应商和独立第三方的责任。

(3) 建立城市轨道交通安全保障评估体制

根据现状,城市轨道交通系统类型多,引进国外产品设备种类多、新产品、设备多的现状,有必要建立独立第三方制度,明确规定其资质获得、授权及评估责任。根据安全保障体系建立的需要,有必要建立一个安全评估认证框架,评估机构由权威部门考核和认证,并要求独立于运营商和系统制造商,同时规定它的任务和目标是根据专门的安全标准对安全相关系统进行审核和认证,审核是针对工程管理的过程,认证是针对系统本身的。

(4) 将人员培训和管理纳入法规体系

人员的素质对于安全保障体系的顺利和有效实施是至关重要的,因此根据法规要求,组织应明确地定义各方的职责,清晰地记录所有的安全职责,并保证相应人员可以满足该职位的要求,或开展相关培训,如安全政策、相应资质的培训等。

总之,城市轨道交通的安全涉及政府、建设和运营企业(业主)、土建材料和设备供应企业、设计咨询和施工(安装)企业等,需要各方的协同工作。构建安全保障体系应遵循政府控制、企业主导、第三方介入的原则,进行全过程的安全控制。政府依据法律、法规和标准对安全实施监督是实现安全保障的基础,轨道交通的建设和运营的相关各方是安全保障的主体,而轨道交通的建设和运营过程需要完备的监督、评估制度来保障安全的实现。

3 城市轨道交通系统安全法规与标准体系

城市轨道交通系统安全法规与标准体系的构建，是以法律条文的形式规范人们的行为，明示城市轨道交通系统可能存在的不安全状态，起到提前预警的作用。另一方面，对已经发生的不安全行为，进行校正，能有效地保证城市轨道交通系统处于安全状态。本章主要介绍了我国城市轨道交通系统安全保障法规与标准体系、安全标准体系，分析上述法律法规标准体系中存在的问题，以及相应的改进措施和建议。

3.1 城市轨道交通系统安全法律法规体系

3.1.1 我国城市轨道交通系统安全法律法规体系概述

目前，我国城市轨道交通安全法律、法规体系已基本形成，可以分四个层次。最高层次是安全生产法，是我国安全生产的主体法。安全生产法的颁布，是我国安全生产法制建设的重要里程碑。第二层次是国务院发布的行政法规。第三层次是住房与城乡建设部和其他有关部委发布的部门规章。第四层次是地方法规。安全生产法确定的基本法律制度，不仅对有关安全生产的单行法律、行政法规普遍适用，同时也对其作出必要的补充和完善，从而形成普通法与特别法、专门法与相关法有机结合的中国安全生产法律法规的框架，加强安全生产监督管理，奠定了法律基础。我国城市轨道交通系统安全法律法规体系结构见图3-1。详细内容参见附图1

图 3-1 我国城市轨道交通系统安全法律法规体系结构

《我国城市轨道交通法规标准体系》。

3.1.2 我国城市轨道交通系统安全法律

城市轨道交通系统安全法律体系是在以《安全生产法》作为我国安全生产领域的基本法律的情况下，逐步制定和完善起来的。安全生产法以及其他法律的具体制度和实施内容分别如下。

1. 安全生产法

安全生产是一个系统工程，需要建立在各种支持基础之上，而安全生产法的制定尤为重要。安全生产法是我国第一部全面规范安全生产的专门法律，是安全生产法律体系的主体法，是各类生产经营单位及其从业人员实现安全生产必须遵循的行为准则，是各级政府及其有关生产部门进行监督管理和行政执法的法律依据。安全生产法虽然没有特指城市轨道交通行业。由于安全生产法的综合性，适用各行业，具有较宽的使用范围。城市轨道交通建设、施工及运营等也必须遵守安全生产法的各项规定。

安全生产法的公布实施，是我国安全生产法制进程中新的里程碑，它标志着我国安全生产法制建设进入一个新的阶段。凡从事生产经营活动的单位，都要遵守安全生产法和其他有关安全生产的法律、法规。安全生产管理要坚持安全第一，预防为主的方针。"安全第一"已被有关法律所肯定，成为法律强制实施的安全生产基本方针。我国安全生产法律法规体系由若干层次构成，具体见图 3-2。

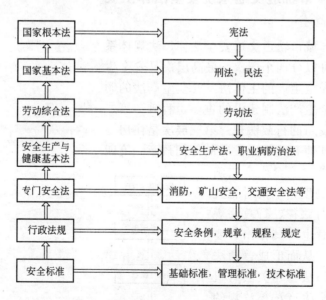

图 3-2 我国安全生产法律法规体系

(1) 立法目的

根据安全生产法第一条的规定，本法的立法目的是，加强安全生产的监督管理，防止和减少生产安全事故，保障人民群众生命和财产安全，促进经济发展。

(2) 适应范围

《安全生产法》的适用范围只限定在生产经营领域，不属于生产经营活动中的安全问题，如公共场所集会活动中的安全问题、正在使用中的民用建筑物发生垮塌造成的安全问题等，都不属于本法的调整范围。这里讲的"生产经营活动"，既包括资源的开采活动、各种产品的加工、制作活动，也包括各类工程建设和商业、娱乐业以及其他服务业的经营活动。

《安全生产法》从法律的空间效力范围来看，适用于我国的全部领域，但不能在香港和澳门两个特别行政区内适用。从法律对人的效力来看，适用于我国一切从事生产经营活动的各类企业单位，不论其经济性质如何、规模大小，只要从事生产经营活动的，都应遵守安全生产法的各项规定；同时按照依法治国、依法行政的要求，各级人民政府及政府有关部门对安全生产的监督管理，也必须遵守安全生产法规定。

《安全生产法》对人的效力，即安全生产法适用的主体范围，依照本法第二条的规定，包括一切从事生产经营活动的国有企业事业单位、集体所有制的企业事业单位、股份制企业、中外合资经营企业、中外合作经营企业、外资企业、合伙企业、个人独资企业等，不论其经济性质如何、规模大小，只要从事生产经营活动的，都应遵守安全生产法的各项规定，违反安全生产法规定的行为将受到法律的追究。

当然，按照依法治国、依法行政的要求，各级人民政府及政府有关部门对安全生产的监督管理，也必须遵守安全生产法规定。依照安全生产法规定对安全生产工作负有监督管理职责的机关及其工作人员不依法履行职责，玩忽职守或者滥用职权的，将受到法律的追究，包括一切从事生产经营活动的企业事业单位和个体经济组织。

(3) 基本方针

"安全第一，预防为主"是安全生产管理的基本方针。安全生产法在总结我国安全生产管理实践经验的基础上，将"安全第一，预防为主"规定为我国安全生产工作的基本方针。《安全生产法》第三条规定了安全生产管理的基本方针，即"安全第一，预防为主"是安全生产管理的基本方针。

为了从法律制度上保证"安全第一、预防为主"的方针落实，《安全生产法》规定了有关的基本制度和措施，主要包括：安全生产的市场准入制度。即生产经营单位必须具备法律、法规和国家标准或者行业标准规定的安全生产条件，不符合安全生产条件的，不得从事生产经营活动；生产经营单位主要负责人对本单位安全生产工作全面负责的制度；企业必须依法设置安全生产管理机构或安全生产管理人员的制度；对生产经营单位的主要负责人、安全生产管理人员和从业人员进行安全生产教育、培训、考核的制度；对特种作业人员实行资格认定和持证上岗的制度；建设工程项目的安全措施应当与主体工程同时设计、同时施工、同时投入生产和使用的"三同时"制度；对部分危险性较大的建设工程项目实行安全条件论证、安全评价和安全措施验收的制度；安全设备的设计、制造、安装、使用、检测、维修和报废必须符合国家标准的制度；对危险性较大的特种设备实行安全认证和使用许可，非经认证和许可不得使用的制度；对从事危险品的生产经营活动实行前置审批和严格监管的制度；对严重危及生产安全的工艺、设备予以淘汰的制度；生产经营单位对重大危险源的登记建档及向安全监督管理部门报告备案的制度；对爆破、吊装等危险作业的现场安全管理制度以及生产经营单位的安全生产管理人员对本单位安全生产状况的经常性检查、处理、报告和记录的制度等。

（4）主要内容

《安全生产法》共七章九十七条，在第一章"总则"中对这部法律若干重要原则问题进行了规定，对作为分则的其他各章的规定具有概括和指导的作用。第一章分别对本法的立法目的、适用范围、安全生产管理的基本方针、生产经营单位确保安全生产的基本义务、生产经营单位主要负责人对本单位安全生产的责任、生产经营单位的从业人员在安全生产方面的权利和义务、工会在安全生产方面的基本职责、各级人民政府在安全生产方面的基本职责、安全生产监督管理体制、有关安全生产的标准的制定和执行、为安全生产提供技术服务的中介机构、生产安全事故责任追究制度、国家鼓励和支持提高安全生产科学技术水平、对在安全生产方面作出显著成绩的单位和个人给予奖励等问题作了规定。第二章"生产经营单位的安全生产保障"分别从生产经营单位主要负责人的安全生产职责、生产经营单位安全生产的组织保障、基础保障和管理保障等方面来予以规定；第三章对从业人员的安全生产基本权利和义务等问题作了规定；第四章对安全生产的国家监督和社会监督等问题作了规定；第五章对安全生产事故的应急救援和调查处理等问题作了规定；第六章对违反安全生产法的民事责任、行政责任和刑事责任作了规定。

2. 其他法律

《安全生产法》第二条规定：在中华人民共和国领域内从事生产经营活动的单位（以下统称生产经营单位）的安全生产，适用本法；有关法律、行政法规对消防安全和道路交通安全、铁路交通安全、水上交通安全、民用航空安全另有规定的，适用其规定。可以看出除了《安全生产法》作为综合性的安全生产法律之外，轨道交通这个特殊性行业也有专业的法律法规进行调整，如消防安全问题由消防法调整，建筑安全问题由建筑法调整等。目前我国其他与城市轨道交通安全相关的其他法律主要有《建筑法》、《道路交通安全法》、《消防法》、《劳动法》、《产品质量法》、《标准化法》等。

3.1.3 我国城市轨道交通系统安全行政法规

国务院根据法律，针对建设工程的设计、勘察、质量管理、事故报告及调查处理、特大安全事故行政责任追究、安全生产许可证等有关安全生产的各个方面，分别制定了行政法规。

1. 建设工程安全生产管理条例

中华人民共和国国务院令第 393 号，2003 年 11 月 12 日国务院第 28 次常务会议通过，自 2004 年 2 月 1 日起施行。立法目的是为了加强建设工程安全生产监督管理，保障人民群众生命和财产安全。《建设工程安全生产管理条例》是依据《建筑法》和《安全生产法》制定的。在我国境内从事建设工程的新建、扩建、改建和拆除等有关活动及实施对建设工程安全生产的监督管理，都适用本条例。所称建设工程，是指土木工程、建筑工程、线路管道和设备安装工程及装修工程。该条例共八章七十一条，主要规定了建设单位、勘察单位、设计单位、施工单位、工程监理单位和其他与建设工程有关的单位的安全责任以及安全生产的监督管理、生产安全事故应急救援与调查处理等内容。

建设工程安全生产管理条例的基本制度包括安全生产责任制度、群防群治制度、安全生产教育培训制度、安全生产检查制度、伤亡事故处理报告制度以及安全责任追究制度。

(1) 安全生产责任制度

安全生产责任制度是建筑生产中最基本的安全管理制度，是所有安全规章制度的核心。安全生产责任制度是指将各种不同的安全责任落实到负有安全管理责任的人员和具体岗位人员身上的一种制度。这一制度是安全第一，预防为主方针的具体体现，是建筑安全生产的基本制度。安全责任制的主要内容包括：从事建筑活动主体的负责人的责任制。比如，施工单位的法定代表人要对本企业的安全负主要的安全责任。从事建筑活动主体的职能机构或职能处室负责人及其工作人员的安全生产责任制。比如，施工单位根据需要设置的安全处室或者专职安全人员要对安全负责。以及岗位人员的安全生产责任制。岗位人员必须对安全负责。从事特种作业的安全人员必须进行培训，经过考试合格后方能上岗作业。

(2) 群防群治制度

群防群治制度是职工群众进行预防和治理安全的一种制度。这一制度也是"安全第一、预防为主"的具体体现，同时也是群众路线在安全工作中的具体体现，是企业民主管理的重要内容。这一制度要求建筑企业职工在施工中应当遵守有关生产的法律、法规和建筑行业安全规章、规程，不得违章作业；对于危及生命安全和身体健康的行为有权提出批评、检举和控告。

(3) 安全生产教育培训制度

安全生产教育培训制度是对广大建筑干部职工进行安全教育培训，提高安全意识，增加安全知识和技能的制度。安全生产，人人有责。只有通过对广大职工进行安全教育、培训，才能使广大职工真正认识到安全生产的重要性、必要性，才能使广大职工掌握更多更有效的安全生产的科学技术知识，牢固树立安全第一的思想，自觉遵守各项安全生产和规章制度。分析许多建筑安全事故，一个重要的原因就是有关人员安全意识不强，安全技能不够，这些都是没有搞好安全教育培训工作的后果。

(4) 安全生产检查制度

安全生产检查制度是上级管理部门或企业自身对安全生产状况进行定期或不定期检查的制度。通过检查可以发现问题，查出隐患，从而采取有效措施，堵塞漏洞，把事故消灭在发生之前，做到防患于未然，是"预防为主"的具体体现。通过检查，还可总结出好的经验加以推广，为进一步搞好安全工作打下基础。安全检查制度是安全生产的保障。

(5) 伤亡事故处理报告制度

施工中发生事故时，建筑企业应当采取紧急措施减少人员伤亡和事故损失，并按照国家有关规定及时向有关部门报告的制度。事故处理必须遵循一定的程序，做到三不放过（事故原因不清不放过、事故责任者和群众没有受到教育不放过、没有防范措施不放过）。

(6) 安全责任追究制度

法律责任中，规定建设单位、设计单位、施工单位、监理单位，由于没有履行职责造成人员伤亡和事故损失的，视情节给予相应处理；情节严重的，责令停业整顿，降低资质等级或吊销资质证书；构成犯罪的，依法追究刑事责任。

2. 中华人民共和国认证认可条例

中华人民共和国国务院令第 390 号，2003 年 8 月 20 日国务院第 18 次常务会议通过，自 2003 年 11 月 1 日起施行。立法目的是为了规范认证认可活动，提高产品、服务的质量和管理水平，促进经济和社会的发展。

所称认证，是指由认证机构证明产品、服务、管理体系符合相关技术规范、相关技术规范的强制性要求或者标准的合格评定活动。所称认可，是指由认可机构对认证机构、检查机构、实验室以及从事评审、审核等认证活动人员的能力和执业资格，予以承认的合格评定活动。条例确立的基本制度如下。

(1) 国家实行统一的认证认可监督管理制度

我国的认证认可制度，历史上是由各个部门、行业在相关领域内分别建立、分别实施和监督管理的。有的部门设立了行业内部的认可机构和认证机构，有的部门还直接从事相关行业的认证认可活动，这样就在一定程度上造成了政出多门、多重标准、监管不力、有效性不强的问题。因此，《认证认可条例》第四条规定：国家实行统一的认证认可监督管理制度。国家对认证认可工作实行在国务院认证认可监督管理部门统一管理、监督和综合协调下，各有关方面共同实施的工作机制。

(2) 国家实行统一的认可制度

《认证认可条例》第三十七条规定：国务院认证认可监督管理部门确定的认可机构，独立开展认可活动。除国务院认证认可监督管理部门确定的认可机构外，其他任何单位不得直接或者变相从事认可活动。其他单位直接或者变相从事认可活动的，其认可结果无效。按照这一规定，国家实行统一的认可制度，国家只建立一套认可体系，国家认监委要按照国际通行做法，对现有的认可机构进行调整，建立集中统一的认可机构。

(3) 对认证机构的设立实行许可制度

鉴于目前我国认证机构良莠不齐、市场秩序比较混乱的实际情况，需要建立认证市场的准入制度。因此，《认证认可条例》第九条规定：设立认证机构，应当经国务院认证认可监督管理部门批准，并依法取得法人资格后，方可从事批准范围内的认证活动。未经批准，任何单位和个人不得从事认证活动。

(4) 对实验室、检查机构能力的认定制度

《认证认可条例》第十六条规定:向社会出具具有证明作用的数据和结果的检查机构、实验室,应当具备有关法律、行政法规规定的基本条件和能力,并依法经认定后,方可从事相应活动,认定结果由国务院认证认可监督管理部门公布。

(5) 实行自愿性认证和一定范围内产品必须经过认证(强制性产品认证)相结合的制度

《认证认可条例》第十九条规定:任何法人、组织和个人可以自愿委托依法设立的认证机构进行产品、服务、管理体系认证。自愿性认证包括自愿性产品认证和管理体系认证,如节能产品、农产品认证、ISO 9000 族质量管理体系认证、ISO 14000 环境管理体系认证、OHSMS 职业健康安全管理体系认证、HACCP 认证等。同时,《认证认可条例》第二十八条规定:为了保护国家安全、防止欺诈行为、保护人体健康或者安全、保护动植物生命或者健康、保护环境,国家规定相关产品必须经过认证的,应当经过认证并标注认证标志后,方可出厂、销售、进口或者在其他经营活动中使用。该条款的规定为正在实施的强制性产品认证制度(3C 认证制度)提供了更坚实的法律依据。目前,我国已对 19 类 132 种产品实行了强制性产品认证。

(6) 允许外资进入并加强监督管理的制度

为履行我国加入世界贸易组织承诺,《认证认可条例》规定:允许在我国境内设立外商投资的认证机构和境外认证机构的代表机构。同时为能够保证外方投资者所具有的认证能力,规定了设立外商投资的认证机构除应当符合设立认证机构的一般条件外,外方投资者还应当取得其所在国家或者地区认可机构的认可,并具有 3 年以上从事认证活动的业务经历。

(7) 对认证培训机构、认证咨询机构加强监督管理

鉴于认证培训机构、认证咨询机构目前存在的问题,《认证认可条例》第五条规定:国务院认证认可监督管理部门应当依法对认证培训机构、认证咨询机构的活动加强监督管理。第七十七条规定:认证培训机构、认证咨询机构的管理办法由国务院认证认可监督管理部门制定。国务院认证认可监督管理部门将及时根据《认证认可条例》的规定,通过制定部门规章和规范性文件的形式,对认证培训机构、认证咨询机构的行为规范做出规定。

3. 生产安全事故报告和调查处理条例

中华人民共和国国务院令第 493 号,2007 年 3 月 28 日国务院第 172 次常务会议通过,自 2007 年 6 月 1 日起施行。立法目的是为了规范生产安全事故的报告和调查处理,落实生产安全事故责任追究制度,防止和减少生产安全事故。本条例适用于生产经营活动中发生的造成人身伤亡或者直接经济损失的生产安全事故的报告和调查处理。而对于环境污染事故、核设施事故、国防科研生产事故的报告和调查处理不适用本条例。

本条例作为全面、系统地规范生产安全事故报告和调查处理的综合性行政法规,对生产安全事故的报告、事故的调查、事故处理以及违法行为应当承担的法律责任做出了明确规定。本条例明确了事故报告和调查处理的体制、原则、主体、内容和程序，划分了事故等级，同时还规定了违反条例应该承担的法律责任，加大了对事故责任单位和责任人的惩罚力度。主要特点如下：

(1) 贯彻落实"四不放过"原则

"四不放过"，即事故原因未查明不放过，责任人未处理不放过，整改措施未落实不放过，有关人员未受到教育不放过。这是事故调查处理工作的根本要求，条例规定的主要制度和措施都体现了这一原则。

(2) 坚持"政府统一领导、分级负责"的原则

各级人民政府都负有加强对安全生产工作领导的职责，特别是地方各级人民政府对于本行政区域内的安全生产负总责。因此，生产安全事故报告和调查处理必须坚持政府统一领导、分级负责的原则。同时，也要充分考虑和兼顾民航、铁路、交通等行业或者领域的特殊性及其事故报告与调查处理的现行体制和做法。

(3) 重在完善程序，明确责任

规范生产安全事故的报告和调查处理，首先需要完善有关程序，为事故报告和调查处理工作提供明确的"操作规程"。同时，还必须明确政府及其有关部门、事故发生单位及其主要负责人以及其他单位和个人在事故报告和调查处理中所负的责任。

4. 国务院其他文件

《安全生产许可证条例》，2004年1月13日起施行。为了严格规范安全生产条件，进一步加强安全生产监督管理，防止和减少生产安全事故，根据《中华人民共和国安全生产法》的有关规定制定。

《建设工程勘察设计管理条例》，2000年9月25日起施行。为了加强对建设工程勘察、设计活动的管理，保证建设工程勘察、设计质量，保护人民生命和财产安全，制定本条例。条例所称建设工程勘察，是指根据建设工程的要求，查明、分析、评价建设场地的地质地理环境特征和岩土工程条件，编制建设工程勘察文件的活动。本条例所称建设工程设计，是指根据建设工程的要求，对建设工程所需的技术、经济、资源、环境等条件进行综合分析、论证，编制建设工程设计文件的活动。

《建设工程质量管理条例》，2000年1月30日起施行。为了加强对建设工程质量的管理，保证建设工程质量，保护人民生命和财产安全，根据《中华人民共和国建筑法》制定本条例。本条例所称建设工程，是指土木工程、建筑工程、线路管道和设备安装工程及装修工程。

《突发公共卫生事件应急条例》，2003年5月9日起施行。为了有效预防、及时控制和消除突发公共卫生事件的危害，保障公众身体健康与生命安全，维护正常的社会秩序，制定本条例。本条例所称突发公共卫生事件（以下简称突发事件）是指突然发生，造成或者可能造成社会公众健康严重损害的重大传染病疫情、群体性不明原因疾病、重大食物和职业中毒以及其他严重影响公众健康的事件。

《国务院关于特大安全事故行政责任追究的规定》，2001年4月21日起施行。为了有效地防范特大安全事故的发生，严肃追究特大安全事故的行政责任，保障人民群众生命、财产安全,制定本规定。

此外,其他相关的规定还包括《国家突发公共事件总体应急预案》、《国家安全生产事故灾难应急预案》和《国家处置城市地铁事故灾难应急预案》等。

3.1.4 部门规章

国务院各部委,如国家安全生产监督管理总局、建设部、劳动部等,根据法律和国务院行政法规,在本部门的权限内制定了大量关于安全生产方面的规章。建设部作为城市轨道交通的主管部门,针对建设工程的规划、设计、勘察、质量管理、咨询管理、事故报告及调查处理、安全生产许可证等安全生产方面,分别制定部门规章。

1. 国家安全生产监督管理局规章

安监总局根据国家的法律和国务院行政法规在本部门内制定的规章制度主要包括安全评价机构管理规定、安全生产检测检验机构管理规定、生产经营单位安全培训规定和注册安全工程师管理规定。

(1)《安全评价机构管理规定》

国家安全生产监督管理局令第13号,自2005年1月1日起施行。该规定是为加强安全评价机构的管理,规范安全评价行为,建立公正、开放、竞争、有序的安全评价中介服务体系,提高安全评价水平和服务质量,根据《安全生产法》、《行政许可法》和有关规定制定。适用于安全评价机构、安全评价人员从事法定安全评价活动以及安全生产监督管理部门、煤矿安全监察机构实施安全评价资质监督管理。

国家对安全评价机构和安全评价人员实行资质许可制度。安全评价机构应当取得相应的安全评价资质证书(以下统称资质证书),并在资质证书确定的业务范围内从事安全评价活动。安全评价人员应当取得相应的资格,方可执业。而未取得资质证书的安全评价机构及其安全评价人员,不得从事安全评价活动。

(2)《安全生产检测检验机构管理规定》

国家安全生产监督管理局令第12号,自2007年4月1日起施行。

该规定是为加强对安全生产检测检验机构的管理,规范检测检验行为,根据《安全生产法》等有关法律、行政法规而制定。适用于安全生产检测检验机构(以下简称检测检验机构)及其检测检验人员从事安全生产检测检验活动,以及安全生产监督管理部门、煤矿安全监察机构对检测检验机构的监督管理。

检测检验机构应当取得安全生产检测检验资质(以下简称检测检验资质),并在资质有效期和批准的检测检验业务范围内独立开展检测检验活动。

(3)《生产经营单位安全培训规定》

国家安全生产监督管理局令第3号,自2006年3月1日起施行。

该规定是为加强和规范生产经营单位安全培训工作,提高从业人员安全素质,防范伤亡事故,减轻职业危害,根据安全生产法和有关法律、行政法规而制定。适用于工矿商贸生产经营单位(以下简称生产经营单位)从业人员的安全培训。

该规定要求生产经营单位负责本单位从业人员安全培训工作,建立健全安全培训工作制度，进行安全培训的从业人员包括主要负责人、安全生产管理人员、特种作业人员和其他从业人员。

(4)《注册安全工程师管理规定》

国家安全生产监督管理局令第 11 号，自 2007 年 3 月 1 日起施行。

该规定是为加强注册安全工程师的管理，保障注册安全工程师依法执业，根据《安全生产法》等有关法律、行政法规而制定。适用于取得中华人民共和国注册安全工程师执业资格证书的人员注册以及注册后的执业、继续教育及其监督管理。

该规定所称注册安全工程师是指取得中华人民共和国注册安全工程师执业资格证书（以下简称资格证书），在生产经营单位从事安全生产管理、安全技术工作或者在安全生产中介机构从事安全生产专业服务工作，并按照本规定注册取得中华人民共和国注册安全工程师执业证（以下简称执业证）和执业印章的人员。

除了以上四个重要规定，安监总局也公布了《生产安全事故应急预案管理办法》、《安全生产事故隐患排查治理暂行规定》、《劳动防护用品监督管理规定》等多项与城市轨道交通安全相关的部门规章。

2. 住房与城乡建设部规章

住建部根据国家的法律和国务院行政法规在本部门内制定的规章制度主要包括城市轨道交通运营管理办法和建设工程质量检测管理办法。

(1)《城市轨道交通运营管理办法》

中华人民共和国建设部令第 140 号，自 2005 年 8 月 1 日起施行。该办法是为加强城市轨道交通运营管理，保证城市轨道交通正常、安全运营，维护城市轨道交通运营秩序，保障乘客和城市轨道交通运营者的合法权益而制定。适用于城市轨道交通的运营及相关的管理活动。

该办法在运营开通条件方面规定："新建城市轨道交通工程竣工后，应当进行工程初验；初验合格的，可以进行试运行；试运行合格，并具备基本运营条件的，可以进行试运营。城市轨道交通工程竣工，按照国家有关规定验收，并报有关部门备案。经验收合格后，方可交付正式运营。安全设施不符合有关国家标准的新建、改建、扩建城市轨道交通工程项目，不得投入运营。"

该办法在安全管理方面规定："城市轨道交通运营单位应当依法承担城市轨道交通运营安全责任，设置安全生产管理机构，配备专职安全生产管理人员，保证安全生产条件所必需的资金投入。"提出了运营单位在轨道交通各类设施的管理、维护、更新及监测等工作的要求，并规定了控制保护区的范围、区内各类作业的要求。

该办法在应急管理方面规定："城市人民政府城市轨道交通主管部门应当会同有关部门制定处理突发事件的应急预案；城市轨道交通运营单位应当根据实际运营情况制定地震、火灾、浸水、停电、反恐、防爆等分专题的应急预案，建立应急救援组织，配备救援器材设备，并定期组织演练。"并提出了各种应急状态下的工作流程及相应措施。

(2) 建设工程质量检测管理办法

中华人民共和国建设部令第141号，自2005年11月1日起施行。该办法是为加强对建设工程质量检测的管理，根据《中华人民共和国建筑法》、《建设工程质量管理条例》而制定。适用于申请从事对涉及建筑物、构筑物结构安全的试块、试件以及有关材料检测的工程质量检测机构资质，实施对建设工程质量检测活动的监督管理。

该办法所称建设工程质量检测（以下简称质量检测），是指工程质量检测机构（以下简称检测机构）接受委托，依据国家有关法律、法规和工程建设强制性标准，对涉及结构安全项目的抽样检测和对进入施工现场的建筑材料、构配件的见证取样检测。

除了以上两个重要办法，住建部在建筑业企业管理上公布了《建筑业企业资质管理规定》、《建设工程勘察设计资质管理规定》、《工程监理企业资质管理规定》和《建筑施工企业安全生产许可证管理规定》等，在人员管理上公布了《勘察设计注册工程师管理规定》和《注册监理工程师管理规定》等多项规定，这些规定对城市轨道交通建设安全提供了有力的保障。

3. 部委其他文件

住建部办公厅于2005年发出了《关于建立全国地铁安全生产管理工作联络员制度和印发〈全国地铁安全生产管理工作联络员工作办法〉的通知》和《关于开展城市轨道交通安全生产工作督查的通知》。2007年又发出了《关于加强地铁建设和运营安全管理工作的紧急通知》和《关于开展城市轨道交通安全生产检查工作的通知》。在2008年杭州地铁事故之后，发出了《关于进一步加强地铁建设安全管理工作的紧急通知》。

3.1.5 我国城市轨道交通系统安全地方性法规

随着中央政府各类安全法律法规的出台，地方政府也积极制定了与之配套的各类地方性法规和规章，特别是已经拥有轨道交通和正在建设轨道交通的地方政府。据统计，有上海、广州和南京3个城市出台了轨道交通相关的管理条例，有北京、上海、天津、深圳、武汉、沈阳、南京、重庆、大连和长春10个城市出台了轨道交通相关的管理办法或管理规定，这些地方性法规和规章大多是以《安全生产法》和《城市轨道交通运营管理办法》为依据来制定的。下面主要介绍北京和上海的地方性法规及规章。

1. 上海市轨道交通管理条例

2002年5月21日上海市第十一届人民代表大会常务委员会第三十九次会议通过，根据2006年6月22日上海市第十二届人民代表大会常务委员会第二十八次会议《关于修改〈上海市轨道交通管理条例〉的决定》修正。其立法目的是为了加强轨道交通管理，促进轨道交通建设，保障安全运营，维护乘客的合法权益，根据有关法律、法规的规定，结合上海市实际情况制定。

该条例适用于上海市行政区域内轨道交通的规划、投资、建设、运营及其相关的管理活动。该条例所称轨道交通，是指地铁、轻轨等城市轨道公共客运系统。该条例所称轨道交通设施，是指轨道交通的轨道、隧道、高架、车站（含出入口、通道）、车辆、机电设备、通信信号系统和其他附属设施，以及为保障轨道交通运营而设置的相关设施。

(1) 监管部门

上海市城市交通管理局（以下简称市交通局）是城市轨道交通的行政主管部门，负责该条例的组织实施；其所属的上海市城市交通运输管理处（以下简称市运输管理处）负责本市轨道交通的日常管理和监督工作。市交通局可以委托上海市城市交通行政执法总队（以下简称市交通执法总队）实施该条例规定由市交通局实施的行政处罚。轨道交通线路运营单位负责其运营范围内轨道交通运营的日常管理工作。经市交通局认定具备实施行政处罚条件的轨道交通线路运营单位，按照该条例的授权实施行政处罚。市计划、建设、规划等有关行政管理部门按照各自的职责实施该条例。

(2) 主要内容

该条例共七章五十二条，分别对城市轨道交通的规划、投资、建设、运营、设施等五个方面的管理进行了详细的规定，同时也对轨道交通运营事故中出现的伤亡事故处理和法律责任分担作了规定。

2. 上海市轨道交通运营安全运营管理规定

《上海市轨道交通运营安全运营管理规定》沪交法〔2005〕第565号发布，沪交法〔2006〕第442号修正。该管理规定的制定是为了加强上海市轨道交通运营安全管理，防止和减少运营安全事故，确保轨道交通安全运营。根据《中华人民共和国安全生产法》、《上海市安全生产条例》、《上海市轨道交通管理条例》、建设部《城市轨道交通运营管理办法》和有关法律、法规，结合上海市实际情况制定。该规定适用于上海市轨道交通的运营安全及其相关的管理活动。

(1) 监管部门

上海市城市交通管理局（以下简称市交通局）是本市轨道交通运营安全监督管理的行政主管部门；其所属的上海市城市交通运输管理处（以下简称市运输管理处）负责本市轨道交通运营安全的日常管理和监督工作，指导、协调轨道交通线路运营单位运营安全管理工作，其所属的上海市城市交通行政执法总队负责本市轨道交通运营安全的监督检查，并受市交通局委托实施行政处罚。

(2) 主要内容

该规定共六章二十五条，分别从安全保障、安全管理、应急管理和法律责任四个方面对轨道交通运营安全进行管理。

在安全保障方面，对轨道交通运营安全的责任主体、制度保证、资金投入安全机构和人员要求、运营认定、检查整改和委托管理等方面予以详细的规定；在安全管理方面，对安全宣传、安全服务、制止行为、危险品检查、设施维护以及改扩建的要求等方面进行了规定；在应急管理方面，就应急预案抢险救援、应急处置、事件通报和调查处理作了规定。

3. 上海市轨道交通试运营基本条件

《上海市轨道交通试运营基本条件》(沪交客〔2007〕532号)主要从建设和运营两个方面对轨道交通运营基本条件进行了详细规定。

(1) 建设方面

轨道交通试运营应具备的政府部门认可文件包括：上海市规划管理部门有关工程建设符合城市规划的批复文件；国家有关部门、上海市发展改革委、上海市建设交通委有关建设项目的车站、区间、车辆基地、控制中心和主变电所等土建工程及机电系统和运营组织体系等的建设批准文件；上海市建设工程安全质量监督总站对建设项目的车站、区间、车辆基地、控制中心和主变电所等土建工程及机电系统和运营组织体系等《试运营阶段质量验收情况意见书》；上海市消防部门对建设项目的《建筑工程消防验收的意见书》；上海市卫生部门对建设项目的《卫生效果评价报告书》；上海市环境保护部门对建设项目的《试运行的审批意见》；上海市档案部门对建设项目的《施工阶段档案验收工作的批复》；上海市安全生产监督部门对建设项目的《安全设施检查意见的函》和上海市气象部门对建设项目的《防雷装置竣工验收意见书》。

同时，《基本条件》对土建系统(包括车站、区间、车辆基地、轨道系统和预留线)、机电设备(包括供电系统、信号系统、通信系统、通风空调系统、给排水系统、消防系统、防灾报警系统、设备监控系统、自动售检票系统、车站屏蔽门、自动扶梯及电梯和防淹门系统)、车辆、系统联调及试运行等四个方面的验收提出了详细的要求。

(2) 运营方面

在运营方面《基本条件》提出了组织机构和人员要求、行车组织和客运组织、技术资料、资产接管、试运营规章制度、应急预案、演练八个方面的要求。

4. 北京市城市轨道交通安全运营管理办法

北京市人民政府令第200号，2007年12月23日起执行。该管理办法制定目的是为了加强城市轨道交通安全管理，保障安全运营，维护乘客合法权益，根据本市实际情况，制定本办法。凡在北京市行政区域内从事与城市轨道交通安全运营有关活动的，均须遵守本办法。

(1) 监管部门

北京市安全生产监督行政管理部门依照《中华人民共和国安全生产法》的规定，对本市城市轨道交通安全运营实施综合监督管理。市交通行政管理部门负责本市城市轨道交通行业安全运营的监督管理工作，指导城市轨道交通运营单位(以下简称运营单位)落实安全运营措施，消除事故隐患，对运营单位违反本办法的行为予以纠正并提请有关行政管理部门依法处理。规划、建设、公安、消防、卫生、环境保护、市政管理等行政管理部门，依照各自职责对城市轨道交通安全实施监督管理。城市轨道交通沿线的区、县人民政府负有宣传教育、协助组织抢险救援的职责。

(2) 主要内容

该规定共六章四十一条,分别从建设与运营的衔接、安全运营管理、应急和事故处理和法律责任四个方面对轨道交通运营安全进行管理。

3.2 城市轨道交通系统安全标准体系

3.2.1 标准的分类

我国城市轨道交通安全标准数目繁多,为了便于进一步制定和管理标准规范,需要对标准进行分类。根据标准制定的主体、标准的性质以及标准实施等级的不同,可将城市轨道交通安全标准分别分类如下。

1. 按主体分类

通常按标准的主体,将标准划分为国际标准、区域标准、国家标准、行业标准、地方标准和企业标准六大类。

国际标准指国际标准化组织(ISO)、国际电工委员会(IEC)和国际电信联盟(ITU)制定的标准,以及国际标准化组织确认并公布的其他国际标准制定的标准。区域标准指由区域标准化组织或区域标准化组织通过并公开发布的标准。国家标准指由国家标准机构通过并公开发布的标准。行业标准指由行业组织通过并公开发布的标准。地方标准是在国家的某个地区通过并公开发布的标准。企业标准是由企业制定并由企业法人代表或其授权人批准、发布的标准。

2. 按标准的性质分类

通常按标准的专业性质,标准划分为技术标准、管理标准和工作标准三大类。

技术标准是指对标准化领域中需要统一的技术事项所制定的标准。技术标准是一个大类,可进一步分为:基础技术标准、产品标准、工艺标准、检验和试验方法标准、设备标准、原材料标准、安全标准、环境保护标准、卫生标准等。其中的每一类还可进一步细分,如技术基础标准还可再分为:术语标准、图形符号标准、数系标准、公差标准、环境条件标准、技术通则性标准等。

管理标准是指对标准化领域中需要协调统一的管理事项所制定的标准。管理标准主要是对管理目标、管理项目、管理业务、管理程序、管理方法和管理组织所作的规定。

工作标准是指为实现工作(活动)过程的协调,提高工作质量和工作效率,对每个职能和岗位的工作制定的标准。在中国建立了企业标准体系的企业里一般都制定工作标准。按岗位制定的工作标准通常包括:岗位目标(工作内容、工作任务)、工作程序和工作方法、业务分工和业务联系(信息传递)方式、职责权限、质量要求与定额、对岗位人员的基本技术要求、检查考核办法等内容。

3. 按标准等级分类

我国标准等级是指依据《中华人民共和国标准化法》将标准划分为国家标准、行业标准、地方标准和企业标准等4个层次。各层次之间有一定的依从关系和内在联系，形成一个覆盖全国又层次分明的标准体系。

国家标准是指对需要在全国范围内统一的技术要求，而制定的标准。国家标准由国务院标准化行政主管部门编制计划和组织草拟，并统一审批、编号、发布。国家标准的代号为"GB"，其含义是"国标"两个字汉语拼音的第一个字母"G"和"B"的组合。

行业标准是指对没有国家标准又需要在全国某个行业范围内统一的技术要求，可以制定行业标准，作为对国家标准的补充，当相应的国家标准实施后，该行业标准应自行废止。行业标准由行业标准归口部门审批、编号、发布，实施统一管理。行业标准的归口部门及其所管理的行业标准范围，由国务院标准化行政主管部门审定，并公布该行业的行业标准代号。

地方标准是指对没有国家标准和行业标准而又需要在省、自治区、直辖市范围内统一的技术要求，可以制定地方标准。我国幅员辽阔，地区自然因素差异大，各地区经济发展不平衡，加之我国又是个多民族的国家，少数民族地区有着本民族独特的建筑风格，诸多的因素，决定了在工程建设方面，不可能采用全国统一的尺度，应因地、因时制宜，坚持适合和保持当地及本民族特色的原则。地方标准由省、自治区、直辖市标准化行政主管部门统一编制计划、组织制定、审批、编号、发布。

企业标准是对企业范围内需要协调、统一的技术要求，管理要求和工作要求所制定的标准。企业标准由企业制定，由企业法人代表或法人代表授权的主管领导批准、发布。企业产品标准应在发布后30日内向政府备案。

此外，为适应某些领域标准快速发展和快速变化的需要，于1998年规定的四级标准之外，增加一种国家标准化指导性技术文件，作为对国家标准的补充，其代号为"GB/Z"。如果项目技术尚在发展中，需要有相应的文件引导其发展或具有标准化价值，尚不能制定为标准的项目；或者采用国际标准化组织、国际电工委员会及其他国际组织(包括区域性国际组织)的技术报告的项目可以制定指导性技术文件。对于指导性技术文件仅供使用者参考。

3.2.2 我国现有城市轨道交通的相关标准

1. 我国现有城市轨道交通相关标准概述

我国由于城市轨道交通建设起步较晚，目前正在快速发展阶段。据初步统计，到2009年4月底，共制定城市轨道交通国家和行业标准30项，在编标准57项，见表3-1。

轨道交通标准统计表　　　　　　　　　　　　表3-1

分类	总计	产品标准		工程标准	
		国家标准	行业标准	国家标准	行业标准
现行	30	11	8	9	2
在编	57	7	15	17	18

与 2006 年 12 月 20 日全国城市轨道交通标准化技术委员会成立前的 2005 年相比，两年来，共新增标准 22 项，是 2006 年前近 4 倍，城市轨道交通标准的发展速度是非常快的。

2006 年 3 月上海市建设和交通委员会发布了上海市城市交通管理局主编的《城市轨道交通安全运营技术规范》（DGJ 08—120—2006）。2007 年 4 月发布了上海市地方标准《重点单位重要部位安全技术防范系统要求 第 7 部分：城市轨道交通》（DB31/329.7），是我国第一部系统、全面地规范城市轨道交通公共安全技术防范建设的强制性地方标准。2007 年国家安全生产监督管理总局发布了轨道交通安全评价标准，包括《安全评价通则》（AQ 8001—2007）、《安全预评价导则》（AQ 8002—2007）、《安全验收评价导则》（AQ 8003—2007）、《城市轨道交通安全预评价细则》（AQ 8004—2007）、《城市轨道交通安全验收评价细则》（AQ 8005—2007）。同年，国家标准《地铁运营安全评价》（GB/T 50438—2007)颁布。

目前，我国城市轨道交通还没有独立的、系统的安全标准体系，但有关安全技术方面的要求分散在城市轨道交通各个实体技术标准中，如地铁设计规范、城市轨道交通工程项目建设标准等都有安全方面的内容，有关城市轨道交通安全控制技术规范、车辆防火要求等标准正在编制中。由于我国近年来城市轨道交通建设规模较大和建设速度也逐渐加快。在建设过程中，城市轨道交通大量借用铁路系统和通用工程建设和产品标准。在某些方面，还大量采用和借用国际标准。对我国城市轨道交通发展而言，城市轨道交通标准数量还远不够，覆盖面还不足，城市轨道交通标准体系需进一步完善。

2. 我国现有城市轨道交通的相关标准分类

西方国家的城市轨道交通发展历史悠久，总结了大量理论和实践经验，建立了较完整的标准体系。这些国家基本上采用的是技术法规与技术标准相结合的方式，对需要政府控制的技术内容进行技术立法，形成法规，对其他技术要求，制订了大量的标准、导则等技术规定。根据国外适用于城市轨道交通工程的技术法规和各级标准来看，我国现有城市轨道交通的相关标准可以区分为以下三个类型。

(1) 针对各类实体因素本身的技术、经济、功能等方面的安全技术标准

城市轨道交通工程涉及的行业和专业众多，且产品种类繁多、应用广泛，因此涉及各级标准的类别及数量也较多。各国行业协会组织或轨道交通运营企业制定了一些针对城市轨道交通各分系统的安全性专用性标准，这些标准的主要目的是针对城市轨道交通工程的各类实体因素所做出的安全性技术规定。国内此类标准多是以各专业技术标准内含有关安全方面的条文表述的形式表现出来的。

城市轨道交通在安全方面的技术要求是城市轨道交通建设和运营过程中必须遵守的，也是我国相关法律、行政法规规定需要强制性执行的技术要求。因此，满足安全的技术要求是城市轨道交通建设和运营的前提。城市轨道交通安全技术标准应涵盖建设和运营各个阶段，建设是指新建、改建和扩建城市轨道交通工程项目的规划、可行性研究、勘察设计、施工安全、调试验收和试运行，包括车辆和机电设备的采购、制造；运营包括运营管理或行车管理、客运服务和维修。

安全技术标准是对应于城市轨道交通工程不同阶段涉及的各类实体因素，如：车辆、信号系统、运营设施等，从系统安全的角度对各类实体从技术、经济、环保等角度对其功能和技术性指标等做出具体的规定。内容包括：土建工程安全技术标准、车辆安全技术标准、机电设备安全技术标准、运营安全技术标准，其中机电设备安全技术标准从其不同的专业领域划分为供电标准、通信系统和信号控制标准、通风空调与采暖系统标准、环境与设备监控系统标准、自动售检票系统标准、电梯与自动扶梯标准、屏蔽门标准、给排水标准、防灾报警标准等。总而言之，技术标准是对标准化领域中需要协调统一的技术事项所制定的标准。

城市轨道交通国家及行业标准中，《地铁设计规范》（GB 50157—2003）、《地下铁道工程施工及验收规范》（GB 50299—1999）、《城市轨道交通通信工程质量验收规范》（GB 50382—2006）、《城市轨道交通自动售检票系统工程质量验收规范》（GB 50381—2006）、《城市轨道交通直流牵引供电系统》（GB/T 10411—2005）等均属于工程建设技术标准的范畴。

这些专业技术标准在其内容表述上，主要对以下几个方面具有重复特性或需要共同遵守的事项做出了统一的规定：城市轨道交通工程建设勘察、设计、施工等的技术要求；城市轨道交通工程建设的术语和分类方法；城市轨道交通工程建设中的试验、检验和验收等方法和要求。下面针对技术类的标准，选取了较有代表性的《地铁设计规范》（GB 50157—2003）进行详细分析。

《地铁设计规范》（GB 50157—2003）是一部多专业、综合性国家标准，是对我国第一部地铁设计规范《地下铁道设计规范》（GB 50157—92）的修订。它以可靠的技术依据和成熟的经验为基础，总结了我国十余年来地铁设计和建设经验，不但增加了许多新内容，如行车组织、路基、控制中心、环境保护等，还引进了一些新的设计理念，如耐久性设计、共线运行等。规范内容全面细致，体现了当代地铁工程的技术水平，对保证地铁工程安全、质量和降低造价，以及减少维修和运营费用将能起到积极有效的作用。规范内容既把握了重大原则，又具有较好的可操作性，也注意留有较大的空间，可发挥设计人员的创造性。《地铁设计规范》（GB 50157—2003）是一部地铁建设的跨专业、综合性规范。该规范适用于采用钢轮钢轨系统的地铁新建工程设计，改建、扩建和最高运行速度超过100km/h的地铁工程。在内容上，该规范在进行相关技术性措施的规定和描述时，均非常注重安全方面的考虑，并将安全性原则作为标准编制的基础性原则，并在具体标准条文中注重对安全性的规定和要求。

除此之外，在城市轨道交通所涉及的其他专业领域还存在有大量专门的安全技术标准，例如：

建设工程类：《施工现场临时用电安全技术规范》（GJ 46—2005p）、《建筑施工现场安全与卫生标志标准》（JGJ 59—99）、《建设工程施工现场供用电安全规范》（GJ 46—2005p）；

机械工程类：《建筑机械使用安全技术规范》（JGJ 33—2001）、《机械安全风险评价的原则》(GBT 16856—1997)、《机械安全急停设计原则》(GB 16754—1997)、《机械安全 安全标准的起草与表述规则》(GB/T 16755—1997)、《土方机械·安全标志和危险图示·通则》(GB 20178—2006)、《工程机械·通用安全技术要求》(JB 6030—2001)、《工程机械·安全标志和危险图示·通则》(JB 6028—1998);

消防工程类:《消防安全标志》(GB 13495—92)、《消防安全标志设置要求》(GB 15630—1995)、《消防职业安全与健康》(GAT 620—2006)、《消防安全标志通用技术条件》(GA 480.1—2004);

电气工程类:《用电安全导则》(GBT 13869—1992)、《国家电气设备安全技术规范》(GB 19517—2009);

安全生产及防范类:《安全防范工程技术规范》(GB 50348—2004)、《安全防范报警设备 安全要求和试验方法》(GB 16796—1997/A91)、《生产过程安全卫生要求总则》(GB 12801)、《生产设备安全卫生设计总则》(GB 5083—85);

铁路(轨道)工程类:《铁路工程施工安全技术规程(上册)》(TB 10401.1—2003)、《铁路工程施工安全技术规程(下册)》(J 260—2003)、《铁路工程劳动安全卫生设计规范》(TB10061—98)、《铁路职业危害作业人员健康检查规范》(TB/T 2480—2001)

(2) 针对城市轨道交通工程进行安全控制的方法标准

安全控制标准是通过规定科学的管理方法指导使用者对城市轨道交通工程进行安全控制工作。该类标准应基于风险管理和过程控制的理念,针对城市轨道交通工程的全寿命周期,对各个阶段的安全性要求和判定方法进行统一。主要应包括各阶段的安全管理标准、安全评价标准、风险管理标准、应急预案管理标准等几种类别。安全控制标准以某些特定的方法论来指导具体使用者如何进行安全管理工作,其方法既可以包括传统的检查、评价、事故处理和应急救援等反馈式方法,又应该包括基于风险理念的前馈式方法。

我国目前已经发布专门的安全控制标准,以安全评价类标准为主,包括:《地铁运营安全评价标准》(GB/T 50438—2007)、《城市轨道交通安全预评价细则》(AQ 8004—2007)、《城市轨道交通安全验收评价细则》(AQ 8005—2007)以及《地铁及地下工程建设风险管理指南》,以及在编的《地铁工程施工安全评价标准》等。

1)《地铁运营安全评价标准》(GB/T 50438—2007)

《地铁运营安全评价标准》适用于钢轮钢轨系统、全封闭线路和正式运营1年以上的地铁。该标准是对城市轨道交通工程进行安全现状评价。《地铁运营安全评价标准》在编制过程中,依据了风险管理理论,应用了安全系统工程原理和方法,对地铁系统中存在的影响因素进行了辨识,判断地铁系统发生事故和职业危害的可能性及其严重程度,全面梳理、分析各种风险的控制手段,进而构造由"基础安全评价"和"事故水平评价"两部分组成的地铁运营安全现状评价体系。

其中基础安全评价内容包括:安全管理评价,运营组织与管理评价,车辆系统评价,供电系统评价,消防系统与管理评价,线路及轨道系统评价,机电设备评价，通信设备评价，信号设备评价，环境与设备监控系统评价，自动售检票系统评价，车辆段与综合基地评价，土建评价，外界环境评价。

在评价方法上，《地铁运营安全评价标准》（GB/T 50438—2007）中运用了多种安全评价方法。运用预先危险性分析法（PHA）判断地铁系统发生事故和职业危害的可能性及其严重程度。根据地铁安全的特点，运用故障类型和影响分析法（FMEA）、事故树分析法（FTA）、事件树法（ETA）、安全检查表法分析设备以及各种操作管理和组织措施中的不安全因素，对评价对象加以剖析、分解、查明问题所在，并根据理论知识、实践经验、有关标准、规范和事故统计等进行分析，确定评价的项目和要点，制定各单项的检查方法和尺度，并按子系统编制成表。

《地铁运营安全评价标准》（GB/T 50438—2007）充分研究了国内外地铁安全管理和安全评价理论，结合我国地铁发展的特点，从安全系统论和风险管理的角度，建立了科学的评价体系，提出了适合国情的地铁事故风险指标和计算方法，提出了我国地铁安全现状评价的标准，该标准的实施将对我国城市地铁的安全运营发挥指导和规范作用。

2）《城市轨道交通安全预评价细则》（AQ 8004—2007）及《城市轨道交通安全验收评价细则》（AQ 8005—2007）

《城市轨道交通安全预评价细则》（AQ 8004—2007）适用于国内城市轨道交通的安全预评价工作，是在工程可行性研究报告编制后，通过对城市轨道交通工程的线路选择、技术路线、社会环境的安全评价，查找本工程存在的危险、有害因素的种类和程度，补充完善工程可行性研究报告中的安全对策措施。其主要内容包括：城市轨道交通安全预评价工作程序；城市轨道交通安全预评价报告内容和要求；城市轨道交通安全预评价报告编制格式和要求。

《城市轨道交通安全验收评价细则》（AQ 8005—2007）适用于国内城市轨道交通的安全验收评价工作，是在工程竣工、试运营正常后，通过对城市轨道交通的设施、设备、装置实际运行状况及管理状况的安全评价，查找本工程试运营后存在的危险、有害因素的种类和程度，提出合理可行的安全对策措施及建议。其主要内容包括：城市轨道交通安全验收评价工作程序；城市轨道交通安全验收评价报告内容和要求；城市轨道交通安全验收评价报告编制格式和要求。

《城市轨道交通安全预评价细则》（AQ 8004—2007）和《城市轨道交通安全验收评价细则》（AQ 8005—2007）均是由国家安全生产监督管理总局委托中国安全生产科学研究院等单位编制的，其具体内容是规定了安全预评价及验收评价的工作程序、报告内容和要求以及报告编制格式和要求，其实质是关于安全评价工作的方法、程序和范式要求的一种规定，告诉了使用者要"做什么"，但对于具体如何操作即"怎么做"的内容尚有待于细化。

3）《地铁工程施工安全评价标准》

为进一步加强地铁工程施工安全，有关部门正在着手编制《地铁工程施工安全评价标准》。《地铁工程施工安全评价标准》共分为 8 章，主要内容有：总则，术语，基本规定，地铁工程施工安全组织管理评价，地铁工程施工安全技术管理评价、地铁工程施工安全环境管理评价，地铁工程施工安全监控预警管理评价，地铁工程施工安全总体管理水平。

地铁工程施工安全评价标准是针对地铁工程施工阶段，基于风险管理和过程控制地铁工程施工安全评价标准制的理念，根据该阶段的安全性要求和判定方法，构建一套通用的安全评价指标体系，对开展地铁工程施工安全管理工作的评价和控制进行科学的指导，地铁工程施工安全评价标准是适用于地铁工程施工安全评价的安全管理标准。

通过制定地铁工程施工安全评价标准，以科学、技术和实践经验的综合成果为基础，对地铁工程施工安全评价的评价对象、评价单元、评价指标、评价标准、评价方法内容等进行统一规定，设立地铁工程施工安全评价活动共同的和可重复使用的规则，以利于安全评价工作的开展，使安全评价工作有章可循、有的放矢。通过制定地铁工程施工安全评价标准，贯彻"安全第一，预防为主"的方针，加强地铁工程施工阶段的安全管理工作，实现地铁工程施工安全现状评价工作的规范化和制度化，减少各类事故的发生，降低工程经济损失和人员伤亡，最终实现地铁工程施工安全。

(3) 规范人的行为的安全标准

国外城市轨道交通相关安全标准中开始注重对于规范人的行为制定相应标准，此类标准往往是对建设过程中的施工人员和运营过程中的工作人员从安全操作、素质及能力要求、正常及特殊情况下的行为规定、培训及考核等方面做出相关规定。这类标准的实质是通过对城市轨道交通工程的从业者从行为上做出相关规定，从而减少因失误和不规范的行为所导致的事故发生的概率。

3.2.3 现有标准体系的特点分析

根据标准的专业性质，标准划分为技术标准、管理标准和工作标准三大类。我国现有的技术标准、管理标准以及工作标准的发展情况不尽相同，存在各自不同的特点。

1. 安全技术标准

我国城市轨道交通技术类标准方面内容比较完备，对全寿命周期的各个阶段和各个专业都基本可以找到相关的标准用以有效指导了城市轨道交通的建设和运营。总结城市轨道交通安全技术标准，主要有以下几个特点：

(1) 城市轨道交通技术标准本身数量有限，大量采用其他行业的技术标准条文。如上文所提到的建设工程领域、机械工程领域、铁道工程领域等，由于各行业之间的相关性，可以从其他领域的标准中得到借用，基本能够保证技术控制。

(2) 现行技术标准中，较少有单独的安全技术标准，而是在专业技术标准内含安全方面的条文表述，这是现阶段我国城市轨道交通安全标准的一个显著特点。这种特点的形成，一方面是长期以来我国工程建设标准化工作的传统所形成的机制，这种做法突出体现技术标准应符合安全性要求的需要，但同时由于各类安全要求分散于各个专业技术标准中，缺乏统一和集成，不利于政府职能部门和具体建设、运营单位就安全技术问题借助规范进行管理。

（3）在大量涉及城市轨道交通的技术标准中含有的关于安全方面的条文，多以强制性条文的形式存在。这体现了我国对安全的重视程度，同时也是我国的标准化体制所决定的。我国标准化体制采取了强制性标准加推荐性标准相结合的方式，后又实行强制性条文，将安全直接相关的条文挑出来单独作为强制性执行。在2000年编制《工程建设标准强制性条文》的过程中，在现行的城市轨道交通标准中，摘录了一些涉及安全、人身健康、环境保护、公共利益和重大质量方面的技术条款，集成于《工程建设标准强制性条文—城市建设部分》。

我国作为市场经济体制，现又加入WTO，应与国外标准化体制接轨，慢慢向国外技术法规加标准的形式转变。由于城市轨道交通标准尚不成系统，从现行的标准中摘录的强制性条文距离城市轨道交通领域中安全、人身健康、环境保护、公共利益和重大质量方面的全部技术要求还有很大距离。因此，应尽快建立独立的安全技术规范，结束当前安全性条文分散在各个专业技术标准中的局面，有针对性地对所有城市轨道交通涉及安全性的技术要求进行统一的规定，制定相应的安全控制标准，建立过程控制和节点控制相结合的控制体系，以更好地保障技术标准的实施，实现风险可控。

2. 安全控制标准

《地铁运营安全评价标准》（GB/T 50438—2007）、《城市轨道交通安全预评价细则》（AQ 8004—2007)和《城市轨道交通安全验收评价细则》（AQ 8005—2007）都是选取了城市轨道交通工程全寿命周期中的某个阶段（可研、施工验收、运营），采用基于安全评价的技术对城市轨道交通进行安全管理和控制方法的规定。现有城市轨道交通安全控制类标准主要有以下几个特点：

（1）针对全寿命周期的过程评价，目前控制标准的数量有限，安全预评价和竣工验收评价工程跨度太大。安全预评价在工程可行性研究阶段进行，而安全验收评价在项目开通运行后才进行，时间长达3~4年，工程跨度太大。从初步设计到项目验收，当中的设计、制造、安装施工好几个关键阶段，仅仅依靠相关技术标准来保证设施、设备安全，缺乏关于系统安全的控制手段，系统安全将无法得到充分的保证。

（2）现有控制标准对风险控制的要求深度还不够。现有评价标准缺乏对轨道交通系统安全性研究，内容有缺项。尽管安全评价导则中推荐了一些评价的方法，借鉴了建筑、危险品、矿山等危险行业的一些评价指标方法，但针对轨道交通的评价方法仍需进一步研究，评价的指标也需在相关标准中进一步明确。

（3）现有标准以节点控制为主，注重以结果为导向。各个节点，如预评价，竣工验收评价，运营评价等只反映了当前节点的安全性状况，没有将全过程控制的理念贯穿其中，而风险是具有流动性的，各个阶段之间相互关联，但各个阶段间风险的消除和转移并未得到重视和有效的控制，目前还缺乏从全过程全局控制的观念来考察系统的安全性。

（4）虽然已有几项安全评价标准，但内容分散，形式多样，缺乏统一的控制标准规范。尤其是缺少针对目前我国正尝试的全寿命周期的过程控制标准。近年来，我国引入了安全评价以及全寿命周期过程控制的理念，内容涉及评价类型，评价资质和资格管理，危险和有害因素的辨识、分析，确定其存在的部位、方式及发生作用途径和变化规律。评价单元的划分，风险等级，评价参数、评价指标等目前都没有标准。建议参照欧盟较成熟的 EN 50126 标准文件和英国的相关标准，结合我国国情，编制适合我国的 RMAS 标准。

3.3 城市轨道交通系统安全法规与标准体系问题及建议

3.3.1 我国城市轨道交通系统安全法规与标准存在的主要问题

现代城市轨道交通是技术高度集成的复杂技术工程，而建成的轨道交通又承担着城市公共交通运输的重要任务，每天运送大量乘客。因此，城市轨道建设的质量不仅关系到整个系统的正常运营，也关系到广大人民群众的出行安全。实践表明，标准可以从城市轨道交通规划、勘察、设计、设备安装与调试等诸多方面做出明确的规定，提出全面系统的技术要求，并通过强制性的法规保证其推广和实施，唯有如此，我国城市轨道交通的安全性才能进一步提高。在国家和政府有关部门的支持和领导下，我国城市轨道交通标准化工作取得了一定的成绩，但是仍然存在一些问题：

(1) 标准总体数量少，部分标准缺失，覆盖面有限，不能满足实际需求

目前，我国虽然已经制定了一些标准指导了城市轨道交通建设，但标准多集中在设计、施工的技术性环节，致使标准覆盖面有限，在环保、安全等方面的标准尤其缺失。此外，还有部分急需的标准缺失，如城市轨道交通防火标准、应急通信标准等，现有标准已经远远不能满足实际工程的需要。以防火标准为例，德国、美国、法国、英国、日本、UIC 等国家或组织早已制定该标准，见表3-2。

各国城市轨道交通防火标准一览表　　　　　　　　表3-2

国家	标准号	制定时间	标准名称
德国	DIN 5510	1988	铁路机车车辆预防性防火标准
美国	NFPA 130	2000	轨道交通和旅客铁路防火系统
法国	NFF16—101	1988	铁路机车车辆防爆材料的选择要求
英国	BS 6853	1999	载客列车设计与构造防火通用规范

其中，德国的防火标准规格较低，而我国由于目前还没有单独的轨道交通防火标准，一直在借鉴德国的防火标准，与其差距都已有 20 年之长。此外，日本早在 1956 年就已制定轨道交通的防火标准，截止 2003 年就已经修改 7 次。可见国外对该标准的重视程度，相比之下我国在这方面重视程度尚不够。

(2) 标准的基础研究不足，国际化程度低

标准体系、方法和技术等基础理论研究不足，没有建立起畅通的与国际组织和国外发达国家标准研究机构交流与合作的渠道，不能及时准确获取相关信息和资料。缺乏对国外标准的基础研究、国内外标准的关联度研究以及对国外先进标准的跟踪研究，对标准的背景和技术内容缺乏专门研究。采用国际标准和国外发达国家标准的比率较低。

(3) 城市轨道安全评价需进一步规范，完善

近年来，国内部分城市和轨道交通项目开展了安全评价和生命周期系统安全过程控制，做了有益的探索，积累了经验，取得了可喜的成果。安全生产法中提出，对部分危险性较大的建设工程项目实行安全条件论证、安全评价和安全措施验收的制度；但对城市轨道交通如何进行安全评价，行政法规和部分条律，都没有明确的规定，缺少依据。

根据对已做安全预评价初步分析，安全预评价在工程可行性研究阶段进行，而安全验收评价在项目开通运行后才进行，间隔时间长达3~4年，工期跨度太大。对城市轨道交通安全特征研究不够，潜在安全隐患分析不足。评价主要内容以防火、防洪、防震为主，缺乏对轨道交通系统安全性研究，内容有缺项，特别是缺少工程施工方法、是施工工艺和施工工程的安全评价。

(4) 城市轨道交通生命周期内系统安全过程控制需进一步规范、完善

城市轨道交通是一个典型的具有特定功能有机整体，系统由多个子系统和成千上万个零部件组成。系统安全过程控制的实质，是系统生命周期内，应用系统安全工程和系统安全管理方法，辨识系统中的风险源，并采取相应措施使其危险性最小，从而使系统在规定的性能、时间和成本范围内达到最佳的安全程度。在新系统的构思规划，可行性论证、设计、制造、试运转、运转、维修和报废的各个阶段，都要辨识、评价、控制系统中风险源。城市轨道交通的系统安全过程控制是确保系统安全最有效的方法。

国内部分城市和线路开展了生命周期系统安全过程控制工作，多数参照欧盟EN 50126标准进行，基本思路相同，但由于理解的差异，具体做法相差较大，不能完全结合我国城市轨道交通建设、运营实际情况，系统安全保障工作与项目管理不能有机结合，采用的标准、工作内容、工作方法、工作流程、文件格式等许多问题尚需进一步规范。加之，参与工作各方认识的不同，工作经验的不足，使生命周期系统安全过程控制工作量和工作周期大大增加，进一步开展系统安全过程控制有较大难度。

(5) 城市轨道交通安全产品缺少认证制度

城市轨道交通是一个庞大的系统工程，各种机电设备涉及机械、电力电子、通信信号、通风空调环控、给水排水、防灾报警、屏蔽门、自动售检票等几十个专业，这些产品的应用都没有经过认证制度的确认，特别其中相当多涉及系统安全的产品如信号、屏蔽门、防灾报警等。由于没有认证制度的约束，没有强制性安全检验和安全审批，使系统安全存在一定隐患。

现行的关于认证认可的法律法规制度并未针对城市轨道交通采用新制式、新技术、新工艺和新材料等而不同于常规的轨道交通、技术装备等实施认证制度做出明确规定。

城市轨道交通在我国属于城镇建设行业，其标准化工作由国家建设行政主管部门——住房与城乡建设部管理。我国城市轨道交通的标准化工作起步较晚，这和我国的城市轨道交通建设情况是有关的。现有的城市轨道交通标准部分颁布时间较早，包括国家标准和行业标准，其中并分为强制性标准和推荐性的标准两部分。但两者之间又没有十分明显的区分，地位和重要性也没有大的差别，总体上看，还没有形成完整的体系。与其他工程建设标准类似，也存在着体制、内容、管理和监督等方面的问题，特别是一些标准中的技术内容已经不适应现代技术的发展，急需修订。

3.3.2 完善城市轨道交通系统安全法规与标准体系的建议

如何进一步完善我国城市轨道交通系统安全法律法规与标准体系，是目前城市轨道交通系统安全保障工作的重点之一。结合现有法律法规和标准规范的制定和实施特点，需要从以下几个方面进一步完善现有体系。

1. 制定《城市轨道交通安全保障条例》

在涉及城市轨道交通安全方面需要政府进行控制的关键要素，还缺乏系统的规定。政府需要加强对城市轨道交通系统的行政管理、技术监督，以保障城市轨道交通的建设质量和运营安全，维护社会公共利益。而当前城市轨道交通系统安全保障方面还没有一部系统、集成的法规，关于安全的条文只是分散在各个相关的管理规定之中，不利于有针对性地对安全进行统一管理和监督，这在某种程度上制约了城市轨道交通事业安全健康的发展。建议起草、发布《城市轨道交通安全保障条例》，从制度层面建立起面向全寿命周期的城市轨道交通系统安全保障体系，明确相关各方的责、权、利，确定城市轨道交通系统建设、运营等各阶段安全管理的主要任务与目标。

由于体制的关系，在轨道交通方面，目前国内有《中华人民共和国铁路法》和《铁路运输安全保护条例》等法规，但其中不包括城市轨道交通。因此，需另行制订城市轨道交通相关的法规条例和标准。城市轨道交通技术上与铁路相近，但体制归属不同。行业归属上与城市公交类似，但技术管理上又与城市公交客运体系有明显区别。城市轨道交通与城市规划、经济发展、客运交通、公共事业、建筑、设备制造、城市安全等多方面关系密切，牵涉面相当大。随着各地城市轨道交通项目的迅猛发展，今后我国城市轨道交通的总体规模宏大，其安全性对国民经济和社会的影响必将极为深远。因此，建议国家制定《城市轨道交通安全保障条例》，将城市轨道交通系统安全保障工作上升到国家部门规章层面。

该规章是全国城市轨道交通安全保障工作的基本法规，有利于各级政府对各地城市轨道交通项目安全保障工作的监管，也有利于各地城市轨道交通有关机构和企业安全保障工作的推进与执行。该规章明确全国各城市轨道交通安全保障工作的具体框架，规定城市轨道交通项目在前期规划、设计、建设、运营各阶段应达到的基本目标,建立项目安全许可证制度,建立设备安全认证制度。改变目前各地城市轨道交通安全保障体系极不一致的现状,规范工作标准和实施方法,有效发挥安全保障工作的作用。其主要章节内容建议如下:

(1) 总则:目的、适用范围、主管部门、安全政策等内容。

(2) 城市轨道交通运营:对运营单位的要求、运营目标和具体规定等。

(3) 城市轨道交通建设:对城市轨道交通项目规划、建设总体要求、建设主要基本标准和具体规定等。

(4) 城市轨道交通安全与保护:对城市轨道交通安全管理责任部门的要求、主要安全防护措施的规定、安全事故处理、安全防范和安全管理具体规定等。

(5) 线路安全:安全保护距离及相关规定等内容。

(6) 运营安全:车辆及主要设备设施的安全许可制度、安全认证制度具体规定、生产及管理人员的安全资质、运营安全管理、事故处理规定等内容。

(7) 社会公众义务:单位或者个人不得实施危害运营安全和设施行为的有关规定等内容。

(8) 监督检查:各有关管理机构的安全监督、检查等内容。

(9) 法律责任:对违反法规的处罚具体规定等内容。

(10) 附则:有关说明、适用企业及范围、制定单位和实施日期等。

2. 完善城市轨道交通安全标准体系

由于我国正努力实现城市轨道交通全寿命周期内的安全评价保障体系,在系统安全过程控制实践过程中,一般采用的是欧盟的 EN 50126 标准,而国家现行标准中对安全评价类型,评价资质和资格管理,危险和有害因素的辨识、分析,评价单元的划分,风险等级,评价参数、评价指标等内容没有作出整体的规定,因此,要确保我国城市轨道交通安全保障的顺利进行,应借鉴欧盟的 EN 50126 标准,并结合我国国情,尽快制定适合我国城市轨道交通建设和运营的安全控制标准以及 RAMS 标准体系。

安全评估是城市轨道交通建设和运营中非常重要的环节,在城市轨道交通的建设和运营活动中建立安全评估制度,实现对项目进行全过程的安全控制,使得城市轨道交通安全标准体系的全面执行。通过建立相应的法律法规,明确政府、安全的责任主体(建设和运营企业、设计咨询企业、产品或设备供应企业、施工(安装)企业等)、安全评估机构的责任、权利和义务;规定安全评估的程序和安全许可的设置,政府依法行使安全监督的权利,企业依法履行安全义务。尤其应加强政府的监督作用,政府依据法律、法规和标准加强对城市轨道交通安全的监督,是实现城市轨道交通安全标准有效实施的基础。安全监督工作应包括对工程建设技术文件的审查;对工程建设使用的设备,监督其是否符合安全法规和标准的要求,在工程和设备投入使用前需要经过政府组织的安全验收;在工程和设备投入运营期间,政府同样具有监督的权利和义务。此外,政府可以根据法律法规,实施安全监督并发放相应的安全许可。例如,可行性研究阶段要进行安全预评估,并在取得政府的核准之后才允许进行设计;工程竣工后要进行开通前的安全评估,取得政府的核准之后系统才能投入运营；运营期间应定期进行运营安全评估，并报政府备案。根据以上分析，建议制订下列规范：《城市轨道交通试运营基本条件评价标准》《城市轨道交通安全保障工作标准》《城市轨道交通设备安全认证标准》《城市轨道交通安全培训管理办法》等。建议制定的城市轨道交通安全保障体系有关主要法律法规、标准如附图1所示。

其中，《城市轨道交通安全保障工作标准》应具体规定城市轨道交通项目全生命周期各阶段内，安全保障的具体工作目标、工作内容、工作方法、工作流程、采用的标准，以有利于国内城市轨道交通安全保障工作的技术标准统一，避免盲目的过高或过低要求，使各地城市轨道交通项目的建设和运营管理成本更趋合理。《城市轨道交通设备安全认证标准》对于哪些机电设备需要进行安全可靠性认证作明确规定，并对具体设备的认证手段和技术标准作明确规定。

3. 营造良好的标准运行环境

营造良好的标准运行环境可以理解为：良好的标准（规范）秩序，良好的行为规范，社会普遍接受能力，自律行为，自觉自愿采用遵守能力等。由于社会化大生产需要，标准化的调整范围应扩大到整个社会，运用领域更加广泛，社会要形成普遍约束力的标准（规范）秩序。发达国家遵守秩序的程度以及自愿执行标准的程度非常高，这也是人类文明进步的表现。我国标准运行环境明显落后于发达国家，还不具备良好的标准秩序运行机制。因此，在未来几年内：着力培育良好的标准运行环境，加大标准宣传，形成自愿执行标准的理念；标准与科技成果的转化相适应，形成优势产业重点领域中具有竞争力的技术标准；借鉴发达国家经验，如俄罗斯的《俄联邦技术调整法》，把技术法规、标准化、合格确认等密切配合，使其具有实际操作性；注重从国家、企业、社会不同层面"打造中国标准，营造标准环境"，以使标准运行环境发展初具规模。

4 城市轨道交通系统安全保障管理体制

我国的安全生产方针是"安全第一，预防为主，综合治理"。这个方针是群众集体智慧的结晶，是安全工作长期实践经验的总结。它高度概括了安全管理工作的目的和任务，是一切生产企业实现安全生产的指导思想。为贯彻"安全第一，预防为主"的方针，必须建立一个衔接有序、运作有效、保障有力的安全生产管理体制，保障城市轨道交通系统安全的运行。所谓体制，就是关于一个社会组织系统的结构组成、管理权限划分、事务运作机制等方面的综合概念。现阶段由于国内法律法规体系不完善，为了理顺各层次安全管理体制的关系，保证城市轨道交通系统顺利的实施，有必要根据国家有关安全管理法律、法令和法规，根据城市和项目的实际条件，因地制宜地选择项目合适的工作模式，制定有关城市轨道交通系统安全保障管理的总体制（宏观体制）。

4.1 城市轨道交通系统安全保障模式

整个城市轨道交通系统安全保障管理体系的建立，应建立在循序渐进，逐步完善的基础上。不可急功近利，不顾实际条件，盲目追求高标准。通过对深圳地铁3号线等城市轨道交通项目安全保障工作实践的分析和研究，根据国内城市轨道交通项目的实际情况，本节分别从工作范围、工作内容、安全保障模式等方面提出现阶段开展城市轨道交通安全保障的几种工作模式。

4.1.1 城市轨道交通系统安全保障工作范围

根据国内外城市轨道交通的安全管理工作的实施情况，轨道交通项目开展系统安全保障工作的内容和范围主要有以下几种类型。

1. 全部机电设备系统的安全保障

城市轨道交通系统全部或主要机电设备系统，包括：车辆、信号系统、供电系统、屏蔽门系统、通信系统、售检票系统、综合监控系统、轨道、隧道通风系统、电梯、自动扶梯等部分。

2. 核心机电设备的安全保障

城市轨道交通系统核心机电设备或部分机电设备，主要由车辆、信号、供电、通信、屏蔽门、综合监控等部分组成。

3. 全部或部分建设阶段的安全保障

该部分的安全保证工作主要是指城市轨道交通系统从工程开工，到最后的投入运营整个建设过程，或者是针对某些比较重要的阶段（如铺轨、设备安装等）所进行的安全保障工作。

4.1.2 城市轨道交通系统安全保障工程内容

城市轨道交通系统安全保障具体工程的实施，根据项目的需要，合理选择安全保障具体工作内容，包括三个方面：

1. 安全评价

安全评价是以实现工程、系统的安全为目的，应用安全系统工程原理和方法，对工程、系统中存在的危险、有害因素进行识别与分析，判断工程、系统发生事故和急性职业危害的可能性及其严重程度，提出安全对策建议，从而为工程、系统制定防范措施和管理决策提供科学依据。推行安全评价是为了提升施工安全水平，减少安全事故的发生，最终目的是为了消除隐患，确保工程施工安全。安全评价包括：安全预评价、施工安全评价、专项安全评价、安全验收评价和安全现状评价。但实际上可看成三类，即安全预评价、安全验收评价和安全现状评价，专项安全评价可看成安全现状评价的一种，属于政府在特定的时期内进行专项整治时开展的评价。

城市轨道交通工程安全预评价是在工程可行性研究报告编制后，通过对城市轨道交通工程的路线选择、技术路线、社会环境的安全评价，查找本工程存在的危险、有害因素的种类和程度，补充完善工程可行性研究报告中的安全对策措施。安全预评价的目的是贯彻"安全第一、预防为主、综合治理"的方针，为城市轨道交通工程初步设计提供科学依据，确保城市轨道交通工程项目的安全运行，遵循的基本原则是具备国家规定资质的安全评价机构科学、公正、合法、自主地开展安全预评价。

专项安全评价工作是针对城市轨道交通中的某一项活动，如一个特定的生产方式、生产工艺或生产装置等存在的危险、有害因素进行安全评价，查找其存在的危险、有害因素，确定其程度，并提出合理可行的安全对策措施及建议。

安全验收评价是在工程竣工、试运营正常后，通过对城市轨道交通的设施、设备、装置实际运行状况及管理状况的安全评价，查找本工程试运营后存在的危险、有害因素的种类和程度，提出合理可行的安全对策措施及建议。城市轨道交通安全验收评价的目的也是贯彻"安全第一、预防为主、综合治理"的方针，为城市轨道交通安全验收提供科学依据，对城市轨道交通工程中未达到安全目标的系统或单位提出安全补偿及补救措施，以利于提高城市轨道交通工程本质安全程度，满足安全运营的要求。

安全现状评价是在系统生命周期内的生产运行期，通过对生产经营单位的生产设施、设备、装置实际运行状况及管理状况的调查、分析，运用安全系统工程的方法，进行危险、有害因素的识别及其危险度的评价，查找该系统生产运行中存在的事故隐患并判定其危险程度，提出合理可行的安全对策措施及建议，使系统在生产运行期内的安全风险控制在安全、合理的程度内。

2. 项目系统安全全过程控制

项目系统安全全过程控制是一种新的控制方法。其基本思想就是把安全控制范围扩展到工程全寿命周期。

项目系统全过程控制主要包括：运营前期策划、服务指标、安全可靠性指标、初步隐患分析、设计安全原则及规范符合性评估、系统安全性审核、可靠性评估、可靠性验证、安全检测检验、故障模式及整改措施、以安全性和可靠性为中心的使用性能和 RAMS 统计、系统改进和改型与 RAMS 的关系评估等。在整个过程中的每个环节都是必不可少的，每个阶段均对工程的安全进行全面控制。

3. 系统安全管理

系统安全管理是管理工作的重要组成部分，其主要目的在于建立系统安全程序要求，保证系统安全任务和活动计划实施和完成，并使之与全面的系统程序要求相一致。系统安全管理综合考虑各方面的安全问题，全面分析整个系统，并对系统中各子系统的交界面给予特别的强调，在系统寿命周期的早期阶段应用系统安全管理，会得到最大的效益。系统安全管理主要在给定条件下，最大限度地减少事件损失，并且尽可能地减少因安全问题对运行中系统进行的修改。系统安全管理通过制定并实施系统安全程序计划进行记录，交流和完成管理部门确定的任务，以达到预定的安全目标。

系统安全管理的主要目标是在任务和程序要求相一致的条件下，取得最大程度的安全，并保证管理部门在进行试验、制造、运行的决策之前能充分了解剩余风险，从而在决策时予以重视。系统安全管理由安全保障计划和系统安全过程控制管理两部分组成。

安全保障计划是在轨道交通工程项目施工过程中围绕项目安全管理目标的要求，依据周密、细致的安全策划，规定采取的安全措施、资源和施工活动的顺序，以保证项目安全管理目标实现的管理型文件。安全保障计划的编制可被用来说明如何将安全保障体系具体应用在项目系统安全全过程控制，应全面反映安全策划的结果。

安全过程控制管理是为了贯彻"安全为天"的指导方针、做好安全管理，保障工程项目建设人员、物资、设备、财产的安全、科学、文明、规范地组织工程施工而进行的安全保障工作。安全过程管理与安全目标管理是相对的，前者强调的是通过过程的严格控制来实现安全生产，而后者侧重强调"安全"这个目标，只要很好地实现这个目标，就应属于合适的方法。

由于安全事故具有偶然性，从生产经营单位的内部安全生产管理来说，过程的控制更显得重要。因为所有的目标都必须通过一系列的过程来完成，如果过程控制不好,可能就会在一些偶然因素的触发下导致事故的发生,目标也就无法实现。过程安全管理基于两个基本理念:一是"一切处于受控状态";二是"过程规范化、标准化"。属于过程管理的方法很多,如"四全"管理(全过程、全方位、全天候、全员管理)、标准化作业、安全检查、危险作业安全监护、确认制、安全审批制、危险监控法、定置管理法等。

4.1.3 城市轨道交通体系安全保障模式

从项目中业主与独立的第三方的工作方式和关系来看,城市轨道交通系统安全保障模式分为以下三种:业主自身为主开展系统安全保障工作;业主与独立的第三方合作开展系统安全保障工作;以及由业主全部委托独立的第三方进行系统安全保障工作。

1. 自主保障模式

这种方式是以业主自身为主开展系统安全保障工作,适宜在国家已有完善的法律法规和相关标准,业主有较多的轨道交通建设和运营经验,以及较强的系统安全保障专业人力资源的情况下采用。该种模式的实施是由业主设立较健全的安全保障机构,制订全面的安全保障制度,对项目进行全面的安全保障管理。但是,由于我国各方面条件的限制,目前采用这种方式还存在许多不利因素,该种模式在我国应用还需要进一步完善,如北京4号线为运用该模式开展的项目。自主保障模式见图4-1。

在该模式中业主是开展安全保障工作的主体和核心,承担了自主保障工作的所有内容,相应对业主的人员素质要求也较高。

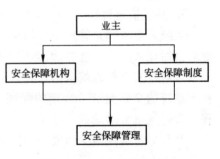

图 4-1 自主保障模式图

2. 合作保障模式

这种方式是由业主负责牵头,与具有安全保障经验的独立的第三方(包括安全评价公司和安全保障咨询公司)合作开展项目的安全保障工作。双方共同组成安全保障管理机构,共同制订项目的安全保障工作目标、工作大纲。会议和文件审查等主要技术工作由独立的第三方负责,业主负责各参与单位的工作协调、组织和工作批准。由于该方式现阶段比较容易操作,咨询费用相对较低,实践中较多采用,如深圳3号线、成都1号线。合作保障模式见图4-2。

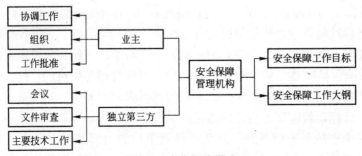

图 4-2 合作保障模式

在该合作保障模式中，业主通过与独立的第三方联合，共同开展城市轨道交通系统的安全保障工作，业主承担的工作量比自主保障模式相对较低，对业主的人员素质要求也相对较低。

3. 第三方独立保障模式

这种方式业主只做配合工作和行使批准职责，项目安全保障工作全部由独立的第三方进行。因此，对独立的第三方要求比较高，同时咨询费用也相对较高。实施中由于国外咨询公司基本按照国外标准和方法执行，与我国城市轨道交通项目建设管理方法不尽吻合，容易产生与工程进度脱节或审核成果标准难以评定等问题。类似项目如：上海轨道交通10号线、上海磁悬浮项目。第三方独立保障模式见图4-3。

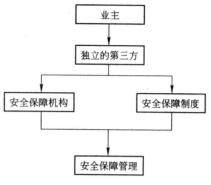

图4-3 第三方独立保障模式

在上述第三方独立保障模式中，业主将城市轨道交通系统所有的安全保障工作委托给独立的第三方，对第三方的安全保障能力要求较高，业主相应承担的管理负担较轻。

4.2 城市轨道交通系统安全保障体系组织架构

4.2.1 城市轨道交通系统安全保障体系组织架构

城市轨道交通安全保障体系组织架构是指安全保障过程中对于工作任务如何进行分工、分组和协调合作，它是推行城市轨道交通安全保障工作必不可少的组织保证。城市轨道交通项目各有关单位应在其项目组织的基础上，建立合适的项目系统安全保障管理组织架构，从组织上保证所投入的人力、物力能满足系统安全保障管理的需要。项目系统安全保障管理组织架构构建时应保证项目整个生命周期内，各阶段的系统安全保障工作具有连续性。并且，在安全保障工作上，与其他系统及外部条件进行充分的相互协调及处理。

我国城市轨道交通系统安全保障体系组织层次由领导层、执行层和第三方组成，具体内容为：

（1）第一部分由中央政府和地方政府各有关部门组成，是我国城市轨道交通安全保障体系的领导层。

（2）第二部分由轨道交通项目的业主（建设与运营）及各参与单位（包括：设计、监理、系统承包商与分包商）组成，是安全保障体系的执行层。

（3）第三部分由安全评估机构（包括：安全评估和产品安全认证）组成，是独立于第一和第二部分的第三方。

满足上述安全管理组织架构编制要求的基础上，我国城市轨道交通系统安全保障体系组织架构见图 4-4。

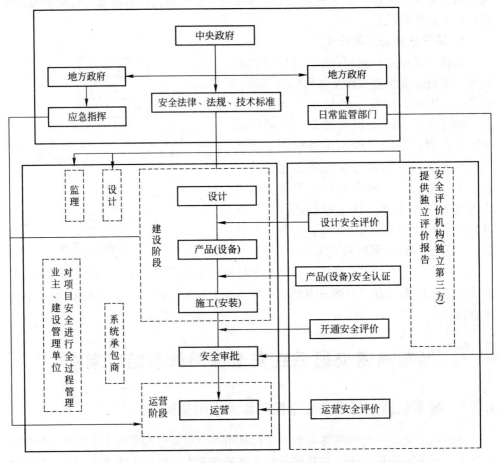

图 4-4　城市轨道交通系统安全保障体系组织架构

4.2.2 城市轨道交通系统安全保障各方主体责任

在项目全寿命周期内的各阶段中，明确与城市轨道交通项目安全保障有关各方相互之间的工作关系、定位及各自的职责，能保证各有关方协调一致工作。所以，为形成城市轨道交通安全保障体系，应该明确组成安全保障体系中各机构的职责，主要包括政府管理机构的职责、建设及运营单位的人员的安全机构设置以及安全责任分配，设计、产品供应商、监理的安全职责以及安全评价机构（独立的第三方）的资质、授权及评价责任。各方主体的主要职能参见附表 1，各方具体的职责如下。

1. 政府

政府包括中央政府和地方政府及各有关部门，在安全保障体系中处于主导地位。主要负责制定安全有关的法律、法规、标准，建立安全保障的整体框架，审核第三方机构资质，并在项目的关键阶段，如：立项、设计、设备国产化、施工、开通、项目验收、后评估、正式运营等阶段，进行审批、监督、管理。各级政府部门城市轨道交通安全保障具体工作内容为：

(1) 中央政府有关部门

中央政府有关部门的主要职责为负责全国性的城市轨道交通安全政策、法律、法规、标准的制订与管理，审核安全评估机构和安全认证机构的资质，负责城市轨道交通行业安全保障的监督管理工作。上述管理工作是通过制定相应的法律法规、建设标准来实现的。目的是以法律的形式规范轨道交通行业的安全管理，使城市轨道交通系统的规划、设计、建设、运营等阶段都严格符合中央政府制定的标准。

(2) 地方政府有关部门

地方政府有关部门主要负责贯彻、监督和检查项目各有关方对中央政府制定的安全政策、法律、法规、标准的执行情况。负责地方配套安全法规和管理细则的制订、日常管理和重大事故应急指挥工作。对于某些地区有特殊情况的，可以与中央政府制定的法律法规略有不同，但是应得到中央政府的批准。另外，需要负责审批项目的安全报告，颁发开通安全许可证书。地方政府对城市轨道交通行业安全保障的监督管理的实现途径，是通过对相关安全报告进行评审、作安全检查等手段进行。

2. 生产经营单位

我国城市轨道交通系统生产经营单位，包括建设单位（业主）、运营单位、设计单位、勘测单位、施工单位、安装单位等，也包括车辆等机电设备生产单位。上述所有生产经营单位应当根据我国安全生产法、行政法规、国家标准或行业标准规定等，完善安全生产条件、加强安全生产管理工作以及建立健全安全生产责任制度。

(1) 业主

业主，指项目投资者或受其委托的建设管理机构，是项目安全责任的最终承担者，对项目寿命周期内的安全保障相关工作进行全面管理和实施。业主的主要职责是从管理层面上，积极推动项目各有关单位落实相关安全法律法规，以及相关文件规定的系统安全管理工作。制定合适的系统安全策略及程序，审核各有关单位提交的安全报告，并对所有的系统安全管理事项，有最终的决定权。除了直接进行设备监造、安装工程监理、施工安全监督以外，业主还负责在最终的项目验收阶段组织安全验收，在试运营质保期、正式运营、退役、报废阶段进行安全管理，制定规章制度，组织安全培训等工作。

业主可自行组织系统安全保障机构并开展安全保障工作，也可委托有资质的安全保障咨询单位进行安全保障工作。当系统安全保障由业主自行组织的机构进行时，其并不是独立的第三方机构，其提供的审核结果或方案不能作为最终安全评价的结论。

运营单位在工程完成后，负责占整个城市轨道交通项目寿命周期的大部分时间内的运营阶段的系统安全运行，应按照法规要求对系统的安全状况进行检查和维护，重视对员工的安全培训教育。其监督内容是参与设计安全审查、可维护度验证工作等,并对系统隐患作进一步的风险处理或持续监察。

(2) 设计单位

设计单位包括初步设计及系统设计单位,负责整个工程的设计工作,需在遵守法律的基础上,按照业主的要求进行设计,分别负责总体设计及扩大初步设计阶段、施工图设计及其后阶段的设计配合工作。在设计中落实与系统安全有关的法律、法规和技术标准。对轨道交通项目安全的技术负责,其监督管理的内容主要是是否满足相关法律、法规和标准的安全要求。

(3) 承包商

承包商的职责是保证系统产品的质量和安全符合国家有关标准,负责从招标后系统设计、制造、土建施工及设备安装直到质保期的工程安全;并负责对分包商的系统安全保障工作进行管理。

(4) 监理单位

监理单位包括设计、施工和设备监理单位,主要负责对项目过程中的设计、设备制造、施工等进行监督管理,监督设计及产品承包商是否已落实安全措施,并保证施工过程的安全。

3. 第三方评价机构

第三方评价机构包括安全评价和安全认证中介机构。我国安全生产法规规定,依法设立为安全生产提供技术服务的中介机构,依法接受生产经营单位委托为其安全生产提供技术服务。

安全评价机构,是指具有政府认可资质的独立于项目的第三方,依法从事安全评价活动的社会中介组织。我国对安全评价机构实行资质许可制度。安全评价机构应当取得相应的安全评价资质证书(以下简称资质证书),并在资质证书确定的业务范围内从事安全评价活动。未取得资质证书的安全评价机构,不得从事法定安全评价活动。

安全评价机构的资质分为甲级、乙级两种,根据其专业人员构成、技术条件确定各自的业务范围及相应的职责。甲级资质由省、自治区、直辖市安全生产监督管理部门(以下简称省级安全生产监督管理部门)审核,国家安全生产监督管理总局审批、颁发证书;乙级资质由设区的市级安全生产监督管理部门,省级安全生产监督管理部门审批、颁发证书。取得甲级资质的安全评价中介机构,可以根据确定的业务范围在全国范围内从事安全评价活动;取得乙级资质的安全评价中介机构,可以根据确定的业务范围在其所在的省、自治区、直辖市内从事安全评价活动。

安全认证机构是由政府指定的权威的考核和认证的中介部门,独立于运营商和系统制造商。它的任务和目标是根据专门的安全标准对安全相关系统进行审核和认证。审核工作针对工程管理过程,认证工作针对系统设备产品本身。经国家有关部门授权的安全认证机构可进行安全认证,对符合国家安全标准的产品发放安全认证证书。

4.3 城市轨道交通系统安全评价机制

城市轨道交通系统是一个复杂的大系统，是为了保证整个系统安全管理工作顺利的实施，减少安全事故的发生。并且，针对现阶段我国缺乏城市轨道交通关键技术安全认证的现状，在目前城市轨道交通安全管理体制的基础上，应尽快建立适合我国的城市轨道交通系统安全评价机构、人员和施工安全的安全认证制度。

城市轨道交通系统全生命周期内主要的安全评价工作包括：①城市轨道交通系统安全预评价；②设计安全评价；③城市轨道交通系统设备安全认证；④试运营条件安全评价；⑤运营安全验收评价；⑥运营安全评价；⑦专项安全评价。

4.3.1 安全评价机构

安全评价机构是指依法取得安全评价相应的资质，并按照资质证书规定的业务范围开展安全评价活动的社会中介服务组织。我国对城市轨道交通系统安全评价机构实行资质许可制度。安全评价机构应当取得城市轨道交通系统安全评价资质证书，并在资质证书确定的业务范围内从事安全评价活动。对于未取得资质证书的安全评价机构不得从事安全评价活动。我国对安全评价机构的资质要求包括以下几个方面：

(1) 具有独立法人资格；
(2) 有与其申请业务相适应的固定场所和办公设施；
(3) 有其资质要求规定的注册资金或者开办费；
(4) 有健全的机构章程、管理制度、工作规则和质量管理体系；
(5) 有与其申报从事安全评价业务范围相适应的管理人员和基础专业的评价人员。

为了加强城市轨道交通安全评价机构的管理，规范安全评价行为，建立公正、开放、竞争、有序的安全评价中介服务体系，提高安全评价水平和服务质量，需要根据《安全生产法》、《行政许可法》和相关文件，制订关于轨道交通行业独立的第三方评价机构的有关规定。该规定适用于安全评价机构、安全评价人员依法从事轨道交通系统安全评价活动，也应用于安全监管部门或机构对轨道交通系统实施安全评价资质监督管理。

安全评价机构应当依照法律、行政法规、标准的规定，遵守执业准则，依法独立开展安全评价工作，如实反映所评价的安全事项，并对其安全评价结果承担法律责任。安全评价机构的基本要求为：

(1) 安全评价机构承担安全评价项目时，应当依法与委托方签订安全评价合同，明确双方的权利、义务。
(2) 安全评价机构从事安全评价工作的收费，应当符合法律、行政法规的规定。法律、行政法规没有规定的，应当按照行业自律标准或者指导性标准收费。
(3) 安全评价机构及其安全评价人员在从事安全评价活动时，应当恪守职业道德，遵循诚实守信的原则，不得泄露被评价单位的技术和商业秘密。

（4）安全评价机构及其安全评价人员应当接受安全生产监督管理部门或者安全监察机构的监督，并且不得拒绝安全生产监督管理部门或者安全监察机构及其工作人员依法进行的监督。

（5）安全评价机构及其安全评价人员每年均应当填写安全评价机构工作业绩登录表和安全评价人员工作业绩登录表，并分别报道国家局和省、自治区、直辖市安全生产监督管理部门或者省级安全监察机构备案。

（6）安全评价机构工作业绩记录表和安全评价人员工作业绩记录表是考核安全评价机构的重要内容。

4.3.2 安全评价人员

安全评价人员是指依法取得《安全评价人员资格证书》，并经从业登记的专业技术人员。其中，专职从事安全评价活动的安全评价人员称为专职安全评价人员。我国对轨道交通系统安全评价人员也实行资质许可制度。安全评价人员应当取得相应的资格，方可执业。未取得资质证书的安全评价人员，不得从事安全评价活动。所以，从事安全评价、咨询、检测、检验等为城市轨道交通系统提供安全生产技术服务的中介机构（以下统称安全中介机构）和生产经营单位应当聘用一定数量的注册安全工程师。

注册安全工程师，是指通过全国注册安全工程师执业资格统一考试或经考核认定合格，取得《中华人民共和国注册安全工程师执业资格证书》（以下简称执业资格证书），并经注册取得《中华人民共和国注册安全工程师注册证》（以下简称注册证）的专业技术人员。

1. 注册安全工程师资质要求

通过全国注册安全工程师执业资格统一考试或经考核认定合格的人员，可以在取得执业资格证书后，向规定的省级或部门注册管理机构申请注册。

未经登记注册的人员，不得以注册安全工程师名义执业。注册安全工程师应当定期参加继续教育，接受业务培训并定期进行业绩考核。

2. 注册安全工程师执业范围

注册安全工程师职业范围包括以下几个方面：

（1）安全管理：它是为实现安全目标而进行的有关决策、计划、组织和控制等方面的活动；它主要运用现代安全管理原理、方法和手段，分析和研究各种不安全因素，并从技术上、组织上和管理上采取有力的措施，以解决和消除各种不安全因素，防止事故的发生。

（2）安全生产技术研究、检测、检验。

（3）安全生产技术咨询。

（4）安全评价：国外也称为风险评价或危险评价，它是以实现工程、系统安全为目的，应用安全系统工程原理和方法，对工程、系统中存在的危险、有害因素进行辨识与分析，判断工程、系统发生事故和职业危害的可能性及其严重程度，从而为制定防范措施和管理决策提供科学依据。

(5) 设计、施工、运营管理、维修等工作的安全评价。

(6) 其他安全生产业务。

3. 注册安全工程师享有的权利

注册安全工程师在执业时享受的权利包括：

(1) 以注册安全工程师的名义从事相关业务；

(2) 依法申请设立注册安全工程师中介机构；

(3) 对安全生产管理、安全技术研究及检测检验、建设项目的安全评价、隐患辨识或危险评价等方面存在的问题提出意见和建议；

(4) 对违反安全生产法律、法规的行为以及存在的重、特大事故隐患向有关部门举报；

(5) 参加安全设施的审查和竣工验收工作，并签署意见；

(6) 参与隐患和安全性风险分析，建立和更新隐患登记册，和制订事故应急预案工作；

(7) 参与制定保障安全、可靠运营的规章制度和操作规程，提出保障安全、可靠运营所必需的资金投入、工作内容、工作方法、软件开发方面的建议；

(8) 法律、法规规定的其他权利。

4. 注册安全工程师履行的义务

注册安全工程师在享受权利的同时也应当履行以下义务：

(1) 遵守国家有关安全生产的法律、法规和标准；

(2) 遵守职业道德，客观、公正执业，不弄虚作假，并承担在相应报告上签署意见的法律责任；

(3) 参加继续教育和培训；

(4) 维护国家、公众的利益和聘用单位的合法权益；

(5) 在执业中严格保守知悉的单位、个人技术和商业秘密；

(6) 不得允许他人以本人名义执业。

5. 安全评价人员的管理

安全评价人员的素质对于安全保障体系的顺利和有效实施起着至关重要的作用，因此根据法律、法规的要求，组织部门应明确的定义安全评价人员的职责，并清晰地记录所有的安全职责，保证相应人员可以满足该职位的要求，或通过开展相关教育培训，如安全政策、相应资质的培训等，以此来规范安全评价人员的从业行为。

4.3.3 安全预评价

安全预评价是根据建设项目可行性研究报告内容，分析和预测该建设项目可能存在的危险、有害因素的种类和程度，提出合理可行的安全对策措施及建议。危险、有害因素识别是指找出危险、有害因素，并分析其性质和状态的过程。危险度评价是指评价危险、有害因素导致事故发生的可能性和严重程度，确定承受水平，并按照承受水平采取措施，使危险度降低到可承受水平的过程。评价单元是为了安全评价需要，按照建设项目生产工艺或场所的特点，将生产工艺或场所划分成若干相对独立的部分。

安全预评价内容主要包括危险、有害因素识别、危险度评价和安全对策措施及建议。

1. 安全预评价程序

安全预评价程序一般包括：准备阶段；危险、有害因素识别与分析；确定安全预评价单元；选择安全预评价方法；定性、定量评价；安全对策措施及建议；安全预评价结论；编制安全预评价报告。如图4-5所示。

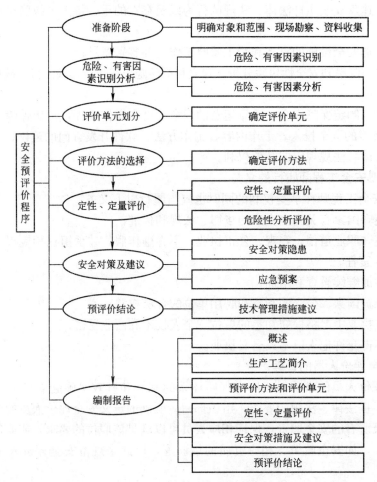

图4-5 安全预评价程序框图

(1) 准备阶段

明确被评价对象和范围，进行现场调查和收集国内外相关法律法规、技术标准及建设项目资料。建设项目参考资料见附录A。

(2) 危险、有害因素识别与分析

根据建设项目周边环境、生产工艺流程或场所的特点，识别和分析其潜在的危险、有害因素。

(3) **确定安全预评价单元**

在危险、有害因素识别和分析的基础上，根据评价的需要，将建设项目分成若干个评价单元。

划分评价单元的一般性原则：

按生产工艺功能、生产设施设备相对空间位置、危险有害因素类别及事故范围划分评价单元，使评价单元相对独立，具有明显的特征界限。

(4) **选择安全预评价方法**

根据被评价对象的特点，选择科学、合理、适用的定性、定量评价方法。常用安全预评价方法见附录B。

(5) **定性、定量评价**

根据选择的评价方法，对危险、有害因素导致事故发生的可能性和严重程度进行定性、定量评价，以确定事故可能发生的部位、频次、严重程度的等级及相关结果，为制定安全对策措施提供科学依据。

(6) **安全对策措施及建议**

根据定性、定量评价结果，提出消除或减弱危险、有害因素的技术和管理措施及建议。

安全对策措施应包括以下几个方面：①总图布置和建筑方面的安全措施；②工艺和设备、装置方面的安全措施；③安全工程设计方面的对策措施；④安全管理方面的对策措施；⑤应采取的其他综合措施。

(7) **安全预评价结论**

简要列出主要危险、有害因素评价结果，指出建设项目应重点防范的重大危险、有害因素，明确应重视的重要安全对策措施，给出建设项目从安全生产角度是否符合国家有关法律、法规、技术标准的结论。

(8) **编制安全预评价报告**

2. 安全预评价报告审查与管理

建设单位按有关要求将安全预评价报告交由具备能力的行业组织或具备相应资质条件的中介机构组织专家进行技术评审，并由专家评审组提出评审意见。

预评价单位根据审查意见，修改、完善预评价报告后，由建设单位按规定报有关安全生产监督管理部门备案。

3. 常用安全预评价方法

(1) **事故致因因素安全评价方法**

1）专家现场询问、观察法

2）危险和可操作性研究

3）故障类型及影响分析

4）事故树分析

5）事件树分析

6）安全检查表法

7）因素图分析法
8）事故引发和发展分析
9）事故顺序评价法
10）多系列失效分析法
11）双比较法
12）工作任务分析法
13）因果（鱼刺）图分析法

(2) 能够提供危险度分级的安全评价方法
1）危险和可操作性研究
2）故障类型及影响分析
3）事故树分析
4）逻辑树分析
5）风险矩阵评价法
6）安全度评价法
7）风险容忍度评价法
8）道化学公司火灾、爆炸危险指数评价法
9）蒙德火灾、爆炸、毒性指数评价法
10）日本劳动省六阶段评价法
11）前苏联化工过程危险性定量评价法
12）模糊矩阵法
13）直接数值估算法
14）人的认知可靠性分析法
15）我国化工厂危险程度分级法
16）我国冶金工厂危险程度分级法
17）我国冶炼工厂危险程度分级法
18）重大危险源辨识方法
19）作业条件危险性评价法（格雷厄姆-金尼法）
20）"安全检查表——危险指数评价——系统安全分析"评价法
21）统计图表分析法

(3) 可以提供事故后果的安全评价方法
1）故障类型及影响分析
2）事故树分析
3）逻辑树分析
4）概率理论分析
5）马尔可夫模型分析
6）道化学公司火灾爆炸危险指数评价法
7）蒙德火灾爆炸毒性指数评价法
8）日本劳动省六阶段评价法

9）前苏联化工过程危险性定量评价法

10）模糊矩阵法

11）成功可能性指数法

12）Safety 评价法

13）"安全检查表——危险指数评价——系统安全分析"评价法

14）统计图表分析法

15）矿山工程安全评价法

16）尾矿库矩阵评价法

17）液体泄漏模型

18）气体泄漏模型

19）绝热扩散模型

20）池火火焰与辐射强度评价模型

21）火球爆炸伤害模型

22）爆炸冲击波超压伤害模型

23）蒸汽云爆炸超压破坏模型

24）毒物泄漏扩散模型

25）锅炉爆炸伤害 TNT 当量法

4.3.4 施工安全评价

城市轨道交通施工过程安全评价，主要是在施工准备工作完成后正式施工开始前的安全评价阶段，针对施工组织管理、施工技术管理、施工环境管理、施工监控预警等方面的安全评价。

城市轨道交通施工是一个由人、设备、技术、环境、管理五个方面组成的复杂系统，它们之间具有相互联系、相互制约的关系，即事故的原因取决于人、设备、技术、环境四者之间的联系，而这四者又受管理状态的制约。换句话说，只要管理上存在着缺陷、不善、混乱或失误，就会直接导致事故发生或导致人的不安全行为、设备的不安全状态或环境的不安全因素的存在，进而引发安全事故，可见管理缺陷是诱发安全事故的关键原因。为了更好地减少事故的发生，提高对施工安全管理的重视程度，需要构建一套城市轨道交通施工安全评价指标体系，并使用该指标体系对城市轨道交通施工的安全管理情况进行综合评价分析。

1. 施工安全评价体系

城市轨道交通施工过程安全评价，是为了加强城市轨道交通施工阶段的安全管理工作，减少各类事故的发生，降低工程经济损失和人员伤亡。安全评价的核心内容即是通过风险辨识，抓住施工过程中的安全风险点，全面梳理、分析各种风险的控制手段，进而构造城市轨道交通施工安全评价体系。

针对城市轨道交通工程施工过程，根据 4M1E（人员、机械、材料、方法、环境）理论、风险管理理论和事故致因理论，应用安全系统工程原理和方法，根据大量的工程实践经验对地铁工程施工事故的影响因素进行辨识和总结，确定城市轨道交通工程施工过程安全评价内容。根据 4M1E 理论，影响地铁工程施工安全的主要因素即为人、设备、技术、环境、管理五个方面，对安全影响因素的辨识和总结是为了进一步有针对性的建立全面可靠的安全评价体系，即针对容易出事故的地方，控制安全影响源头，评价安全措施，从而保障整体系统的安全。城市轨道交通工程施工过程安全评价体系应涵盖这五个方面，针对该五个方面制定相应的评价内容和评价指标，如图 4-6 所示。

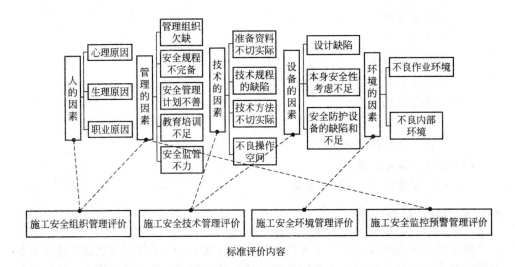

图 4-6　地铁工程施工安全评价内容

地铁施工安全评价标准针对地铁施工的全过程中，各参与主体：建设单位、施工单位、勘察设计单位、监理单位、监测单位进行安全管理工作评价；针对各施工过程的作用对象：环境、实体、行为、设备进行评价；以及针对各参与主体和施工对象之间的相互作用进行的安全监控和保障。对于施工涉及的设备、技术因素合并为施工技术一个大因素；同时考虑到预警管理的重要性，在地铁工程施工安全评价的影响因素时，需要将地铁工程施工的预警管理作为安全评价的一个部分。因此，地铁工程施工安全评价的内容分为四个部分：施工安全组织管理评价、施工安全技术管理评价、施工环境安全管理评价和施工监控预警评价，具体内容见图 4-7 所示。

（1）地铁工程施工安全组织管理评价。基于"以人为本"的指导思想，分别对地铁工程施工的各参与主体：建设单位、施工单位、设计单位、监理单位、监测单位进行评价。并根据《建设工程安全生产管理条例》对建设单位、施工单位、设计单位、监理单位、监测单位应当承担的建设工程安全生产责任的规定，将能够反映这些参建单位安全管理职责现状和水平的安全管理措施，如安全管理机构及人员设置、安全管理制度等，作为地铁工程施工安全组织管理评价的指标。

（2）地铁工程施工安全技术管理评价。由于地铁工程施工分为土建工程施工和

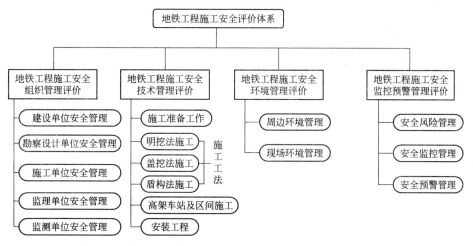

图 4-7 地铁工程施工过程安全评价内容体系

设备安装两大内容,其中土建工程施工又分为地下施工和地上施工;地下施工又涉及各种施工的工法,如明挖法、暗挖法、盾构法,应基于各种工法进行施工过程进行评价。

(3)地铁工程施工安全环境管理评价。地铁工程环境涉及周边环境(地铁施工影响范围内的地质水文、地表形状、建筑物或构筑物、地下管线等状况)和现场环境(地铁施工产生的噪声、振动,以及所影响的水、大气等状况)两大类,因此针对这两个方面进行评价。为确保作业人员的安全以及周边环境的安全,施工周边环境以及现场环境必须采取合理的安全管理措施。这些环境安全管理措施,就是进行地铁工程施工环境安全管理评价的指标。

(4)地铁工程施工安全预警与应急管理评价指标。根据地铁工程施工全面监控预警的内容确定本部分的评价内容,把涉及安全风险管理、安全监控管理、安全预警管理组织和实施的管理工作,作为地铁工程施工安全监控预警管理的评价指标。

2. 施工安全评价实施程序

地铁工程施工安全评价的实施,直接决定着评价的结果。在评价实施阶段,评价组织方首先应审查相关单位提供的施工技术和管理资料,并根据事先拟定的现场检查计划,查看地铁工程施工各参建单位的安全管理、施工技术的安全实施、施工环境的安全管理以及监控预警的安全控制工作是否到位以及是否符合相关法规、规范的要求,并按本标准的相关规定进行评价和打分。在此基础上,确定安全评价总分计算和安全水平的等级,给出安全评价结论,并编制相应的安全评价报告。

根据以上内容,建设部正在组织编写《地铁工程施工安全评价标准》。该标准以安全系统工程理论为指导,根据大量的工程实践经验对地铁工程施工安全事故的影响因素进行辨识和总结,对地铁工程施工阶段划分合理的评价单元;选取易导致安全事故的关键因素建立评价指标,形成评价标准;并制定相应的评价方法和评价程序。

4.3.5 验收评价

1. 城市轨道交通工程安全验收评价工作程序

城市轨道交通工程安全验收评价程序一般包括：前期准备；编制安全验收评价计划；安全验收评价现场检查；编制安全验收评价报告；安全验收评价报告评审。其工作程序可按照以下程序进行，如图 4-8 所示。

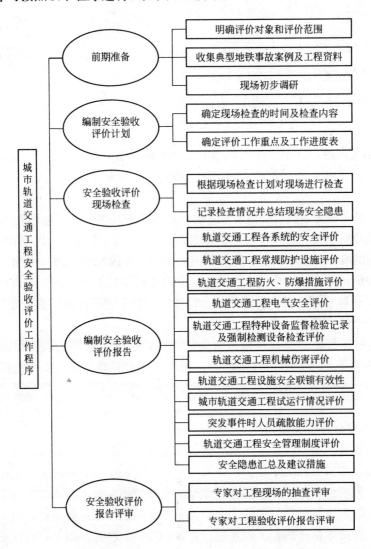

图 4-8 城市轨道交通工程安全验收评价工作程序

(1) 前期准备

明确城市轨道交通安全验收评价的范围；进行现场调查，收集国内外相关法律法规、技术标准、建设项目资料等。

(2) 编制安全验收评价计划

在前期准备工作基础上，分析城市轨道交通工程建成后主要危险、有害因素，依据有关安全生产的法律法规和技术标准，确定安全验收评价的重点和要求；依据项目实际情况选择验收评价方法；测算安全验收评价进度。

评价机构根据城市轨道交通工程安全验收评价实际运作情况，编制安全验收评价计划书。

(3) 安全验收评价现场检查

按照安全验收评价计划对安全生产条件与状况独立进行验收评价现场检查，评价机构对现场检查及评价中发现的隐患或尚存在的问题，提出改进措施及建议。

(4) 编制安全验收评价报告

根据安全验收评价计划和验收评价现场检查所获得的数据，对照相关法律法规、技术标准，编制安全验收评价报告。

(5) 安全验收评价报告评审

建设单位按规定将安全验收评价报告送专家评审组进行技术评审，并由专家评审组结合现场情况提出书面评审意见。评价机构根据专家评审组的评审意见，修改、完善安全验收评价报告。

2. 安全验收评价报告内容

(1) 编制说明

1）编制依据

2）评价目的

3）评价范围

4）评价原则

5）评价程序

(2) 城市轨道交通工程概况

1）建设单位简介

2）城市轨道交通工程项目概况

3）城市轨道交通工程线路、各系统及主要辅助设施的设计方案

4）建设单位安全生产管理机构及管理制度

(3) 城市轨道交通工程危险、有害因素分析

1）城市轨道交通工程供电系统危险、有害因素分析

2）城市轨道交通工程车辆系统危险、有害因素分析

3）城市轨道交通工程线路及轨道危险、有害因素分析

4）城市轨道交通工程通风、排烟系统危险、有害因素分析

5）城市轨道交通工程给水、排水系统危险、有害因素分析

6）城市轨道交通工程通信、信号系统危险、有害因素分析

7）城市轨道交通工程防灾报警与环境监控系统危险、有害因素分析

8）城市轨道交通工程自动售检票系统危险、有害因素分析

9）城市轨道交通工程车辆基地危险、有害因素分析

10）危险化学品危险因素分析

11）自然灾害危险性分析

12）其他危险因素分析

(4) 城市轨道交通工程线路选择及各系统安全评价

1）城市轨道交通工程供电系统安全检查表评价
2）城市轨道交通工程车辆系统安全检查表评价
3）城市轨道交通工程线路及轨道安全检查表评价
4）城市轨道交通工程通风、排烟系统安全检查表评价
5）城市轨道交通工程给水、排水系统安全检查表评价
6）城市轨道交通工程通信、信号系统安全检查表评价
7）城市轨道交通工程防灾报警与环境监控系统安全检查表评价
8）城市轨道交通工程自动售检票系统安全检查表评价
9）城市轨道交通工程车辆基地安全检查表评价

(5) 城市轨道交通工程常规防护设施措施评价

1）安全标识的设置评价
2）不锈钢栏杆及楼梯扶手安全性评价
3）机械伤害安全防范措施检查表评价
4）高处坠落安全防范措施安全评价

(6) 城市轨道交通工程防火防爆措施评价

1）易燃易爆场所安全措施评价
2）蓄电池间安全措施评价
3）电缆防火措施评价

(7) 城市轨道交通工程电气安全评价

1）城市轨道交通工程主变电站、牵引、降压变电站安全评价
2）城市轨道交通工程接触网系统安全评价
3）城市轨道交通工程电力监控系统安全评价
4）城市轨道交通工程防雷接地及杂散电流防护系统安全评价

(8) 城市轨道交通工程特种设备监督检验记录及强制检测设备检查评价

1）电梯安全检查评价
2）起重设备安全检查评价
3）车辆基地内机动车辆安全检查评价
4）压力容器安全检查评价
5）强制性检测设备安全检查评价

(9) 城市轨道交通工程试运行情况评价

1）各系统运行状况及存在的问题
2）各系统故障记录
3）城市轨道交通工程试运行情况评价

(10) 城市轨道交通工程安全生产管理评价

1）安全生产管理组织机构
2）安全生产管理制度

3) 事故应急救援预案
4) 特种作业人员培训
5) 日常安全管理

(11) 城市轨道交通工程人员疏散能力评价
1) 车站人员安全疏散分析
2) 区间人员安全疏散分析

(12) 安全验收评价结论
在对现场评价结果分析归纳和整合的基础上，作出安全验收评价结论。

3. 安全验收评价报告要求

城市轨道交通安全验收评价报告应内容全面，条理清楚，数据完整，查出的问题准确，提出的对策措施具体可行，评价结论客观公正。城市轨道交通安全验收评价要由懂轨道交通、机电、消防以及安全工程的专家共同参与完成，评价组成员的专业能力应涵盖评价范围所涉及的专业内容。

4.4 城市轨道交通关键设备安全认证机制

安全认证是由可以充分信任的第三方证实某一经鉴定的产品或服务符合特定标准或规范性文件的活动。认证过程实质上是执行标准的过程。关键安全设备安全认证工作即为由城市轨道交通独立的第三方评价机构检查的关键安全设备的安全状况是否符合有关的安全标准。在我国城市轨道交通领域，应加快认证体制的建立。

4.4.1 认证目的

关键设备安全认证的目的是依据城市轨道工程设计和施工的需要，编制关键设备安全认证的计划及进度安排。在此基础上，以相关标准、规范及经验为依据，按照风险评估结果要求编制关键设备的安全规范；再按照该规范去进行关键设备的安全分析、设计安装、测试调试、质量检查等工作；最后对关键设备设计、安装及使用的安全性进行评价，并对后续安全保障工作作出改进。最终通过严谨的关键设备认证程序，确保地铁工程建设中的各类关键设备安全运作，避免发生安全事故。

4.4.2 认证程序

关键设备安全认证工作应安排在系统设备制造阶段进行，在系统调试前完成。具体的认证过程见图4-9。

1. 制定安全认证计划及进度安排

由城市轨道交通独立的第三方认证机构针对特定的关键安全设备制定安全认证计划及进度安排，将复杂的认证工作分解成许多可以准确描述、度量、可独立操作的相对简单的任务，安排这些任务的执行顺序，确定每个任务的完成期限、开始时

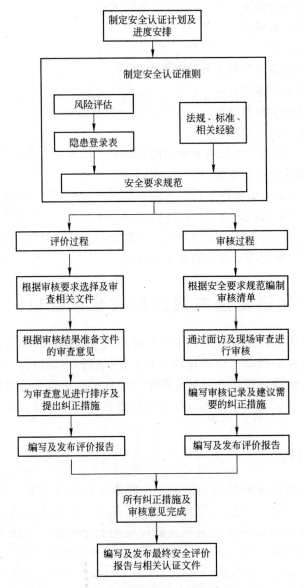

图 4-9 关键设备安全认证流程

间和结束时间,并相应考虑认证过程中的人力、资源等相关问题,为后续认证工作的开展提供依据。

2. 制定安全认证准则

安全认证准则是进行安全认证的指导文件,规定认证工作的范围、组织机构、认证的过程等多项内容。独立的第三方根据安全认证准则进行评估。

制定安全认证准则首先应编制安全要求规范,它是安全认证准则制定的基础。通常按照相关标准及经验或风险评估结果编制安全要求规范。

(1) 按照相关标准及经验编制安全要求规范,主要依据系统设计规范、相关国家法规及标准、同类型系统的最佳实践标准及指引、政府有关要求、认证机构对类似系统的经验总结以及关键成功准则。

（2）按照风险评估结果编制安全要求规范，通过进行风险评估以识别系统的硬件、软件、接口的主要隐患，并记录在隐患登录表中，以所记录的风险处理措施作为编制安全要求规范的依据。

编制安全要求规范是为确定系统的安全运行及执行情况，而进行相关测试、落实设计变更、进行其他安全分析研究等，并且可以根据安全要求规范编制审核清单。在制定安全要求规范后，按照协议进行记录审核工作。供货商可在此期间内，根据安全要求规范内容完善其提供的系统。为保证系统能够符合准则要求，可搜索相关资料加以证明，如：可靠性、可用性、可维护性及安全分析或相关文件、设计图纸或相关文件、测试程序及结果、系统或产品的检查以及质量保证审核。

3. 进行安全评价及审核

对关键设备进行安全评价和审核是安全认证工作的重要环节，通过安全评价和审核，对关键设备的安全性进行全面的评估，形成安全评价的结论，为下一步决策提供支持。其主要工作内容包括以下方面：

（1）编制和审核评估文件。根据安全管理要求编制需要审核评价的文件清单，并确定报送申请的材料的真实性。

（2）开展评估工作。按照相关要求，对评价对象进行实地考察，调取相关资料，形成初步评价结论。

（3）编写审核意见。根据考察情况和评价结果，提出相应注意事项及措施建议，编写审核记录，形成初步审核意见。

（4）编写发布评估报告。

4. 编写及发布最终安全评价报告与相关认证文件

这一阶段是总结安全评价的成果，编写最终安全评价报告。当最终安全评价报告获得通过，则相关产品可以获得相应的认证文件，表明其产品可以用于城市轨道交通系统之中。

通过上述关键设备安全认证流程完成上述关键安全设备安全认证工作，一方面是为了识别符合系统安全运行原则的关键成功原则，主要包括：硬件、软件和接口；另一方面，根据以上准则制定一系列全面的最低要求，以便对系统的设计及发展进行验证和确认；并且根据以上验证及确认的结果编制安全评价报告及认证文件。

4.5 城市轨道交通系统安全管理其他制度

4.5.1 安全生产培训制度

安全生产培训制度，是为了提高职工的安全生产意识，普及安全生产知识、安全操作技术和提高执行安全生产法规的自觉性，而采取的教育、培训和考核制度。安全生产培训制度，是预防伤亡事故及职业病发生的重要措施，也是企业劳动管理的重要组成部分；它是建立城市轨道交通安全保障体系组织架构、开展安全保障工作的基础环节。为了加强城市轨道交通系统安全生产培训管理，规范安全生产培训秩序，保证安全生产培训质量，促进安全生产培训工作健康发展，根据《安全生产法》和有关法律、行政法规的规定，需制定《城市轨道交通安全培训管理办法》。

安全生产培训是指以提高安全监管监察人员、城市轨道交通系统从业人员和从事安全生产工作的相关人员的安全素质为目的的教育培训活动。

1. 安全生产培训制度分类

安全生产培训制度按照不同的依据划分为不同的类型：

(1) 从内容上划分

安全生产培训制度从内容上划分为安全技术知识的教育与培训、安全生产规则的教育与培训、安全法制教育、典型经验和事故教训。

1) 安全技术知识的教育与培训

生产经营单位应对本单位职工进行安全技术知识的教育和培训。安全技术知识教育，包括一般生产技术知识、一般安全技术知识和检测控制技术知识以及专业安全生产技术知识。对职工进行教育时，必须把上述知识结合起来，除应了解和掌握一般的通用的安全技术基础知识外，还应掌握与其所在岗位相关的专门安全技术知识，使职工既认识安全第一的重要性，又能运用安全技术知识做好事故预防工作。

2) 安全生产规则的教育与培训

生产经营单位一般依法制定了安全规程、制度、工艺规程、安全生产劳动纪律等规章制度，它是企业进行有序、安全生产经营的保障，作为用人单位的职工都应遵守。生产经营单位应对职工进行安全生产规则的教育与培训，使职工自觉遵守安全生产的规章制度，严格按照安全要求、工艺规程进行操作，正确使用机器设备、工具及个人防护用品，严格遵守劳动纪律，不违章作业，并随时制止他人违章作业。

3) 安全法制教育

安全法制教育，特别是职业卫生法规教育是安全教育的一项重要内容。应使职工对包括安全法规在内的国家的各种法律、法令、条例和规程等有所了解和掌握，特别是从业人员在安全生产中的权利义务和责任，应作为安全法制教育的重点，以树立职工的法制观念，增强安全生产的责任感，这是使安全生产法能够贯彻执行的保障。

4) 典型经验和事故教训

典型经验和事故教训应宣传安全生产的典型经验，从生产安全事故中吸取经验教训。坚持事故处理"四不放过"，即事故原因不查清不放过，事故责任者得不到处理不放过，整改措施不落实不放过，教训不吸取不放过。

(2) 从方式上划分

安全生产培训制度从方式上划分为三级安全教育制度、特种作业人员安全技术培训考核制度以及经常性安全教育培训制度。

1) 三级安全教育制度

三级安全教育制度即指对新招收的职工、新调入职工、来厂实习的学生或其他人员所进行的厂级安全教育、车间安全教育、现场安全教育。

厂级安全教育应包括安全生产基本知识、安全生产法规教育，生产经营单位安全概况的介绍，主要安全生产规章制度（如安全生产责任制、安全生产奖惩条例，厂区交通运输安全管理制度、防护用品管理制度以及防火制度等）的教育与培训，还应包括作业场所和工作岗位存在的危险因素，防范措施及事故应急措施、有关事故案例的介绍等。

车间安全教育应包括车间的概况的介绍，如车间生产的产品、工艺流程及其特点，车间人员结构、安全生产组织状况及活动情况，车间危险区域、有毒有害工种情况，车间劳动保护方面的规章制度和对劳动保护用品的穿戴要求和注意事项，车间事故多发部位、原因、特殊规定和安全要求，介绍车间常见事故和对典型事故案例的剖析，介绍车间安全生产中的好人好事，车间文明生产方面的具体做法和要求，并根据车间的特点介绍安全技术基础知识。还应介绍车间防火知识，组织新从业人员学习安全生产文件和安全操作规程制度。

现场安全教育应进行具体岗位的安全生产知识教育，如工作场所生产特点、作业环境、危险区域、设备状况、消防设施等，易发事故的危险因素，重点讲解本工种的安全操作规程和岗位责任，如何正确使用爱护劳动保护用品和文明生产的要求，并实行安全操作示范。

2) 特种作业人员安全技术培训考核制度

特种作业人员是指从事法律规定的特种职业的作业人员，特种作业人员其作业的场所、操作的设备、操作内容具有较大的危险性，易发生伤亡事故，或者易对操作者本人、他人以及周围设施的安全造成重大危害。由于特种作业人员在生产作业过程中承担的劳动风险较大，因此，对特种作业人员必须进行专门的安全技术知识教育和安全操作技术训练，并经严格的考试，考试合格后方可上岗作业，以保障安全生产。

对特种作业人员进行安全技术考核培训，考核合格，持证方可上岗就业。对特种作业人员安全教育培训考核的内容包括三方面：安全技术理论包括安全基础知识和安全技术理论知识；实际操作，包括实际操作要领及实际操作技能；典型事故案例分析等。

3) 经常性安全教育培训制度

生产经营单位进行安全生产教育与培训，应保证教育的经常化、普遍化、规范化，制度中应该纳入考核验收和奖惩的内容，把教育工作的好坏、考核成绩的优劣与晋职晋级和奖金结合起来。教育、培训与考核可采取多种形式。

2. 安全生产培训制度的要求

我国对城市轨道交通系统实行安全生产培训制度应满足下列要求：

（1）安全监管监察人员是指政府安全生产监督管理部门、行政执法的安全生产监察员。从事安全生产工作的相关人员包括从事安全教育培训工作的教师、承担安全评价、咨询、检测、检验的人员及城市轨道交通注册安全工程师等。

（2）城市轨道交通安全培训机构从事安全培训活动，必须取得相应的资质证书。

（3）城市轨道交通安全培训应当按照国家局、省级安全生产监督管理部门统一制定的城市轨道交通安全培训大纲进行。

（4）国家有关部局负责省级以上安全生产监督管理部门的安全生产监察员、各级安全监察机构的安全监察员的培训工作。省级安全生产监督管理部门负责市级安全生产监督管理部门的安全生产监察员的培训工作；组织、指导和监督轨道交通相关生产经营单位的主要负责人和安全生产管理人员的培训工作；组织、指导和监督特种作业人员的培训工作。

除主要城市轨道交通部门负责人、安全生产管理人员以外的生产经营单位的从业人员的安全培训，由城市轨道交通公司负责。

（5）城市轨道交通公司应当对从业人员进行与其所从事岗位相应的安全教育培训；从业人员调整工作岗位或采用新工艺、新技术、新设备、新材料的，应当对其进行专门的安全教育和培训。未经安全教育和培训合格的从业人员，不得上岗作业。

4.5.2 安全准入和安全承诺制度

为完善我国的城市轨道交通系统安全保障体系，应在城市轨道交通项目建设和运营过程中，建立以安全审查和安全评价为基础的"安全准入"和"安全承诺"机制。

建立"安全准入"和"安全承诺"机制的目的，是将城市轨道交通建设单位的安全责任纳入到政府和社会法制监管的范围之下。只有通过相应的安全审查和安全评价的项目才能授权开展城市轨道交通项目建设和投入运营。同时，项目建设和运营单位应对项目建设的安全和运营的安全作出承诺，以接受政府和社会的监管。

为此，应在初步设计阶段编制初步设计安全审查报告，进行设计安全审查，该项工作可与初步设计审查同步进行。安全审查的目的是报告设计阶段系统安全保障及风险管理执行工作的情况，并对设计过程的完整性和系统的安全性及可用性水平进行审核，确定是否达到设计合同的相关要求。在系统开通前编制系统安全报告，进行系统安全审查，该项工作可与试运营条件审查同步进行。

5 城市轨道交通系统安全风险管理方法

城市轨道交通建设项目安全风险管理是指全面研究轨道交通建设项目的各种安全风险,并根据轨道交通建设项目生命周期(前期阶段、设计阶段、施工阶段、运营阶段)的不同特点,采用相应的定性和定量的方法,判别项目在技术和经济两方面由可行转为不可行的可能性、从而判定项目的风险程度,为项目投资决策提供依据。同时,通过事前的充分预测和分析、事中的积极讨论和调整、事后的及时处理和总结,主动采取各种措施来避免、消除安全风险或使安全风险减到最低程度。也可以通过尽可能低的风险转移费和选择合理的风险自留水平来减少支出,从而最大限度地减少轨道交通建设目标值与实际值之间的偏离程度。本章主要介绍了风险管理的概念、风险管理的内容,城市轨道交通系统安全风险源及识别方法,风险评价方法,风险降低及消除方法以及城市轨道交通系统安全风险管理的组织与实施。

5.1 风险管理概述

5.1.1 系统风险的概念

1. 风险的定义

风险是指损失发生的不确定性,它是致损事件发生的概率 P 及其不良后果 C 的函数 $R=f(P,C)$。风险是一种可能性,一旦成为现实,就称之为风险事件,在论述中这两个词语语义差别很小,几乎可以通用。

地铁工程项目风险定义为:在地铁工程项目生命周期过程中,造成工程发生经济损失、人员伤亡、环境影响、工期延误或耐久性降低等的不确定性。工程风险具有不确定性、可度量性、相对性和可变性等特点。

2. 风险的属性

风险属性包括：风险因素、风险事故和风险损失，即由于潜在的风险因素导致发生风险事故，从而造成承担体发生损失。其中，风险因素是指产生、诱发风险的条件或潜在原因，是造成损失的直接或间接原因，与风险源、危险源（Hazard）意义相近，可以通用。风险属性关系见图5-1。

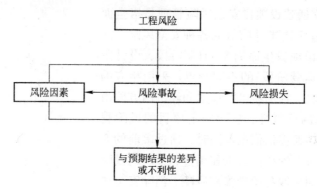

图 5-1　风险属性关系图

3. 城市轨道交通系统安全风险的特点

随着科技的飞速发展和人们生活节奏的加快，轨道交通项目所涉及的不确定因素日益增多，面临的风险也越来越多，风险所致损失规模也越来越大，促使科研和实际管理人员从理论和实践上重视对轨道交通项目的风险管理。轨道交通建设项目从立项到运营整个生命周期中都必须重视风险管理，风险具体特点如下：

（1）风险存在的客观性和普遍性

作为损失发生的不确定性，风险是不以人的意志为转移并超越人们主观意识的客观存在，而且在项目的全寿命周期内，风险是无处不在、无时不有的。所以，虽然人类一直希望认识和控制风险，但直到现在也只能在有限的空间和时间内改变风险存在和发生的条件，降低发生的频率，减少损失程度，而不能也不可能完全消除风险。

（2）某一具体风险发生的偶然性和大量风险发生的必然性

任何一种具体风险的发生都是诸多风险因素和其他因素共同作用的结果，是一种随机现象。个别风险事故的发生是偶然、没有规律可循，但大量风险事故的发生存在明显的规律。所以人们可以用概率统计方法及其他现代风险分析方法去计算风险发生的概率和损失程度，从而导致了风险管理的迅猛发展。

（3）风险的可变性

风险的可变性是指在项目的整个过程中各种风险在质和量上的变化，随着项目的进行有些风险将得到控制，有些风险会发生并得到处理，同时在项目的每一阶段都可能产生新的风险。

（4）风险的多样性和多层次性

轨道交通项目周期长、规模大、涉及范围广、风险因素数量多且种类繁杂，致使在全寿命周期内面临的风险多种多样。而且大量风险因素的内在关系错综复杂、各风险因素之间与外界交叉影响使风险显示出多层次性,这是轨道交通项目中风险的主要特点之一。

5.1.2 系统安全风险管理的内容

风险管理问题源于第一次世界大战后的德国。1931年美国管理协会首先倡导风险管理,并在以后的若干年里,以学术会议及研究班等多种形式集中探讨和研究风险管理问题。风险管理问题逐渐得到了理论探讨和一些大企业的初步实践,但风险管理问题真正在美国工商企业中引起足够重视并得到推广是始于20世纪50年代。1963年,美国出版的一本杂志中刊载了《企业的风险管理》一文,引起欧美各国的普遍重视。此后,风险管理的研究逐步趋向系统化,专门化,成为企业管理中一门独立学科。

风险管理就是确定和度量项目风险,以及制定、选择和管理风险处理方案的过程。它的目标是通过有效的管理去避免项目风险的发生,或减少风险事件发生后给工程带来的损失,以确保安全顺利地进行。

工程建设项目投资高、规模大、工期长、影响广,在工程建设全过程中,风险普遍客观存在。伴随着建设规模或技术难度的不断加大,风险程度也日益增高,建设市场主体各方都不可避免地面临着风险。风险是潜在的意外损失,如果不采取有效措施加以防范,很有可能酿成严重后果,付出惨痛代价,工程建设项目涉及的任何一方出现危险,都有可能威胁到工程建设的顺利进行,甚至导致工程建设的彻底失败,但这诸多风险都是可以抵御的,因此,对于安全和经济两个方面需要进行风险管理是一项必不可少的重要工作。

系统安全理论认为保障系统的安全状态是要从根本上提高工程系统安全水平,是在企业传统的生产技术安全工作的基础上发展起来的。面对系统日益复杂和伴随而来的事故发生可能性的增加,传统安全理论所强调的技术安全工作很难做到事故之前的系统分析,将事故防患于未然,不能适应现代化生产和现代工程系统发展的需要。

随着科学技术的发展,特别是系统分析方法的应用,人们从工程系统内部条件和外部环境出发,研究它们与安全问题的相互关系,掌握危险发生的规律,通过产品设计和规范使用操作来减少或控制危险,把事故发生的可能性降低到最小限度,促进了系统安全性工程的发展和应用。系统安全理论与传统的技术安全理论相比,主要区别如下。

(1) 传统的技术安全的工作范围主要是在生产和使用场所能够保证操作人员和设备不致受到伤害或损坏,它并不直接涉及工程系统的设计,而系统安全性理论则主要研究工程系统全寿命过程,包括方案论证、设计、试验、制造以及使用等方面的安全工作,并且重点在研制阶段。

(2) 传统的技术安全工作大多凭经验和直感来处理安全问题,而较少由表及里深入分析,从事物的相互联系去发现潜在危险,因而难以彻底改善安全状态。而系统安全理论则利用系统工程的方法,从系统、分系统和环境影响以及它们之间的相互联系来研究安全问题,从而能比较深入、全面地找到潜在危险和不安全问题,以预防事故的发生。

(3) 传统技术安全工作多从定性方面进行研究，一般只提出"安全"或"不安全"的概念，对安全性没有定量的描述，因而难以作出准确的判断和评价。而系统安全理论强调利用危险严重性等级、危险可能性等级、危险事件发生概率以及可靠性指标来定量评价安全的程度，使预防事故的措施有了客观的度量。

(4) 传统的技术安全工作只是从局部的、零碎的或处于被动状态来解决安全问题的，因而不能从根本上提高安全水平。而系统安全理论则从工程系统论证、设计起就开始作系统的安全性分析。它考虑到工程系统中所有可能的危险，如危险源、各分系统接口、软件对安全性的影响，并随着研制工作的进展，逐步细化安全分析的内容，使安全工作主动而全面地发挥最佳的作用。

(5) 传统的技术安全工作目标值不明确、不具体，究竟做到什么程度才算安全问题解决得好，才能控制重大事故发生。这些问题目标不明，工作盲目性较大。而系统安全理论通过安全性分析、试验、评价和优化技术的应用，可以找出最佳的减少和控制危险的措施，使工程系统各分系统之间，设计、制造和使用之间达到最佳配合，用最少的投资获得好的安全效果，从而有把握并在极大程度上提高工程系统安全水平。

综上可知，系统安全理论在提高工程系统的安全性上有很大的发展和应用前景。目前由于人们认识的不足，各种数据缺乏，标准还不完善，安全性分析还只限于一定的生产领域，系统安全性和传统的技术安全还需要分工协作。例如传统技术安全在现场的统计资料是系统安全性定量研究的重要根据，控制危险的某些措施还有赖于技术安全的管理经验等。但随着系统安全性工作的普及与深入，必将使工业生产和工程系统使用安全水平得到更大的提高，而传统的技术安全工作也将得到改革。

系统安全的风险管理主要包括：风险识别、风险评估、风险评价和风险控制四部分内容。风险管理流程见图 5-2。

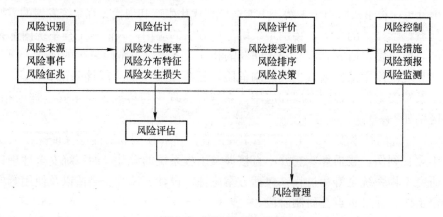

图 5-2　风险管理流程图

1. 风险识别

风险识别就是从系统的观点出发，横观工程项目所涉及的各个方面，纵观项目的发展过程，将引起风险的复杂事物分解成比较简单的、容易被认识的基本单元。从错综复杂的关系中找出因素间的本质联系，在众多的影响中抓住主要因素，并且分析它们引起变化的严重程度。在这个阶段主要任务是确定何种风险事件可能影响项目，识别这些风险的来源、确定风险的发生条件、描述风险特征并评价风险影响的过程。风险识别需要确定三个相互关联的因素：风险来源、风险事件和风险征兆。

2. 风险评估

风险估计是指应用相关理论和方法对风险发生的概率进行计算，并估算风险在特定条件下，可能遭受损失的程度。损失程度的大小要从损失的性质、损失的范围和损失的时间分布这三个方面来衡量。风险估计阶段的主要任务，就是在综合考虑主要风险因素影响的基础上，对风险的概率分布进行估计，并对各个风险之间的相对关系进行研究。

3. 风险评价

风险评价是指在风险识别、估计之后采用一定的方法手段评价出项目的单个风险和整体风险水平的过程，是风险管理中最重要的过程之一。风险评价的目的是确定项目的风险水平，并与预先制定的风险评价标准作比较，进而确定是否采取风险控制措施以及采用何种措施。风险评价标准是在项目规定的时间内项目主体可接受、不可接受风险的等级水平，它直接决定了工程中各项风险的控制对策，在进行风险分析时需预先制定。

4. 风险控制

风险控制是在风险评估的基础上，进行风险决策并实施决策内容，同时监测风险发展情况。实施风险控制的主要方法有：风险预防、风险缓解、风险转移和风险自留等。风险控制的关键是如何尽快采取合适的行动。整个风险管理过程是一个闭环系统，随着风险控制计划的实施，风险会出现许多变化，这些变化的信息如果及时反馈，风险管理者就能及时地对新情况进行风险评估和分析，从而调整风险控制措施并实施新的风险控制计划，这样循环往复，保持风险管理过程的动态性就能达到风险管理的预期目标。

5.2 城市轨道交通系统安全风险源及其识别方法

5.2.1 城市轨道交通系统安全风险因素

对于城市轨道交通这样大型复杂的项目，在划分风险发生的阶段基础上，再按风险性质分类寻找风险因素，不仅系统、全面，而且便于风险分析、量化、评价和管理。在轨道交通建设项目整个过程中可能存在的各种风险因素包括以下几个方面：

1. 前期决策阶段的风险因素

前期决策阶段风险因素包括客流预测、路网规划、融资方案、线路方案、政府主管机关、项目效益及风险预测、宏观经济政策、工程工期、投资估算、业主单位、工程规模、设计咨询单位、其他专业工程方案、单位间协调与配合、环境评估等。

2. 设计阶段的风险因素

设计阶段风险因素包括线路方案(线路走向、站点布置、敷设方式)、融资方案、结构方案、勘察设计咨询单位、设计概预算、政府主管机关、运输能力及行车组织方案、设备系统方案、业主单位、建筑方案、工程筹划方案、单位间的配合与协调、车辆方案、设计接口、设计监理单位、车辆段方案、外部相关单位及利益群体等。

3. 施工阶段的风险因素

施工阶段风险因素包括施工意外情况(地质、文物、坍塌等)、施工单位的技术装备水平、施工单位的整体实力、施工组织方案、施工管理水平、资金运作与管理、施工进度安排、施工对周边环境的影响、施工监理、应急预案的措施、业主单位、物价水平、设备材料供应与采购、勘察设计咨询单位、政府主管机关、不可抗力(地震、水灾、战争、瘟疫等)、单位间的配合与协调、外部相关单位及利益群体、施工单位专业间的内部配合、汇率等。如地下管线的位移受到管材、离地下结构远近、埋深、下卧层土质、管线与周围土层的相对刚度、施工方法等诸多因素的影响。

4. 运营阶段的风险因素

运营阶段风险因素包括运营管理水平、运营公司体制、运营调度方案、票价方案、风险应急措施、其他交通工具的配合、组织机构设置、服务水平(软件、硬件)、财务管理、资源(再)开发等。

5.2.2 城市轨道交通系统安全风险源识别流程

风险辨识可分为5个步骤：确定参与者、收集阅读相关资料及专家咨询、风险辨识、风险筛选、编制风险辨识报告，风险辨识的流程如图5-3。

图 5-3 风险辨识流程图

1. 确定参与者

城市轨道交通风险管理的参与者包括项目建设各方和其他有关人员等，根据城市轨道交通建设的不同阶段和风险识别的具体要求，确定参与城市轨道交通风险识别的人员。城市轨道交通风险识别人员应熟知该城市轨道交通建设或运营的基本信息，了解城市轨道交通风险识别的目标和需求，具备城市轨道交通建设的相关经验。

2. 收集阅读相关资料及专家咨询

城市轨道交通风险识别时，应广泛收集工程相关资料，并向有丰富经验的专家咨询。需收集的主要资料如下：

(1) 工程周边水文、地质、自然环境以及人文、社会区域环境等资料；

(2) 类似工程的施工经验和风险事故或相关数据；

(3) 工程规划、可行性分析和工程地质勘察等资料；
(4) 工程周边的建(构)筑物(含地下管线、民防设施、道路等)资料；
(5) 工程临近已有地铁及地下工程等资料；
(6) 工程的设计、施工方案或其他相关文件；
(7) 可能存在业务联系或影响的相关部门与第三方等信息；
(8) 其他相关资料。

3. 风险识别

在广泛收集了工程相关资料，并向有丰富经验的专家咨询后，运用上述方法进行风险识别。风险识别主要包括以下三个方面。

(1) 风险因素分析

系统分析工程建设和运营的基本资料，对工程建设和运营的目标、阶段、活动和周边环境中存在的各种风险因素进行分析。

(2) 建立初步风险清单

利用风险调研表或检查表建立初步风险清单，清单中明确列出客观存在的和潜在的各种风险，包括影响工程安全、质量、进度、费用、环境、信誉等方面的各种风险。

(3) 确定风险事故

根据初步风险清单中整理的风险因素，分析与其相关联的各种潜在的损失或影响，明确工程风险事故及其发生原因。

4. 风险筛选

根据风险识别的结果对工程风险进行二次辨识，整理并筛选与工程活动直接相关的各项风险，删除其中与工程活动无关或影响极小的风险因素及事故，并进行进一步辨识分析，确定是否有遗漏的风险点。

5. 编制风险识别报告

在工程风险识别和筛选的基础上，根据建设各方的具体要求，结合工程特点和需要，以表单形式给出详细的风险点，列出所有工程风险清单。

例如，某地铁车站施工安全风险识别具体情况列于表5-1中。

地铁车站施工安全风险识别　　　　表5-1

序号	风险事件	风险类别	简要描述	致险因素	可能后果	发生概率	处理措施
1	基坑底流土(流砂)	技术风险	土的松散颗粒被地下水饱和后，由于水头差的存在，当动水压力大于或等于土的浮容重时，土颗粒处于悬浮状态，土的抗剪强度等于零，土颗粒随渗流流动，产生了流土(流砂)	基坑底地层土质；围护桩(墙)入岩状态；围护桩(墙)入土比；基坑内外水头差；基坑底软弱地层加固；基底土层厚度	风险发生具有突发性，可能造成基坑底土体破坏，人员伤害		① 围护桩(墙)入岩 ② 基坑底软弱地层加固 ③ 减小基坑内外水头差

续表

序号	风险事件	风险类别	简要描述	致险因素	可能后果	发生概率	处理措施
2	基坑侧壁涌水涌土	技术风险	土在一定渗流梯度水流作用下,其细小颗粒被冲走,形成管状渗流通道,造成土体塌陷	基坑外侧地层土质;基坑内外水头差;围护桩(墙)止水性	管涌破坏是渐近性的。管涌导致墙后形成洞穴,基坑外侧土体塌陷,墙体向塌陷侧移动,造成支护结构失稳破坏		①增加围护结构止水帷幕 ②基坑外侧地层加固 ③减小基坑内外水头差
3	基坑底突涌破坏	技术风险	当上部为不透水层,坑底下某处深度处有承压水层时,基坑开挖可能引起承压水头压力冲破基坑底不透水层,造成突涌现象	基坑底地层土质;承压水头压力	风险发生具有突发性,可能造成基坑底土体破坏,人员伤害		①增加围护结构止水帷幕 ②基坑底地层加固
4	基坑底隆起	技术风险	基坑底部土体抗剪强度低,致使坑底土体产生塑性流动而产生隆起破坏	基坑底地层土质	可能引起基坑整体失稳		①基坑底地层加固 ②加快垫层施工和底板施工
5	基坑围护墙体踢脚破坏	技术风险	绕支撑点转动,围护结构上部向坑外倾倒,围护结构的下部向上翻的失稳模式	基坑底地层土质;支护体系刚度	一般发生在单支撑基坑(例如:地铁出入口)		①增加支护体系刚度 ②基坑底地层加固

5.2.3 城市轨道交通系统安全风险源识别方法

风险识别包括识别内在风险及外在风险。内在风险指系统内部能加以控制和影响的风险,如系统结构方案、产品质量等。外在风险指超出系统之外的风险,如自然灾害、突发事件等。项目风险识别应凭借对"因"和"果"(将会发生什么?导致什么?)的认定来实现,或通过对"果"和"因"(什么样的结果需要予以避免或促使其发生?以及怎样发生?)的认定来完成。

在风险辨识过程中一般要借助于一些技术和工具,这不但会提高风险辨识的效率,而且操作规范、不易产生遗漏。原则上,风险辨识可以从原因查结果,也可以反过来找原因。在具体应用过程中结合项目的具体情况,组合运用这些工具和技术。目前在国内外城市轨道交通施工风险辨识中用到的较为有效的方法主要有经验分析法、现场调查法、统计分析法、检查表法、危险性预先分析(PHA)、事故树分析法、隐患与可操作性分析(HAZOP)、故障模式及影响分析等。在运用上述辨识方法时,应遵循以下原则:

(1)地铁项目风险因素众多,性质各异,应采用几种方法的结合,互相补充;

(2) 对于特定的风险因素，采用有针对性的辨识方法；

(3) 应尽量向有关业务部门的专业人士征求意见以求得对项目风险的全面了解；

(4) 风险因素随着项目的进展不断发生变化，必须制定连续的风险辨识计划；

(5) 风险辨识方法必须考虑相应的成本，讲究经济上的合理。

1. 经验分析法

经验分析法包括对照分析法和类比分析法。对照分析法是对照有关法律法规、标准、检查表或依靠分析人员的观察能力，借助于经验和判断能力直观地对评价对象的危险因素进行分析的方法。缺点是容易受到分析人员的经验和知识等方面的限制，对此，可采用安全检查表方法加以弥补。类比分析法是利用相同或类似工程或作业条件的经验和劳动安全卫生的统计资料来类推、分析评价对象的危险因素，总结以往的生产经验，对以往发生过的事故或未遂事故的原因进行分析，不难找出危险因素。施工现场的风险辨识主要是借助经验分析方法。

2. 现场调查法

实地调查是在没有理论假设的基础上，研究者直接参与活动收集资料，然后依靠研究者本人的理解和抽象概括，从经验资料中得出一般性结论的研究方法。实地调查所收集的资料常常不是数字而是描述性的材料，而且研究者对现场的体验和感性认识也是实地研究的特色。与人们在社会生活中的无意观察和体验相比，实地调查是有目的、有意识和更系统、更全面的观察和分析。实地调查法的特点如下：

(1) 研究过程持续时间长。实地调查者不可能在短期内对大量的现象进行细致深入的考察，而且实地调查通常以研究个案见长，需要经历较长的时间。

(2) 采用多种方法收集资料。问卷调查、观察调查等收集资料方法比较单一。实地调查法综合了多种收集资料方法。这些方法包括观察法、访谈法、问卷法、文件收集法、心理测验法（如投射法）等，常采用录像机和照相机等工具。其中以参与观察和访谈为最主要的资料收集方法。

(3) 实地调查法非常强调研究者是收集和分析资料的一种工具。它是指研究者在实地定性研究时，需要广泛地运用自己的经验、想象、智慧和情感。

(4) 采用定性分析的方法整理收集到的资料。实地调查法更多的是对研究对象和现场气氛的感悟和理解，没有实证性的数据。研究者根据一定的逻辑规则对资料实施定性分析。

(5) 研究结论只具有参考的性质。实地调查法结论并不是探究的最终结果，往往指导研究者进一步观察，以便获得更深刻、更新颖的资料，得出新的结论或改善先前的结论。

3. 统计分析法

统计分析法指通过对研究对象的规模、速度、范围、程度等数量关系的分析研究，认识和揭示事物间的相互关系、变化规律和发展趋势，借以达到对事物的正确解释和预测的一种研究方法。世间任何事物都有质和量两个方面，认识事物的本质时必须掌握事物量的规律。目前，数学已渗透到一切科技领域，使科技日趋量化，电子计算的推广和应用，量度设计和计算技术的改进和发展，已形成数量研究法，这已成为自然科学和社会科学研究中不可缺少的研究法。

4. 检查表法

检查表(Checklist)是管理中用来记录和整理数据的常用工具。使用检查表来进行风险辨识时，将工程项目可能发生的许多潜在风险列于一张表上，供辨识人员进行检查核对，来判别某项目是否存在表中所涉及的风险。检查表中所列的风险都是历史上类似工程曾经发生过的风险，是工程项目管理经验的结晶。检查表可以包含多种内容，其中主要包括工程项目成功或失败的原因，其他方面规划的结果（范围、融资、成本、质量、进度、采购与合同、人力资源与沟通等计划成果），工程可用的资源等。如表 5-2 所示，为某暗挖隧道坍塌风险检查表。但是，检查表也存在一定局限性：

坍塌风险检查表 表 5-2

坍塌发生的原因	本项目情况
地质因素： 1. 地质勘察资料不详 2. 出现了特殊的不良地质，如膨胀岩、溶洞、涌水等 3. 地质勘查数据处理有误	
设计因素： 1. 洞口的位置选择不恰当 2. 设计的支护方案不合理 3. 针对特殊不良地质，设计上给出的处理措施不当	
施工技术因素： 1. 辅助施工措施不合理 2. 开挖步序不合理 3. 进尺长度过大 4. 施工未及时封闭 5. 未及时进行二次衬砌 6. 采用长台阶法施工时，上、下台阶的间距太大 7. 壁后注浆有空洞 8. 采用新奥法施工时，没有按时、按量开展测量工作，或虽开展了测量工作，但未及时进行信息反馈，从而造成决策失误	
管理因素： 1. 未经上级技术部门同意，擅自改变施工方法，如开挖支护方式等 2. 未严格遵守设计文件、《隧道施工技术规范》等的要求和规定组织施工 3. 安全、质量意识淡薄，在施工中存在侥幸心理、偷工减料等造成支护质量远远达不到设计要求 4. 由于不合理工期、不合理造价等宏观决策，引起施工过程中强行追求进度，造成支护强度达不到应有要求	

（1）日常使用检查表是根据一般工程项目情况编制的，对于特定工程项目，其可能存在特殊风险因素，使用常规检查表难以揭示出这些风险因素；

（2）使用检查表只能揭示出潜在风险因素，难以确定实际风险事故的起因。

5. 危险性预先分析(PHA)

预先危险分析(Preliminary Hazard Analysis，缩写 PHA)又称初步危险分析。

预先危险分析是系统设计期间危险分析的最初工作。也可运用它作运行系统的最初安全状态检查，是系统进行的第一次危险分析。通过分析找出系统中的主要危险，对这些危险要作估算，或许要求安全工程师控制它们，从而达到可接受的系统安全状态。最初 PHA 的目的不是为了控制危险，而是为了认识与系统风险有关的所有状态。PHA 的另一用处是确定在系统安全分析的最后阶段采用怎样的事故树。当开始进行安全评价时，为了便于应用这种研究成果（在系统研制的初期或在运行系统情况中都非常重要）及安全状态的早期确定，在系统概念形成的初期，或在安全的运行系统情况下，就应当开始危险分析工作。所得到的结果可用来建立系统安全要求，编制性能和设计说明书等。另外，预先危险分析也是建立其他危险分析的基础，是基本的危险分析。英国 ICI 公司就是在工艺装置的概念设计阶段，或工厂选址阶段，或项目发展过程的初期，用这种方法来分析可能存在的危险性。

在预先危险分析中，分析组应该考虑运行特点，列出系统基本单元的可能性和危险状态。这些是概念设计阶段所确定的，包括：装置设备；设备布置；操作环境；操作及操作规程；各单元之间的联系；防火及安全设备。当辨识出所有的危险情况后，列出可能的原因、后果以及可能的改正或防范措施。

预先危险性分析是进一步进行危险分析的先导，是一种宏观概略定性分析方法。在项目发展初期使用 PHA 方法简单易行、经济、有效；能为项目开发组分析和设计提供指南；能辨识可能的危险，用很少的费用、时间就可以实现改进。

预先危险性分析适用于固有系统中采取新的方法，接触新的物料、设备和设施的危险性评价。该法一般在项目的发展初期使用。当只希望进行粗略的危险和潜在的事故情况分析时，可以用 PHA 对已建成的装置进行分析。

6. 事故树分析法

事故树分析（FTA）技术是美国贝尔电报公司的电话实验室于 1962 年开发的，它采用逻辑的方法，形象地进行危险的分析工作，特点是直观、明了，思路清晰，逻辑性强，可以做定性分析，也可以做定量分析。体现了以系统工程方法研究安全问题的系统性、准确性和预测性，它是安全系统工程的主要分析方法之一。一般来讲，安全系统工程的发展也是以事故树分析为主要标志的。1974 年美国原子能委员会发表了关于核电站危险性评价报告，即"拉姆森报告"大量、有效地应用了 FTA，从而迅速推动了它的发展。

事故树图（或者负分析树）是一种逻辑因果关系图，它根据元部件状态（基本事件）来显示系统的状态（顶事件）。就像可靠性框图（RBDs），事故树图也是一种图形化设计方法，并且作为可靠性框图的一种可替代的方法。一个事故树图是从上到下逐级建树并且根据事件而联系，它用图形化"模型"路径的方法，使一个系统能导致一个可预知的，不可预知的故障事件（失效），路径的交叉处的事件和状态，用标准的逻辑符号（与，或等等）表示。在事故树图中最基础的构造单元为门和事件，这些事件与在可靠性框图中有相同的意义并且门是条件。事故树分析的基本程序如下：

(1) 熟悉系统：详细了解系统状态及各种参数，绘出工艺流程图或布置图。

(2) 调查事故：收集事故案例，进行事故统计，设想给定系统可能发生的事故。

(3) 确定顶上事件：要分析的对象即为顶上事件。对所调查的事故进行全面分析，从中找出后果严重且较易发生的事故作为顶上事件。

(4) 确定目标值：根据经验教训和事故案例，经统计分析后，求解事故发生的概率（频率），以此作为要控制的事故目标值。

(5) 调查原因事件：调查与事故有关的所有原因事件和各种因素。

(6) 画出事故树：从顶上事件起，逐级找出直接原因的事件，直至所要分析的深度，按其逻辑关系，画出事故树。

(7) 分析：按事故树结构进行简化，确定各基本事件的结构重要度。

(8) 事故发生概率：确定所有事故发生概率，标在事故树上，并进而求出顶上事件（事故）的发生概率。

(9) 比较：比较分为可维修系统和不可维修系统进行讨论，前者要进行对比，后者求出顶上事件发生概率即可。

(10) 分析：视具体问题灵活进行事故分析，如果事故树规模很大，分析工作可借助计算机进行。

原则上是上述 10 个步骤，在分析时可视具体问题灵活掌握，如果事故树规模很大，可借助计算机进行。目前我国事故树分析一般都考虑到第 7 步进行定性分析为止，也能取得较好效果。

以地铁隧道竖井基坑围护结构失稳为例，其事故树分析过程见图 5-4。通过地铁隧道竖井基坑围护结构失稳事故树，可以看出导致安全事故"地铁隧道竖井基坑围护结构失稳"的基本事件，这些基本事件即地铁隧道竖井基坑围护结构失稳的风险因素。

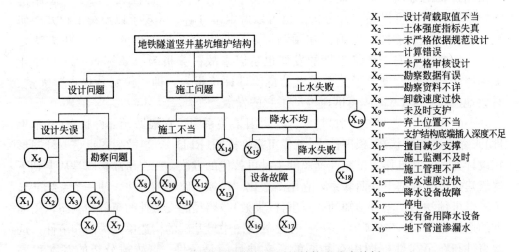

图 5-4　地铁隧道竖井基坑围护结构失稳事故树

7. 隐患和可操作性分析（HAZOP）

隐患和可操作性分析是由有经验的跨专业的专家小组对装置的设计和操作提出有关安全上的问题，共同讨论解决问题的方法。HAZOP 之所以被广泛使用是因为它能全面分析生产系统，查找潜在危险；预测人为操作错误导致的严重后果，并针对性地提出安全措施；分析工艺设计中的潜在危险，并采取措施消除；使设计和操作人员更加深入地了解装置的性能；保障装置的生产安全，完善生产操作规程，提高操作人员的素质；

危险和可操作性分析（HAZOP）在石化工业中应用最广，并且在工厂的全部生命周期内定期进行。据美国最新统计，美国有 25000 个化工厂需要进行 HAZOP 安全分析，仅一轮评价（两年）费用就约需 50 亿美元。危险和可操作性分析（HAZOP）的特点如下。

(1) 优点

简单而具结构化的分析方法，分析质量易于控制；不仅可以鉴定制造过程中的隐患，还可协助发现是否具实用性；分析以多人集会讨论方式进行，可以刺激分析者的想象力，使设计更趋完美；分析结果记录于标准作业表格，易于理解。

(2) 缺点

分析为定性性质，缺乏计量化，难以区分隐患项目的相互顺序；分析以集会讨论方式进行，时间需求较长；分析结果往往造成工程设计复杂化，过分考虑安全因素，不仅造成工程费用的大幅增加，而且降低制作过程的弹性；主要以经验为基础的分析易于墨守成规，设计往往无法继续改进；需要大量专业人才。

8. 故障模式及影响分析（FMEA）

故障模式及影响分析是一种用来确定潜在失效模式及其原因的分析方法。通过实行 FMEA，可在产品设计或生产工艺真正实现之前发现产品的弱点，可在原形样机阶段或在大批量生产之前确定产品缺陷。FMEA 主要流程见图 5-5。

故障模式及影响分析 FMEA 具有丰富的故障模式数据库；完善的企业 FMEA 规范定制功能；自动由 FMEA 生成原始的 FTA（故障树）和故障树分析（Fault Tree Analysis，FTA）模块。

(1) FTA 模块

在系统设计过程当中，通过对造成系统故障的各种因素（包括硬件、软件、环境、人为因素等）进行分析，画出逻辑框图（即故障树），从而确定系统故障原因的各种可能组合方式及其发生概率以计算系统故障概率，采取相应的纠正措施，以提供系统可靠性的一种分析方法。它以图形的方式表明了系统中失效事件和其他事件之间的相互影响，是适用于大型复杂系统安全性与可靠性分析的常用的有效方法。利用 FTA，用户可以简单快速地建立故障树，输入有关参数并对系统进行定性分析和定量分析，生成报告，最后打印输出。故障树建造遵循的基本规则如下：

1）"直接原因原理"（细步思考法则）

编制故障树时，首先从顶上事件分析，确定顶上事件的直接、必要和充分的原因，应注意不是顶上事件的基本原因。将直接、必要和充分原因事件作为次顶上事

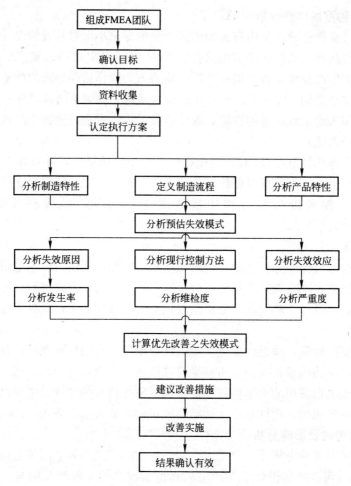

图 5-5　FMEA 主要流程图

件(即中间事件),再来确定它们的直接、必要和充分的原因,这样逐步展开。这时,"直接原因"是至关重要的。按照直接原因原理,才能保持故障树的严密的逻辑性,对事故的基本原因作详尽的分析。

2) 基本规则 I

事件方框图内填入故障内容,说明什么样的故障,在什么条件下发生。

3) 基本规则 II

对方框内事件提问:"方框内的故障能否由一个组件失效构成?"如果对该问题的回答是肯定的,把事件列为"组件类"故障。如果回答是否定的,把事件列为"系统类"故障。"组件类"故障下,加上或门,找出主因故障、次因故障、指令故障或其他影响。"系统类"故障下,根据具体情况,加上或门、与门或禁门等,逐项分析下去。

主因故障为组件在规定的工作条件范围内发生的故障。如:设计压力 P_0 的压力容器在工作压力 $P \leqslant P_0$ 时的破坏。次因故障为组件在超过规定的工作条件范围内发生的故障。如:设计压力为 P_0 的压力容器在压力 $P > P_0$ 时的破坏。指令故障为组件的工作是正常的，但时间发生错误或地点发生错误。其他影响的故障主要指环境或安装所致的故障，如湿度太大、接头锈死等。

4）完整门规则

在对某个门的全部输入事件中的任一输入事件作进一步分析之前，应先对该门的全部输入事件作出完整的定义。

5）非门规则

非门的输入应当是恰当定义的故障事件，门与门之间不得直接相连，门门连接的出现说明粗心。在定量评定及简化故障树时，门门连接可能是对的，但在建树过程中会导致混乱。

(2) 事件树分析(Event Tree Analysis，ETA)模块

事件树分析(Event Tree Analysis，简称ETA)起源于决策树分析(简称DTA)，它是一种按事故发展的时间顺序由初始事件开始推论可能的后果，从而进行危险源辨识的方法。ETA是一种逻辑的演绎法，它在给定一个初因事件的情况下，分析该初因事件可能导致的各种事件序列的结果，从而定性与定量地评价系统的特性，并帮助分析人员获得正确的决策。ETA不仅适应于多因素，多目标，而且适用于大型的复杂系统。ETA主要功能如下：

1）非常友好简便的初因事件和事件序列的定义；
2）简单快速的事件树中事件序列的概率计算；
3）事件树报告的生成；
4）ETA为用户提供的是完全图示化的界面；
5）ETA与其他模块完全集成，如故障树中的门和事件可直接联接；
6）支持多级分支分类；
7）可处理多个事件树。

一起事故的发生，是许多原因事件相继发生的结果，其中，一些事件的发生是以另一些事件首先发生为条件的，而一事件的出现，又会引起另一些事件的出现。在事件发生的顺序上，存在着因果的逻辑关系。事件树分析法是一种时序逻辑的事故分析方法，它以一初始事件为起点，按照事故的发展顺序，分成阶段，一步一步进行分析，每一事件可能的后续事件只能取完全对立的两种状态(成功或失败，正常或故障，安全或危险等)之一的原则，逐步向结果方面发展，直到达到系统故障或事故为止。所分析的情况用树枝状图表示，故叫事件树。它既可以定性地了解整个事件的动态变化过程，又可以定量计算出各阶段的概率，最终了解事故发展过程中各种状态的发生概率。

ETA可以事前预测事故及不安全因素，估计事故的可能后果，寻求最经济的预防手段和方法。事后用ETA分析事故原因，十分方便明确。ETA的分析资料既可作为直观的安全教育资料，也有助于推测类似事故的预防对策。当积累了大量事故资料时，可采用计算机模拟，使ETA对事故的预测更为有效。在安全管理上用ETA对重大问题进行决策，具有其他方法所不具备的优势。事件树编制步骤如下：

1) 确定初始事件

事件树分析是一种系统地研究作为危险源的初始事件如何与后续事件形成时序逻辑关系而最终导致事故的方法。正确选择初始事件十分重要。初始事件是事故在未发生时，其发展过程中的隐患事件或危险事件，如机器故障、设备损坏、能量外逸或失控、人的误动作等。可以用两种方法确定初始事件：根据系统设计、系统危险性评价、系统运行经验或事故经验等确定；根据系统重大故障或事故树分析，从其中间事件或初始事件中选择。

2) 判定安全功能

系统中包含许多安全功能，在初始事件发生时消除或减轻其影响以维持系统的安全运行。常见的安全功能包括：对初始事件自动采取控制措施的系统，如自动停车系统等；提醒操作者初始事件发生了的报警系统；根据报警或工作程序要求操作者采取的措施；缓冲装置，如减振、压力泄放系统或排放系统等；局限或屏蔽措施等。

① 绘制事件树

从初始事件开始，按事件发展过程自左向右绘制事件树，用树枝代表事件发展途径。首先考察初始事件一旦发生时最先起作用的安全功能，把可以发挥功能的状态画在上面的分支，不能发挥功能的状态画在下面的分枝。然后依次考察各种安全功能的两种可能状态，把发挥功能的状态(又称成功状态)画在上面的分枝，把不能发挥功能的状态(又称失败状态)画在下面的分枝，直到到达系统故障或事故为止。

② 简化事件树

在绘制事件树的过程中，可能会遇到一些与初始事件或与事故无关的安全功能，或者其功能关系相互矛盾、不协调的情况，需用工程知识和系统设计的知识予以辨别，然后从树枝中去掉，即构成简化的事件树。在绘制事件树时，要在每个树枝上写出事件状态，树枝横线上面写明事件过程内容特征，横线下面注明成功或失败的状况说明。

3) 事件树定性分析

事件树定性分析在绘制事件树的过程中就已进行，绘制事件树必须根据事件的客观条件和事件的特征作出符合科学性的逻辑推理，用与事件有关的技术知识确认事件可能状态，所以在绘制事件树的过程中就已对每一发展过程和事件发展的途径作了可能性的分析。事件树画好之后的工作，就是找出发生事故的途径和类型以及预防事故的对策。

① 找出事故连锁

事件树的各分枝代表初始事件一旦发生其可能的发展途径。其中，最终导致事故的途径即为事故连锁。一般地，导致系统事故的途径有很多，即有许多事故连锁。事故连锁中包含的初始事件和安全功能故障的后续事件之间具有"逻辑与"的关系，事故连锁越多，系统越危险；事故连锁中事件树越少，系统越危险。

② 找出预防事故的途径

事件树中最终达到安全的途径指导我们如何采取措施预防事故。在达到安全的途径中，发挥安全功能的事件构成事件树的成功连锁。如果能保障这些安全功能发挥作用，则可以防止事故。一般地，事件树中包含的成功连锁可能有多个，即可以通过若干途径来防止事故发生。显然，成功连锁越多，系统越安全，成功连锁中事件树越少，系统越安全。

由于事件树反映了事件之间的时间顺序，所以应该尽可能地从最先发挥功能的安全功能着手。

4) 事件树定量分析

事件树定量分析是指根据每一事件的发生概率，计算各种途径的事故发生概率，比较各个途径概率值的大小，作出事故发生可能性序列，确定最易发生事故的途径。一般地，当各事件之间相互统计独立时，其定量分析比较简单。当事件之间相互统计不独立时(如共同原因故障，顺序运行等)，则定量分析变得非常复杂。当各事件之间相互统计独立时具体情况如下：

① 各发展途径的概率

各发展途径的概率等于自初始事件开始的各事件发生概率的乘积。

② 事故发生概率

事件树定量分析中，事故发生概率等于导致事故的各发展途径的概率和。定量分析要有事件概率数据作为计算的依据，而且事件过程的状态又是多种多样的，一般都因缺少概率数据而不能实现定量分析。

③ 事故预防

事件树分析把事故的发生发展过程表述得清楚而有条理，对设计事故预防方案，制定事故预防措施提供了有力的依据。

从事件树上可以看出，最后的事故是一系列隐患和危险的发展结果，中断这种发展过程就可以避免事故发生。因此，在事故发展过程的各阶段，应采取各种可能措施，控制事件的可能性状态，减少隐患状态出现概率，增大安全状态出现概率，把事件发展过程引向安全的发展途径。

采取措施阻截事件不同发展阶段向危险状态转化，最好在事件发展前期过程实现，从而产生阻截多种事故发生的效果。但有时因为技术经济等原因无法控制，这时就要在事件发展后期过程采取控制措施。

城市轨道交通系统安全风险源识别结果示例参见附表 2、附表 3 和附表 4。

5.3 城市轨道交通系统安全风险评价方法

5.3.1 风险评价方法分类

风险评价是用系统科学的方法对一个系统、一个企业或者一个生产过程中的风险源进行控制和评价，其目的是找出风险源控制的薄弱环节，采取措施降低其危险性，进一步加强安全管理。安全评价方法的分类很多，常用的有按评价结果的量化程度、按评价的推理过程、按所针对的系统性质、按安全评价要达到的目的等进行分类。风险评价方法分类的目的是为了根据评估对象选择适用的评价方法。如果按照安全评价结果的量化程度,安全评价方法可分为定性安全评价和定量安全评价。

1. 定性安全评价方法

定性安全评价主要是根据经验和直观判断能力对生产系统的工艺、设备、设施、环境、人员和管理等方面的状况进行定性分析,安全评价的结果是一些定性指标,如是否达到了某项安全指标、事故类别和导致事故发生的因素等。定性安全评价方法有安全检查表、专家现场询问观察法、因素图分析法、事故引发和发展分析、作业条件危险性评价法(格雷厄姆-金尼法或 LEC 法)、故障类型和影响分析、危险可操作性研究等。

定性安全评价容易理解、便于掌握,评价过程简单。目前在国内外企业安全管理工作中被广泛使用。但定性安全评价往往依靠经验,带有一定的局限性,安全评价结果有时因参加评价人员的经验和经历不同会有一定的差异。同时由于安全评价结果不能给出量化的危险度,所以不同类型的对象之间安全评价结果缺乏可比性。城市轨道交通系统安全原则及规范要求的符合性评估表见附表 5。

2. 定量安全评价方法

定量安全评价是运用基于大量的实验结果和广泛的事故资料统计分析获得的指标或规律(数学模型),对生产系统的工艺、设备、设施、环境、人员和管理等方面的状况进行定量计算,安全评价的结果是一些定量指标,如事故发生的概率、事故的伤害(或破坏)范围、定量的危险性、事故致因因素的事故关联度或重要度等。按照安全评价给出的定量结果的类别不同,定量安全评价方法还可以分为概率风险评价法、伤害(或破坏)范围评价法和危险指数评价法。

(1) 概率风险评价法

概率风险评价法是根据事故的基本致因因素的事故发生概率,应用数理统计中的概率分析方法,求取事故基本致因因素的关联度(或重要度)或整个评价系统的事故发生概率的安全评价方法。故障类型及影响分析、故障树分析、逻辑树分析、概率理论分析、马尔可夫模型分析、模糊矩阵法、统计图表分析法等都可以用基本致因因素的事故发生概率来计算整个评价系统的事故发生概率。概率风险评价法是建立在大量的实验数据和事故统计分析基础之上的,因此评价结果的可信程度较高。由于能够直接给出系统的事故发生概率,因此便于各系统可能性大小的比较。特别是对于同一个系统,概率风险评价法可以给出发生不同事故的概率、不同事故致因因素的重要度,便于不同事故可能性和不同致因因素重要性的比较。但该类评价方法要求数据准确充分,分析过程完整,判断和假设合理,特别是需要准确给出基本致因因素的事故发生概率,显然这对一些复杂、存在不确定因素的系统是十分困难的。因此该类评价方法不适用于基本致因因素不确定或基本致因因素事故概率不能给出的系统。但是,随着计算机,模糊数学理论、灰色系统理论和神经网络理论在安全评价中的应用,弥补了该类评价方法的一些不足,扩大了应用范围。

风险矩阵是在项目管理过程中识别风险(风险集)重要性的一种结构性方法,并且还是对项目风险(风险集)潜在影响进行评估的一套方法论。这种方法是美国空军电子系统中心(ESC, Electronic Systems Center)的采办工程小组于 1995 年 4 月提出的。自 1996 年以来，ESC 的大量项目都采用风险矩阵方法对项目风险进行评估。

表 5-3 至表 5-6 中列出了在进行风险及隐患评估时所使用的风险评估矩阵(包括：隐患发生频率，可能的后果的严重性及其风险等级)，其定义及分类参考国际铁路标准 EN50126：1999. 隐患发生频率。

风险评估矩阵   表 5-3

等级	描述	等级	描述
F1(经常)	1 年内发生多于 10 次	F4(罕见)	10 年至 100 年内发生 1 次
F2(可能)	1 年内发生 1 至 10 次	F5(不太可能)	100 年至 1000 年内发生 1 次
F3(偶然)	1 至 10 年内发生 1 次	F6(不可能)	1000 年或以上发生 1 次

隐患的严重程度   表 5-4

严重性	对人之安全影响	只适用于 [故障模式及影响分析]	
		对轨道交通系统之服务影响	对车辆段系统之工作影响
SS/RR (没有影响)	SS 没有安全影响	RR 没有服务影响	RR 没有服务影响
S1/R1 (轻微)	S1 可能导致轻伤	R1 需要紧急维修，对服务造成短暂延误 (少于 10 分钟)	R1 需要紧急维修，对车辆段工作造成的短暂延误 (少于 20 分钟)
S2/R2 (普通)	S2 轻伤(少于 100)	R2 需要紧急维修，对服务造成较长延误 (少于 1 小时)	R2 需要紧急维修，对车辆段工作造成较长延误 (少于 1 小时)
S3/R3 (严重)	S3 轻伤(多于 100 人) 或重伤(少于 5 人) 或导致死亡(1 人)	R3 系统失灵，需要关闭车站或隧道区间进行维修 [少于 8 小时(半天)] *	R3 系统失灵，需要关闭车辆段进行维修(少于 1 天)
S4/R4 (灾难性)	S4 重伤(多于 5 人) 或导致死亡(多于 1 人)	R4 整个系统失灵，需要关闭车站或隧道区间进行维修 [多于 8 小时(半天)] *	R4 整个系统失灵，需要关闭车辆段进行维修，引致其他列车服务延误(多于 1 天)

注：假设系统每天运营 16 小时。

风险评估矩阵   表 5-5

隐患发生频率	风险等级				
F1 经常	可接受	不理想	不可接受	不可接受	不可接受
F2 可能	可接受	可容忍	不理想	不可接受	不可接受
F3 偶然	可接受	可容忍	不理想	不理想	不可接受
F4 罕见	可接受	可容忍	可容忍	不理想	不理想
F5 不太可能	可接受	可接受	可接受	可容忍	可容忍

续表

隐患发生频率	风险等级				
F6 不可能	可接受	可接受	可接受	可接受	可接受
	SS 没有影响	S1 轻微	S2 普通	S3 严重	S4 灾难性
	隐患之严重程度				

风险评估等级　　　　表 5-6

风险评估等级	相对的风险控制及减轻措施
不可接受	必须消除或降低有关风险 ● 在系统设计上必须优先提出及落实合理可行的风险控制及减轻措施 ● 在项目各阶段内必须优先处理及确保有关风险能够消除或降低
不理想	必须尽量降低有关风险 ● 在系统设计上及时提出及落实合理可行的风险控制及减轻措施 ● 在项目各阶段内确定系统设计已根据现有最新规范及标准，以及风险控制及减轻措施是不可行或未能符合成本效益后，经过业主同意后，方可接受有关风险
可容忍	需要尽量降低有关风险 ● 在项目各阶段内及时提出及落实合理可行的风险控制及减轻措施 ● 在项目各阶段内确定系统已具备足够的风险控制及减轻措施，经过业主及咨询公司同意后，方可接受有关风险
可接受	可接受的风险等级 ● 可以提出及落实其他合理可行及符合成本效益的风险控制及减轻措施 ● 在其他项目各阶段内，需要持续的监察及维持

(2) 伤害(或破坏)范围评价法

伤害(或破坏)范围评价法是根据事故的数学模型，应用计算数学方法，求取事故对人员的伤害范围或对物体的破坏范围的安全评价方法。液体泄漏模型、气体泄漏模型、气体绝热扩散模型、池火火焰与辐射强度评价模型、火球爆炸伤害模型、爆炸冲击波超压伤害模型、蒸气云爆炸超压破坏模型、毒物泄漏扩散模型和锅炉爆炸伤害 TNT 当量法都属于伤害(或破坏)范围评价法。

伤害(或破坏)范围评价法是应用数学模型进行计算，只要计算模型以及计算所需要的初值，并且边值选择合理，就可以获得可信的评价结果。评价结果是事故对人员的伤害范围或(和)对物体的破坏范围，因此评价结果直观、可靠，评价结果可用于危险性分区，同时还可以进一步计算伤害区域内的人员及其人员的伤害程度，以及破坏范围物体损坏程度和直接经济损失。但该类评价方法计算量比较大，一般需要使用计算机进行计算，特别是计算的初值和边值选取比较困难，而且评价结果对评价模型和初值和边值的依赖性很大，评价模型或初值和边值选择稍有不当或偏差，评价结果就会出现较大的失真。因此，该类评价方法适用于系统的事故模型以及初值和边值比较确定的安全评价。

(3) 危险指数评价法

危险指数评价法应用系统的事故危险指数模型，根据系统及其物质、设备(设施)和工艺的基本性质和状态，采用推算的办法，逐步给出事故的可能损失、引起事故发生或使事故扩大的设备、事故的危险性以及采取安全措施的有效性的安全评价方法。常用的危险指数评价法有道化学公司火灾爆炸危险指数评价法，蒙德火灾爆炸毒性指数评价法，易燃、易爆、有毒重大危险源评价法。

在危险指数评价法中，通过将系统划分为若干个评价单元，解决由于指数的采用，使得系统结构复杂，难以用概率计算事故可能性的问题。该评价方法，一般将有机联系的复杂系统，按照一定的原则划分为相对独立的若干个评价单元，针对评价单元逐步推算事故可能损失和事故危险性以及采取安全措施的有效性，再比较不同评价单元的评价结果，确定系统最危险的设备和条件。评价指数值同时含有事故发生可能性和事故后果两方面的因素，避免了事故概率和事故后果难以确定的缺点。该类评价方法的缺点是：采用的安全评价模型对系统安全保障设施（或设备、工艺）功能的重视不够，评价过程中的安全保障设施（或设备、工艺）的修正系数，一般只与设施（或设备、工艺）的设置条件和覆盖范围有关，而与设施（或设备、工艺）的功能多少、优劣等无关。特别是忽略了系统中的危险物质和安全保障设施（或设备、工艺）间的相互作用关系，而且，给定各因素的修正系数后，这些修正系数只是简单地相加或相乘，忽略了各因素之间重要度的不同。因此，使得该类评价方法，只要系统中危险物质的种类和数量基本相同，系统工艺参数和空间分布基本相似，即使不同系统服务年限有很大不同，实际安全水平会有很大的差异，其评价结果也是基本相同的，从而导致该类评价方法的灵活性和敏感性较差。

5.3.2 风险评价方法汇总

按照安全评价方法的常见划分方式，结合轨道交通建设实际情况，以《地铁及地下工程建设风险管理指南》为基础，同时查阅了国内外关于风险管理以及地铁风险等相关中英文文献，将有关风险评价的几乎所有方法进行了分析。各种风险评价方法的优点、缺点、适用范围等见表5-7。

常见评价方法特点汇总表 表5-7

分类	名称	优点	缺点	适用范围
定性评价方法	专家评议法	简单易行，比较客观，所得结论比较全面、正确，能够对各种模糊的、不确定的问题做出较为准确的回答	易受主观因素的影响，有可能使结果产生偏差，容易偏保守	该方法适用于难以借助精确的分析技术，可依靠集体的直观判断进行预测的风险分析问题
	专家调查法（包括智暴法Brain-storoming、德尔菲法Delphi）	可防止由于专家多而产生当面交流困难、效率低。避免因权威作用或人数众多而压倒其他意见多次征询意见，专家可修改意见，防止专家考虑错漏造成的误差，具有专家评议法的优点	由于专家不能当面交流，缺乏沟通，可能会坚持错误意见。由于是函询法，且又多次重复，会使某些专家最后不耐烦而不仔细考虑就填写，具有专家评议法的缺点	1. 难以借助精确的分析技术而可依靠集体的直观判断进行预测的风险分析问题 2. 问题庞大复杂，专家代表不同的专业并没有交流的历史 3. 受时间、经费限制，或因专家之间存有分歧、隔阂不宜当面交换意见

续表

分类	名称	优点	缺点	适用范围
定性评价方法	安全检查表法	简单的快速分析,也可用于更深层次的分析。它是进行安全检查,发现潜在危险的一种有效而简单可行的方法	易受主观因素的影响,有可能使结果产生偏差	适用于工程、系统的各个阶段,可评价设施、设备、操作和管理等多个方面,常用于专门设计的评价,也能用于新设施设备的早期运行阶段,判别和估测危险,还可对已运行多年的在役工程及系统的危险进行检查、评价
	"如果……怎么办"法（If ……then）	经济有效,可充分发挥专业人员的知识特长、集思广益,可找出一个工程所存在的危险、有害性及其程度,提出消除或降低其危险、有害性的对策措施,比较醒目、直观。	1. 该方法要求参与人员熟悉工艺、设备,并且已收集类似工程的有关情况,以便分析、综合判断 2. 该方法对于较大的系统进行分析时,表格数量庞大,工作量大,且容易产生错漏	该方法既可适用于一个系统,又可以适用于系统中某一个环节。适用范围较广。但不适用于庞大系统分析,只适用于系统中某一环节或小系统分析
	失效模式和后果分析法（Failure Mode and Effect Analysis, FMEA）	对于一个系统内部每个部件的某一种可能的失效模式或不正常运行模式都可进行详细分析,并推断它对于整个系统的影响、可能产生的后果及如何才能避免或减少损失	只能用于考虑非危险性失效,花费时间较长一般不能考虑各种失效的综合因素	FMEA 可用在整个系统的任何一级,常用于分析某些复杂的关键设备
	作业条件危险性评价法（LEC）	作业条件危险性评价法评价人们在某种具有潜在危险的作业环境中进行作业的危险程度,该法简单易行,危险程度的级别划分比较清楚、醒目	由于它主要是根据经验来确定3个因素的分数值,并划定危险程度等级,因此具有一定的局限性。而且它是一种作业的局部评价,故不能普遍适用。此外,在具体应用时,还可根据自己的经验、具体情况对该评价方法作适当修正	适用于生产作业环境危险性等级分析和评价的定性评价方法
	外推法（Extrapolation）	方法简单并以一定的实际数据作为依据	外推法是在对研究对象过去和现在的发展了全面分析之后,利用某种模型描述某一参数的变化规律,然后以此规律进行外推。其过去和现在的推导出的数据的合理性并不能完全保证	是进行项目风险评价和分析的一种十分有效的方法,可分为前推、后推和旁推三种类型

续表

分类	名称	优点	缺点	适用范围
定量评价方法	事故树法（Fault Tree Analysis, FTA）	1. 对导致灾害事故的各种因素及逻辑关系能做出全面、简洁和形象的描述 2. 便于查明系统固有的或潜在的各种危险因素。为设计、施工和管理提供科学依据 3. 便于进行逻辑运算，进行定性、定量分析和系统评价	1. FTA法步骤较多，计算较复杂 2. 在国内外数据较少，进行定量分析还需要做大量的工作 3. 用FTA法的大型故障树不易理解，且与系统流程图毫无相似之点，同时在数学上往往非单一解，包含复杂的逻辑关系 4. 用于大系统时容易产生遗漏和错误	FTA法非常适合于重复性较大的系统。可应用在工程设计阶段对事故查询以及对其安全性做出评价。 FTA法经常用于直接经验较少的风险辨识
	事件树法（Event Tree Analysis, ETA）	ETA是一种图解形式，层次清楚。阶段明显，可进行多阶段、多因素复杂事件动态发展过程的分析，预测系统中事故发展的趋势。 事件树分析法可以定性、定量地辨识初始事件发展为事故的各种过程及后果，并分析其严重程度。根据事件树图可在各发展阶段采取有效措施，使之向成功方向发展	1. 在国内外数据较少，进行定量分析还需做大量的工作 2. 用于大系统时，容易产生遗漏和错误 3. 该方法不能分析平行产生的后果，不能进行详细分析。在事件树上不允许讨论条件独立关系 4. 事件树的大小随着问题中变量个数呈指数增长	ETA可以用来分析系统故障、设备失效、工艺异常、人的失误等，应用比较广泛。 ETA法不能分析平行产生的后果，不适用于详细分析
	影响图方法	1. 影响图能够明显表示一个决策分析问题中变量之间的条件独立关系 2. 影响图能够清晰地表示变量之间的时序关系、信息关系和概率关系。这种图形表示方式适合决策者认识问题的思维过程 3. 影响图的网络表示形式适合于用计算机存储信息与操作处理	1. 节点的边缘概率和节点间的条件概率难得到 2. 进行主观概率估计时，可能会违反概率理论	影响图方法与事件树法适用性类似，由于影响图方法比事件树法有更多的优点，因此，也可以应用于较大的系统分析
	原因—结果分析法	原因—结果分析法实质是事件树法和事故树法的结合使用，因此，它同时具有这两种方法的优点和缺点		其适用性与事故树法和事件树法类似。适用于在设计、操作时用来辨识事故的可能结果及其原因。同样的，它也不适用于大型系统

续表

分类	名称	优点	缺点	适用范围
定量评价方法	风险评价矩阵法	根据系统层次按次序揭示系统、分系统和设备中的危险，做到不漏任何一项，并按风险的可能性和严重性分类，以便分别按轻重缓急采取措施更适合现场作业，可以进行定性和定量分析	1. 主观性比较强，如果经验不足，会对分析带来麻烦 2. 风险严重等级及风险发生频率是研究者自行确定的，存在较大的主观误差	该方法可根据使用的需求对风险等级划分进行修改，使其适用不同的分析系统。但要有一定的工程经验和数据资料做依据。既可适用于整个系统，又适用于系统中某一环节
	模糊综合评判法	模糊数学综合评判法给出了一个数学模型，它简单、容易掌握，是对多因素、多层次的复杂问题评判效果比较好的方法，其适用性较广	模糊数学综合评判法隶属函数或隶属度的确定、评价因素对评价对象的权重确定都有很大的主观性，其结果也存在较大的主观性。同时对于多因素、多层次的复杂评价，计算则比较复杂	模糊数学综合评判方法适用于任何系统的任何环节，其适用性比较广
	层次分析法（Analytic Hierarchy Process，AHP）	具有适用、简洁、实用和系统的特点	AHP得出的结果是粗略的方案排序。对于那种有较高定量要求的决策问题，单纯应用AHP是不适合的。在AHP的使用过程中，无论构建层次结构还是构造判断矩阵，人的主观判断、选择、偏好对结果的影响极大，判断失误即可能造成决策失误。这就使得使用AHP进行决策主观成分很大	AHP应用领域比较广阔，可以分析社会、经济以及科学管理领域中的问题。适用于任何领域的任何环节，但不适用于层次复杂的系统
	蒙特卡罗模拟法（Monte-Carlo）	1. 它能够用于包括随机变量在内的任何计算类型 2. 考虑的变量数目不受限制 3. 用于计算的随机变量可以根据具体数据采用任何分布形式 4. 可以更有效地发挥专家的作用，因为关于每一随机变量分布的判断可由对参数最熟悉的专家来做出	1. 能够在实际中采用的模拟系统非常复杂，建立模型很困难 2. 必须是群体智慧。众多的不确定性因素均必须给出数量化的概率分布，在实际操作中有困难 3. 没有计算风险因素之间的相互影响，使得风险估计结果可能偏小	比较适合在大中型项目中应用。可以解决许多问题，适合于不允许进行真实试验的场合。对于那些费用高的项目或费时长的试验，具有很好的优越性。一般只在进行较精细的系统分析时才使用，它适用于问题比较复杂、要求精度较高的场合，特别是对少数可行方案实行精选比较时更为必要

续表

分类	名称	优点	缺点	适用范围
定量评价方法	等风险图法	该方法方便直观、简单有效，对任何一个具体项目，只要得到其风险发生概率和风险后果，就可直接得到其风险系数	该方法需要得到风险发生概率和风险后果两个变量值，而这两个值在实际操作中不易得到，需要借助其他分析方法，因此，也含有其他分析方法的缺点。同时，根据等风险图只能确定风险系数位于哪一个区间内，如果想得到具体数值，还需要进行计算	该方法适用于对结果要求精度不高，只需要进行粗略分析的项目。同时，如果只进行一个项目一个方案分析，该方法相对繁琐，所以该方法适用于多个类似项目同时分析或一个项目的多个方案比较分析
	控制区间记忆模型（Controlled Interval and Memory Model, CIM）	该方法用直方图代替变量的概率分布，用"和"代替函数积分，变量的概率分布采取经验分布形式，使风险因素量化过程变得简单、直观，并且易于实现概率的加法和乘法计算	该方法只适用于各变量间相互独立的情况，且最终结果的精确与否与所取区间大小有很大关系，若所取区间较大，得到的结果精确度不高	该模型适用于结果精度要求不高的项目，且只适用于变量间相互独立或相关性可以忽略的项目
	神经网络方法（Neutral Net-work）	具有很强的学习能力、抗故障性和并行性	神经网络综合评估模型在已知数据不足或无法准确构造训练样本集的情况下。需要结合其他综合评估方法得到训练样本集，才能实现对网络的训练。神经网络方法的计算量很大，当样本大、神经网络所含神经元数量多时更是如此。神经网络方法还面临找不到全局极值的危险	1. 预测问题，原因和结果的关系模糊的场合 2. 模式识别，涉及模糊信息的场合 3. 不一定非要得到最优解，主要是快速求得与之相近的次优解的场合 4. 组合数量非常多、实际求解几乎不可能的场合 5. 对非线性很高的系统进行控制的场合
	主成分分析法	1. 能将多个指标转化为少数几个指标进行降维处理 2. 能够将指标之间的关联性考虑在内，但计算比较简单 3. 在大样本情况下。个别样本对主成分影响不会很大	1. 评价标准的不可继承性 2. 评价工作的盲目性 3. 评价结果和评价指导思想的矛盾性 4. 需借助较多的统计资料	适用于各个领域，但其结果只有在比较相对大小时才有意义

续表

分类	名称	优点	缺点	适用范围
定量评价方法	专家信心指数法	1. 能发挥各位专家作用，集思广益，准确性高 2. 避免专家评议法的缺点	过程比较复杂，花费的时间较长	难以供助精确的分析技术，可依靠集体的直观判断进行预测的风险分析问题
	模糊层次综合评估方法	1. 拥有了层次分析法和模糊数学综合评判法的优点 2. 该方法克服了模糊数学综合评判法中评价因素对评价对象的权重确定主观性强等缺点	除了模糊数学综合评判法的权重确定的主观性缺点，同时具有层次分析法和模糊数学综合评判法的缺点	其适用范围与模糊数学综合评判法一致
	模糊事故树分析法	1. 兼有模糊数学综合评判法和事故树法的优点 2. 避免了对统计资料的强烈依赖性，为事故概率的估计提供了新思路	对统计资料的强烈依赖性，同时具有模糊数学综合评判法和事故树法的缺点	适用范围与事故树法相同，与事故树法相比，更适用于那些缺乏基本统计数据的项目
	事故树与模糊综合评判组合分析法	1. 兼有事故树法和模糊综合评判法的优点 2. 避免了在确定因素收集过程中出现错漏 3. 对风险影响系数大的因素进行分析，结果更科学、合理	除了模糊综合评判法的权重确定的主观性缺点之外，同时具有事故树法和模糊综合评判法的缺点	适用范围与事故树法相同
	$R=P\times C$ 风险定级法	综合考虑风险因素发生概率和风险后果，给风险定级，是一种定性与定量相结合的方法	只考虑了风险发生概率和后果，并没有对影响风险的其他因素进行综合考虑	适用于各类对风险进行简单评价的领域
	贝叶斯概率法	贝叶斯概率法对减少项目活动中的不确定性，改善风险概率估计，提高风险估计质量具有一定的作用和意义	在用贝叶斯概率法进行风险决策时，考虑了损失而使风险达到最小，却没有考虑是否达到了期望收益和期望效用的大小。 虽然该方法依据贝叶斯理论，通过抽样和其他技术使概率分布状况的准确性得以提高，因此减少了决策风险，但是风险始终没有消除	广泛应用于决策领域，已形成了统一的理论体系和方法论

续表

分类	名称	优点	缺点	适用范围
定量评价方法	熵度量法	采用熵作为不确定性的度量，把熵引入到项目的风险分析中是一个有益的尝试。风险的两个要素是未来环境状态和风险方案。从这两个方面对风险进行度量。只根据概率分布不能确定一种环境是否具有风险或风险的大小	熵与分布并不是一对一的关系，一般熵与分布的位置无关。因此，用熵单独度量风险达不到全面描述的目的。在传统的模糊综合评判中，指标权数不是评判过程中伴随产生的，而人为的主观性作用比较大，它能否充分反映客观实际，在实际工作中很难把握。另外这种人为估计对各个被评价对象的指标信息量缺乏考虑，很大程度上影响了评价结果的区分度	

5.4 城市轨道交通系统安全风险减低与消除方法

5.4.1 风险应对策略

风险分析的最终目的是制定应对策略，避免或降低风险带来的损失。风险应对策略可以分为主动应对策略和被动应对策略。主动应对策略包括：风险回避、风险控制、风险转移、风险自留，主要是为了降低风险发生的几率；而被动应对策略主要是指合理有效的风险应急预案。

1. 主动应对

(1) 风险回避

风险回避是中断风险来源，使其不发生或遏制其发展。回避风险有两种基本途径，一是拒绝承担风险，如了解到项目风险较大，可能造成重大损失或风险防范的代价很大时，放弃使用有风险的项目资源、项目技术、项目设计方案等；二是放弃以前所承担的风险，如了解到某一项目计划有许多新的过去未发现的风险，决定放弃进一步的项目计划以避免风险。

回避风险虽然是一种风险防范措施，但却是一种消极的防范手段。在现代社会生产经营实践中存在着各种风险可能，要想完全回避这种可能是不现实的。采取回避策略，最好在项目活动尚未实施时进行。放弃或改变正在进行的项目，一般都要付出高昂的代价。并且，回避风险在避免损失的同时失去了获利的机会。

(2) 风险控制

风险控制也称风险分散，目的是通过采取一系列有效控制风险的措施，努力防止风险发生，减少风险损失，也是风险管理中最重要的对策。风险管理机构或决策人员应就识别出的主要风险因素逐一提出技术上可行、经济上合理的预防措施，将风险损失控制在最小的程度。风险控制主要应用于设计和施工阶段。

风险控制与风险回避不同之处在于，风险控制是采取主动行动，以预防为主，防控结合的对策，不是消极回避、放弃或中止。风险控制策略包括风险预防和风险抑制两个方面的工作，风险预防是通过采取预防措施，减少损失发生的机会；而风险抑制是设法降低所发生的风险损失的严重性，使损失最小化。两种措施是相辅相成的，都是希望以较小的经济成本获得较大的安全保证。风险控制策略的具体做法如下：

1）预防和减少风险源和风险因素的产生；
2）抑制已经发生的风险事故的扩散速度和扩散空间；
3）增强被保护对象的抗风险的能力；
4）设法将风险与保护对象隔离；
5）妥善处理风险事件，尽力减轻被保护对象遭受的损失；
6）加强职业安全教育，避免由于人为因素所导致的损失。

(3) 风险转移

风险转移是项目的操作者通过保险契约或非保险契约将本应自己承担的风险损失转移出去的过程，它仅将风险管理的责任转移给他方，并不能从根本上消除风险。常用的方式有工程保险转移和合同转移两种。

1）保险风险转移

工程项目保险是指业主、承包人或其他被保险人向保险人缴纳一定的保险费，一旦所投保的风险事件发生，造成财产或人身伤亡时，则由保险人给予补偿的一种制度，是项目风险管理计划最重要的转移技术和基础。考虑到轨道交通建设项目的投资规模较大、建设工期较长、涉及面广、潜伏的风险因素较多，项目业主和承包商应采用保险方法，支付少量的保险费用，以换取受到损失时得到补偿的保障。但是应注意的是并非所有的风险均是可保险的。

2）合同转移

合同转移措施是指业主通过与设计方、承包商等分别签订合同，明确规定双方的风险责任，从而减少业主对对方损失的责任。合同转移是一种控制性措施，而非简单地让其他方代业主承担项目风险。对于不可保险的风险工程项目的业主或承包人常采用合同转移的方法。常用的方式有：工程联合投标（或承包）、工程担保或履约保证、工程分包、选择工程合同的计价方式、利用合同中的转移责任条款等。

(4) 风险自留

风险自留是将风险留给自己承担。与风险控制策略不同，风险自留并未改变风险的性质，即风险发生的频率和损失的严重程度。风险自留策略可分为非计划性风险自留和计划性风险自留。

1）非计划性风险自留

非计划性风险自留是当事人没有意识到风险的存在或没有处理风险的准备时，

被动地承担风险。出现这种情况主要是因为：风险识别过程的失误，造成未能意识到风险的存在；风险的评价结果认为可以忽略，而事实并非如此；风险管理决策延误。事实上，由于交通建设项目的复杂性，项目投资者在决策阶段不可能识别出所有的风险因素，故应随时做好处理非计划性风险的准备，及时采取对策，避免风险损失扩大。

2) 计划性风险自留

计划性风险自留是当事人经过合理的判断和审慎的分析评估，有计划地主动承担风险。对于某些风险是否自留取决于相关的环境和条件。当风险自留并非唯一的选择时，应将风险自留与风险控制方法进行认真的对比分析，制定最佳策略。

2. 被动应对

由于突发事件的影响，"紧急事件应急预案"已被大多数人所熟悉，它其实就是风险管理中被动应对的方法。其主要作用就是在突如其来的风险出现以前，制定一套应付此类事故的补救办法，尽量减少突发风险所造成的各种损失。在项目的各个阶段尤其是具体的操作阶段应该根据实际情况制定不同风险等级的应急预案，一旦风险出现马上执行。

5.4.2 风险应对措施

城市轨道交通系统安全风险减低与消除措施根据实施的不同阶段可分为：设计、施工、运营、维护阶段。各阶段风险应对措施如下：

1. 设计阶段

设计阶段风险应对策略有：详细核算所用材料的技术参数；设计须满足有关要求或符合规定的标准；建立完善的设计监督制度；设计应充分保障系统在各种条件下顺利通过测试；同时应充分考虑系统的安全性与可靠性要求，关键设备考虑冗余措施。

2. 建造阶段

建造阶段风险应对策略有：进行 RAM 安全测试和验证；尽可能选用符合国家技术标准和标准设备；承包商后继行动，深化及验证设计，选择经过质量认证的厂家，加强设备监造；作好施工时的临时措施防护；加强设备监造，严格按照相关的规范进行测试及调试；材料设备须抽样检查，并附有测验结果报告；确保材料以适当方法运送，以免受损。

3. 运营阶段

建造阶段风险应对策略有：建立各相关规程；执行各相关规程，并根据运营情况逐步完善；定期技术培训，保持环境整洁；制定详细的紧急处理预案；加强安全保卫、监测、巡视；定期维修检查及测试；制定运营操作规程；操作人员持证上岗；组织乘客快速及时安全疏散紧急预案演练。

4. 维护阶段措施

建造阶段风险应对策略有：在设备使用期限到期时，及时更换；对设施进行定期检查，保障设施功能的完善。

5.5 城市轨道交通系统安全风险管理组织与实施

5.5.1 项目前期风险管理规划

城市轨道交通项目的不确定性因素很多,必须在项目的前期做好完善的风险管理规划,项目的决策者一开始就应建立风险管理机构,该机构一直伴随到项目寿命期结束。它的主要任务就是协调和监督项目在各阶段的运行情况,协助项目管理者制定各项管理办法,不断收集有关信息,编辑并不断更新各项风险应急预案。在项目前期阶段,风险管理机构的任务是由专业的风险分析人员根据具体情况,对项目的潜在风险进行识别和分析、并提交风险分析报告。这不仅为风险管理提供了信息,而且为有效地制定对策打下了基础。如果风险分析的结果对项目持否定态度,就应该利用风险规避,直接使项目下马,避免更大的损失。城市轨道交通建设项目前期的风险管理实施可归结如下。

1. 推行风险管理的外部条件

(1) 通过立法,为轨道交通建设项目保险的发展创造良好的法律环境。
(2) 加强和完善风险行业管理,确保承保质量。
(3) 提供风险技术服务,减少事故发生。
(4) 加强配套险种的开发,提供更广的保险保障。
(5) 培育实力雄厚的担保主体和中介机构。
(6) 组建相关检测机构。处理工程担保和工程保险的纠纷需要有权威的机构进行技术鉴定与责任确认。

2. 建立风险管理方案

在全面分析评估风险因素的基础上,根据可行策略的制订,形成有效的管理方案是风险管理工作的成败之关键,它直接决定管理的效率和效果。因此,详实、全面、有效成为风险管理方案的基本要求。其内容应包括:风险管理方案的制订原则和框架、风险管理的措施、风险管理的工作程序等。风险管理方案的制订原则包括如下几点。

1) 可行、适用、有效性原则;
2) 经济、合理、先进性原则;
3) 主动、及时、全过程原则;
4) 综合、系统、全方位原则。

3. 风险管理方案计划书

风险管理方案计划书是风险管理方案的细化,是风险管理工作的预先设计和工作实施的依据。包括的内容如下:

(1) 项目概况;
(2) 风险识别(分类、风险源、预计发生时间点、发生地、涉及面等);
(3) 风险分析与评估(定性和定量的结论、后果预测、重要性排序等);

(4) 风险管理的工作组织(设立决策机构、管理流程设计、职责分工、工作标准拟订、建立协调机制等);

(5) 风险管理工作的检查评估。

4. 风险管理的综合性措施

(1) 经济性措施

主要有合同方案设计(风险分配方案、合同结构设计、合同条款设计);保险方案(引入保险机制、保险清单分析、保险合同谈判);管理成本核算。

(2) 技术性措施

技术性措施应体现可行、适用、有效性原则,主要有预测技术措施(模型选择、误差分析、可靠性评估);决策技术措施(模型比选、决策程序和决策准则制定、决策可靠性预评估和效果后评估);技术可靠性分析(建设技术、生产工艺方案、维护保障技术)。

(3) 组织管理性措施

主要是贯彻综合、系统、全方位原则和经济、合理、先进性原则。包括管理流程设计、确定组织结构、管理制度和标准制定、人员选配、岗位职责分工、落实风险管理责任等,还应提倡推广使用风险管理信息系统等现代管理手段和方法。

5. 风险监控和风险管理的实施

风险监控就是跟踪已识别的风险,监视剩余风险和识别新的风险,保证风险管理计划的执行,评估风险管理的有效性。

实施风险监控要建立风险监控体系,包括制定监控的程序、制度,对风险管理计划实施进行审核,对风险进行事前、事中、事后和跟踪评价。

项目风险时刻存在并贯穿项目的全过程。有时是显现的,有时是潜在的。因此,在项目初期,即应按风险管理工作程序制定项目的风险管理计划并付诸实施。实践中还应运用滚动计划方法不断将其予以调整完善。

首先要结合本项目的特点,制定科学合理的风险管理目标,要具体明确管理效果,筹划管理投入。例如:应根据统计分析和调查资料,参照项目投资计划和合同相关条款等,综合制定项目承受某一风险因素的最大损失期望值。然后进行风险管理目标分解,可以按项目的结构和延续时间及开展的空间进行划分分配。在建立和完善项目风险管理的组织机构和职责分工后,随即根据项目的开展情况对相关风险因素进行分析识别,研究项目的基本资料和风险特征。分别针对不同属性和类别风险因素制定对策。接着进一步对风险问题运用分析评估技术进行定性和定量的估算,其结果应能体现出重要性排序和后果损失描述,便于风险管理工作的针对性和有效性,满足制定准确的短期管理工作方案,规划远期的风险防范计划的需要。接下来将有关管理任务分配下达专项负责人实施。最后,还应注意利用信息反馈和管理协调机制不断总结调整方案措施,及时检查评估相关计划的有效性。依次循环,滚动发展,调整完善,直到风险管理目标的最终实现。

5.5.2 风险管理阶段划分

城市轨道交通项目的系统安全保障的主要工作是安全及风险管理,应覆盖项目的整个生命周期,包括设计阶段、施工、系统设备采购及安装阶段、调试及验收阶段、缺陷责任期、试运营及正式运营等各个阶段,具体见表5-8。

安全及风险管理阶段示意表 表 5-8

项目阶段	阶段安全与风险工作说明
1	识别新隐患及建议风险处理措施
2	审查并落实风险处理措施
3	在施工或各阶段对风险处理措施进行验证
4	隐患转移至运营单位作进一步风险处理或持续监察
5	隐患已大致消除或作持续监察

上述风险管理的五个阶段主要的安全与风险管理工作见图5-6。

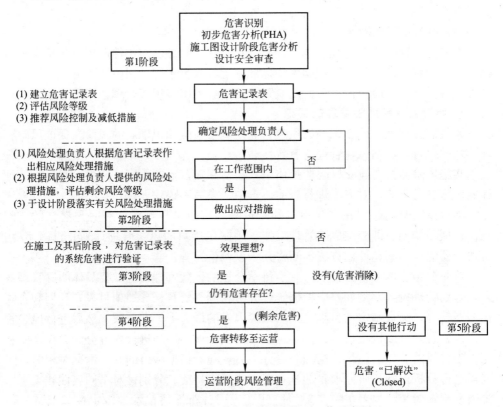

图 5-6　项目各阶段安全及风险管理工作示意图

5.5.3 风险识别与处理

每当系统通过系统保障工作识别了一个新的隐患,系统安全保障人员将新隐患记录在隐患登录表中,并完成隐患登录表所需填写的有关资料。各系统的隐患登录表的隐患记录包括所有设计上的问题、异常状态、潜在故障失误及人为因素对安全的影响。隐患登录表记录的隐患包括:系统隐患、系统接口隐患,维护隐患、施工方案隐患等。此外,隐患登录表可以用作隐患跟进及审查,亦可监察处理风险的进度。

各系统设计部门按照其风险等级进行相关风险控制及减低措施,减低系统所承受的风险。整个解决风险程序主要是要决定控制或减低风险的措施。高风险隐患为不可接受的等级,严重者更会引起其他隐患。这些高风险隐患是必须消除或降低的。相反,低风险隐患是可以接受等级的风险,并不需要急切处理。

系统安全保障人员为隐患登录表内每一个隐患指定处理风险负责人(Hazard Owner)。处理风险负责人建议、决定及落实该隐患的风险处理措施,并在隐患登录表内填写风险处理措施及回应,而且落实其提议的风险处理措施及其设计文件参考。处理风险负责人如发现该隐患的风险处理措施并非在其系统的合同范围内,将及时连同合理的注释提醒系统安全保障人员。系统安全保障人再明确另一处理风险负责人。

对于系统接口的安全及风险管理,则应采用相同的管理方式。唯识别接口隐患的系统设计部门,同时确保接口系统设计部门接受处理风险的责任,并定时与接口系统设计部门进行相关的隐患登录表数据更新。当接口系统不接受对处理风险的责任时,将由设计总体单位出面来确定该接口隐患的处理风险负责人。

5.5.4 风险措施的审查与落实

根据隐患登录表,系统安全保障人员审查其中的风险处理措施建议及相应的设计文件,以确定风险处理措施已落实于系统设计之中,并对其剩余风险(Residual Risk)进行评估。如果系统安全保障人员认为风险处理措施不当而否决该建议时,系统安全保障人员将连同否决原因退还风险处理负责人以作跟进。如果否决原因为识别新的隐患,该新隐患应重新根据安全及风险管理程序进行风险处理。系统安全保障人员更新隐患登录表以反映隐患阶段的改变。同时系统安全保障人员应根据设计进度的最新资料以及风险处理的进程,对隐患记录表进行更新。

各系统必须在施工图设计前解除所有与该项目有关的隐患。如有隐患在设计结束前仍未能消除或消除方法不属于其合同范围,各系统设计部门将与业主进行审议,提请业主采取风险控制及减低措施。

6 城市轨道交通系统安全过程控制及方法

本章通过研究我国城市轨道交通系统安全保障体系的安全过程控制，提出建立系统安全过程控制与阶段性安全评价相结合的系统安全保障体制的具体工作流程和方法。从系统安全的整体性出发，运用风险分析理论与方法，指导项目全生命周期过程安全工作，达到系统安全逻辑的统一和协调。

6.1 城市轨道交通系统的生命周期

城市轨道交通系统安全过程控制是基于轨道交通系统全寿命周期进行控制。项目不同阶段，采用的控制方法和措施不相同，因此有必要对城市轨道交通系统生命周期进行划分，以便于更加有效地进行安全控制，针对每个阶段提出切实可行的建议。我国现阶段城市轨道交通系统生命周期如附图 2 所示。

6.1.1 生命周期划分原则

结合我国国情和城市轨道交通建设特征及线路特点，综合考虑项目管理的具体要求，本着精简高效的原则，经过反复研究和分析，对应城市轨道交通项目生命周期的具体工作阶段，将系统安全过程控制流程划分为不同的工作流程。城市轨道交通生命周期划分的原则如下。

1. 结合我国实际城市轨道交通建设的原则

由于我国经济和城市轨道建设的快速发展，现阶段资金相对紧缺，设计、制造、施工力量不足，建设与运营阶段风险过高。所以需要通过合理划分流程，规范系统安全过程控制，使系统安全工作与我国城市轨道交通建设实际情况紧密结合。

2. 系统性原则

城市轨道交通是一个复杂系统，由多个子系统组成。各子系统间存在内在联系。安全问题贯穿于规划、设计、制造、安装、施工、运营等各个阶段,所以有必要从系统性、整体性和层次性的角度考虑划分流程。

3. 精简高效原则

城市轨道交通生命周期的划分应当有利于具体工作的实施。在工期、资金和人力都有限的情况下,具体工作内容、流程、文件格式等应遵守精简高效的原则。

4. 结合项目管理和工期统筹的原则

由于系统安全过程控制牵涉到诸多单位和各个阶段,必须要将其与项目管理和工期统筹结合,以免导致工期延误、项目进程脱节、费用增加等问题,造成管理上混乱。

6.1.2 欧盟系统生命周期的划分

欧盟标准 EN50126:2000 用于铁路的 RAMS 技术规范和论证,包括 EN50128、EN50129 等,对铁路和城市轨道交通系统安全的过程控制进行了很好的解读。按标准状况规定,系统生命周期被划分为 14 个阶段,见表 6-1。

欧盟系统生命周期阶段划分表　　　　　表 6-1

序号	生命周期阶段	总体任务	RAM 任务	安全任务
1	构想	设立铁路项目的范围和目标,确定铁路项目构想,进行财务分析和可行性研究建立管理	审核先前获得的 RAM 性能,考虑项目的 RAM 含义	审核先前获得的安全性能,考虑项目的安全性含义,审核安全规则和安全目标
2	系统定义和应用条件	建立系统任务纲要,准备系统描述,定义运营和维修规章,定义运营条件,定义维修条件,定义对现存基本设施限制的影响	评估 RAM 的过去经验数据,进行初步的 RAM 分析,设立 RAM 规则,定义长期运营和维修条件,定义对现存基本设施限制的 RAM 的影响	评估安全性的过去经验数据,进行初步的危险分析,建立安全计划(总体),定义容许的风险标准,定义对现存基本设施限制的安全性的影响
3	风险分析	进行项目相关的风险分析		进行系统危险和安全性风险分析,建立危险日志,进行风险评估
4	系统要求	进行要求分析,系统规划(整体要求),环境规划,定义系统论证和验收标准(总体要求),建立验证计划,建立管理、质量和构造要求,执行变化控制程序	规定系统的 RAM 要求(总体),定义 RAM 认可标准(总体),定义系统功能结构,建立 RAM 程序,建立 RAM 管理	规定系统的安全性要求(总体),定义安全性认可标准(总体),定义安全性相关的功能性要求,建立安全性管理
5	系统要求的分配	分配系统要求;规定子系统和元件要求;定义子系统和元件验收标准	分配系统 RAM 要求;规定子系统和元件的 RAM 要求;定义子系统和元件的 RAM 验收标准	分配系统安全目标和要求;规定子系统和元件的安全性要求;定义子系统和元件的安全性认可标准,更新系统安全计划

续表

序号	生命周期阶段	总体任务	RAM 任务	安全任务
6	设计和实现	计划,设计和研发,设计分析和测试,设计检验,执行和验证,物流服务资源的设计	通过对以下各项的审核、分析、测试和数据评估,执行 RAM 程序: 可靠性和可用性;可维修性和可保养性; 优化维修规则; 物流服务; 进行程序控制,包括: RAM 程序管理; 分包商和供应商的控制	通过对以下各项的审核、分析、测试和数据评估,执行安全计划: 危险日志;危险分析和风险评估;调整与安全性相关的设计决策; 进行程序控制,包括: 安全性管理;分包商和供应商的控制;准备通用安全情况报告 准备通用应用安全情况报告(如果适合)
7	建造	生产计划; 建造元件装配件的建造和测试 文件准备 建立培训	进行环境应力筛选; 进行 RAM 改进测试; 启用故障报告和纠正措施系统(FRACAS)	通过审核、分析、测试和数据评估执行安全计划; 使用危险日志
8	安装	装配系统; 安装系统	进行维修人员培训; 建立零部件和工具供应	建立安装程序; 执行安装程序
9	系统确认(包含安全认可和调试)	调试; 实行运营检验期; 培训	进行 RAM 论证	建立调试程序;执行调试程序;准备应用安全情况报告
10	系统验收	执行验收程序,基于验收标准;收集验收证据;投入服务;继续运营检验期(如果适合)	评估 RAM 论证	评估应用安全情况报告
11	运营和维修	长期系统运营; 运营过程中进行维修; 运营过程中进行培训	运营过程中进行零部件和工具采购;运营过程中进行以可靠性为中心的维修,物流服务	运营过程中进行以安全性为中心的维修;运营过程中进行安全性能监控和危险日志维护
12	性能监控	收集运营性能统计; 获取、分析和评估数据	收集、分析、评估使用性能和 RAM 统计	收集、分析、评估使用性能和安全性统计
13	改进和改型	执行更改要求程序; 执行改进和改型程序	考虑 RAM 与改进和改型之间的关系	考虑安全性与改进和改型之间的关系
14	退役和报废	退役和报废计划;退役;报废	无行动用于 RAM	建立安全计划;进行危险分析和风险评估;执行安全计划

6.1.3 城市轨道交通系统生命周期划分

我国城市轨道交通是近二三十年随着改革开放的进展而发展起来的新兴行业。在发展过程中,按照我国社会体制和管理机构设置情况,形成了适合我国国情的城市轨道交通项目的建设和运营体制。在政府主管机构、法律法规、项目审批、工程可行性研究、项目投融资、设计审查、工程项目管理、招投标、工程承发包、国产化管理、运营管理、建设与运营生产安全管理等诸多方面，都具有浓厚的中国特色。因此，我国城市轨道交通项目的生命周期的阶段划分和工作，与国外城市轨道交通项目相比较有明显的不同。我国城市轨道交通系统生命周期主要包括规划设计、建设施工和运营三大阶段。按照项目进程、时间和工作性质的不同，我国城市轨道交通项目生命周期具体细分为10个工作阶段。

1. 规划设计阶段

该阶段是进行系统的构思策划和工程可行性研究。可行性研究是运用技术经济学原理，在建设有关的技术、经济、环境等研究基础上，对不同方案进行比较分析，提出推荐方案。研究该方案在技术上是否可行，工艺是否先进，经济是否合理、设备是否配套、安全是否可靠。该阶段完成后，系统的基本特性才能完全确定。系统从可行性研究、初步设计到施工图设计才会有一个逐步深化的过程。

2. 建设施工阶段

建设施工阶段是历时最长、内容最多、情况最复杂的阶段，同时也是系统实践营造过程。通常包括招投标、施工图设计及两个实施和一个集成整合工作(建造施工、竣工验收、协调各参与方工作)。它属于建设管理范畴，是政府监督下的企业行为。

3. 运营阶段

轨道交通是由设施和各种机电产品组成的系统。如果看作产品，它是一种特殊产品，最终用户是乘客。由土建设施和各种机电产品组成的轨道交通系统只能算作中间产品。而轨道交通通过组织和运营会形成无形的产品——乘客的位移。运营阶段是一种社会监督下服务性的企业行为，是一种长时间持续性的管理，包括系统维修、保养和必要的更新、改造。欧盟城市轨道交通系统生命周期与我国城市轨道交通项目生命周期和系统安全保障工作阶段详细划分见附图3和附图4。

我国城市轨道交通系统生命周期的三个阶段具体工作内容如表6-2所列。

我国系统生命周期阶段划分表　　　　表6-2

生命周期阶段	子阶段	子阶段相关的总体任务	说　明
规划设计阶段	前期规划及工程可行性研究	进行项目前期准备、城市建设规划、轨道交通线网规划、建立(或筹备)管理机构、编制工程(预)可行性研究报告及审查、地质勘察、资金筹措、环境评价、地质灾害分析、安全预评价、立项申报	
	初步设计	开展初步设计(一阶段或两阶段)及审查、设计监理、编制用户需求书、机电设备市场调研	
建设施工阶段	招投标	土建工程及机电系统设备招标、车辆及信号等系统设备国产化申报、合同谈判签约	
	工程施工图设计、设备系统设计	土建施工图设计及审查、机电系统详细设计、设计监理、进行设计联络会议、开展工程前期准备等	土建施工图设计，一般在招标前进行，而车辆及机电设备的系统设计一般在招标后进行

续表

生命周期阶段	子阶段	子阶段相关的总体任务	说 明
建设施工阶段	土建施工及设备制造安装	土建施工及监理、机电设备制造、监造、机电设备安装监理、产品安全认证、运营准备	土建施工和机电设备制造平行进行
	机电系统调试	机电系统设备分系统调试、系统联调、土建验收及整改	
	系统验收、开通、交接	机电系统设备系统验收、系统开通与交接、试运营条件安全评价	
运营阶段	试运营、质保期	进行试运营及管理、系统设备试运行、维护及整改、系统安全验收评价、项目后评估及国家验收	
	正式运营	正式运营及经营管理、系统设备运行、维护保养、运营安全评价	
	报废、退役	系统设备报废、退役、更新改造等	
	运营和维修	长期系统运营、运营过程中进行维修、运营过程培训	
	性能监控	收集运营性能统计；获取、分析和评估数据	
	改进和改型	执行更改要求程序、执行改进和改型程序	
	退役和报废	退役和报废计划、退役、报废	各城市轨道交通项目实施时，由于具体条件不同，与上述阶段可能略有出入，可进行调整

6.1.4 系统生命周期划分的特点

我国吸取 RAMS 理念中核心风险管理和全过程控制的优点，结合我国国情，对系统生命周期进行了阶段划分。生命周期划分的具体特点如下。

1. 阶段划分规范了城市轨道交通系统安全过程控制

阶段划分规范化了城市轨道交通系统安全过程控制，使系统安全过程控制有机地纳入到整个项目建设各个阶段。

2. 采取超前预防模式

超前预防模式是在工程可行性研究后，进行早期风险分析。在初步设计后，进行初步隐患分析。在施工图设计后进行详细隐患分析。安全经济学研究表明，系统设计 1 分安全性等于 10 倍制造安全性等于 1000 倍应用安全性。所以在设计阶段辨识风险，降低和减少风险的发生，是最经济和最有效的安全管理手段，也是保证系统安全的必经之路。并且在设计阶段采取措施不但能减少和规避多数风险，而且可以减少运营成本。

3. 项目系统安全过程控制和阶段性安全评价结合

项目系统安全过程控制是通过持续性风险源监控与维护，使系统安全维持在理想水平。安全评价是政府监管轨道交通建设和运营的主要手段。将安全过程控制的成果作为安全评价的有效依据，可以使安全评价工作更有针对性和有效性。可见，系统安全过程控制和阶段性安全评价两者相辅相成，互为补充。

4. 系统安全过程控制与现有工程建设相结合

新的阶段划分与我国工程阶段的特点很好地结合在一起。不仅明确了 RAMS 任务在工程阶段的时间节点，而且指出了相应的工作内容和成果，使其操作性更强。

5. 系统安全过程控制树立了 RAMS 理念，更强调隐患全过程的内在联系

系统安全过程控制树立了 RAMS 理念，和欧盟标准的划分阶段相比，精简高效，避免了烦琐的工作，减少了资源浪费。但是系统安全控制的效果及所要达到的目标并没有减少，更加强调隐患全过程的内在联系。

6.2 规划阶段系统安全过程控制方法

6.2.1 前期规划及工程可行性研究阶段

项目前期规划及工程可行性研究阶段是进行项目系统安全保障的前期准备和策划。主要工作包括：了解项目情况；收集国内外同类项目相关数据和资料；考虑项目的安全性定义；审核安全规则和安全目标。此阶段的安全评价工作属于安全预评价。而业主在该阶段的任务是编制可行性研究报告。政府的任务是进行可行性研究报告的评审；进行第一次工作培训；委托方提出系统总体要求（包括：建设和运营风险标准）；制订系统安全总体计划；规定各参与方职责和任务；进行安全预评价。该阶段工作的主要依据为项目的可行性研究报告、委托协议、国家相关法律、法规、标准等。本阶段工作时间大约 3~4 个月，需要形成的技术文件如下：

1. 项目总体安全计划

该文件为项目生命周期内安全保障的工作大纲，各参与单位都应根据此文件的规定，分别制订本单位的系统安全计划。《项目总体安全计划》具体内容包括：目的；适用范围；定义；各单位职责；系统保证工作概述；系统保证的基本要求；系统安全计划；初步隐患分析（PHA）；施工图设计阶段隐患分析；设计安全审查（DSR）；安全及风险管理；可靠度、可用度及可维护度评估；故障报告分析与纠正措施系统（FRACAS）；系统保证文件基本要求；参考文件及附件。

2. 安全预评价

城市轨道交通工程安全预评价是在工程可行性研究报告编制完成后，通过对城市轨道交通工程的线路选择、技术路线、社会环境进行安全评价，查找本工程存在的危险、有害因素的种类和程度，补充完善工程可行性研究报告中的安全对策措施。城市轨道交通安全预评价的目的是：贯彻"安全第一、预防为主、综合治理"

的方针，为城市轨道交通工程初步设计提供科学依据，以便于提高城市轨道交通工程项目的安全状况。

城市轨道交通安全预评价是指具备国家规定资质的安全评价机构科学、公正、合法、自主地开展安全预评价工作。安全预评价的主要内容包括：城市轨道交通安全预评价报告编制说明；城市轨道交通工程概况；城市轨道交通工程危险、有害因素分析；评价单元划分及评价方法选择；城市轨道交通工程劳动安全初步评价；城市轨道交通工程安全检查表分析评价；城市轨道交通工程地下车站及区间火灾安全分析评价；城市轨道交通工程地下车站及区间围岩稳定性分析评价；安全对策措施；应急救援预案纲要；城市轨道交通工程安全预评价结论。

6.2.2 初步设计阶段

城市轨道交通初步设计阶段包括初步隐患分析、制定各子系统安全要求和详细隐患分析三个阶段，具体阶段划分见表6-3。

初步设计阶段的阶段划分表　　　　　　　　　　　　表6-3

序号	生命周期阶段	总体要求	主要内容	阶段成果
1	初步隐患分析阶段	制订项目服务需求；定义运营维修条件和要求；定义系统安全性相关功能性要求	审核获得的RAM性能，考虑项目的RAM含义	本阶段工作时间大约7~8个月。阶段成果包括运营前期策划报告、初步隐患登记册、初步隐患分析报告、设计安全原则符合性审查报告
2	制定各子系统安全要求阶段	进行用户需求分析；规定和分配系统要求；市场调研和设备选型；通过招标确定承包商；建立RAMS管理程序和组织架构	根据项目服务需求，制订各子系统RAMS指标；确定用户需求书中系统安全要求；确定合同中技术条款的系统安全要求；供应商提供RAMS管理程序和组织架构	本阶段工作时间大约4~6个月。主要成果有各个子系统的安全性、可靠性、可用性、可维修性目标和要求
3	详细隐患分析阶段	制订安全计划和安全管理；系统安全性和可靠性分析；设计安全审查	主要工作包括：进行第二次工作培训(进行RAMS计划、详细隐患分析、可靠性分析等内容培训)；制定各子系统RAMS计划(由各承包商负责)；进行详细隐患分析和风险评估，编制详细隐患登记册(由各承包商负责)；详细设计安全原则符合性审查(由各承包商负责)；各子系统RAM分析(由各承包商负责)	本阶段工作时间大约12~18个月。工作成果为：各子系统RAMS计划、各子系统隐患登记册、各子系统详细设计安全原则符合性评估报告、各子系统RAM分析报告、上述各文件的审查报告

1. 初步隐患分析阶段

初步隐患分析阶段具体子任务见表6-4。

初步隐患分析阶段子任务表　　　　　　　　　　　　　　　　　表 6-4

序号	子任务	含义与目标要求	主要内容	说明
1	运营前期策划	为确定项目安全性和可靠性总体要求，在初步设计阶段初期需开展运营前期策划工作，编制运营前期策划报告	主要内容包括：运营规模、服务大纲、系统使用功能需求、系统运营模式、维修模式、机构设置、经营管理	整项工作应与初步设计总体设计同步进行，使初步设计中各个系统的方案和功能设计围绕运营目标和运营需求进行，充分体现面向运营的思想，并为用户需求书的编制提供依据，改变目前国内初步设计主要依靠设计标准进行，对运营研究不足的现状，避免与实际运营需求不符的情况产生
2	确定系统总体可靠性指标	根据运营服务指标确定系统总体可靠性指标	主要内容包括：列车准点率、自动售票机可用性、自动检票机可用性、自动扶梯可用性、电梯可用性等指标	具体做法可根据国家有关标准和项目要求，参考国内外类似项目经验，提出线路的各项运营服务指标
3	定义允许的风险等级标准	根据以前项目的统计和经验，对城市轨道交通项目全生命周期内可能发生的隐患频率和严重性进行分析，制订风险矩阵表	确定项目中隐患发生频率的等级划分，以及事故严重程度的等级标准，确定风险等级的划分	
4	进行系统初步隐患分析	对项目存在的主要风险进行分类，并初步识别各机电系统中的潜在隐患，评估其风险等级，提出建议减轻措施，以降低高风险隐患的风险等级，为初步设计中检验系统安全性提供依据；同时为招标后承包商编制隐患登记册(HL)提供参考	主要内容包括：隐患及产生原因、已采取的措施、风险等级评估、建议降低风险的措施	根据主要隐患清单、主要故障清单，对系统在生命周期内可能发生的各类隐患进行识别和登录，找出隐患产生的原因及其影响，再根据风险矩阵评估其风险等级，并对风险等级高的风险建议降低风险等级的措施。涉及设计中的措施由设计单位落实解决
5	初步设计安全原则和规范要求的符合性审查	评估初步设计中可能影响轨道交通系统安全的主要隐患的处理措施，以确认满足国家有关设计安全原则及规范的要求	主要内容包括：设计特点、措施是否满足安全原则及规范要求，符合状况及验证方法	根据安全原则、国家规范，对初步隐患登记册中涉及系统安全的隐患采取的措施进行评估，确认是否满足安全原则及规范要求

2. 制定各子系统安全要求阶段

该阶段是在初步设计后、招标前进行，具体包含的子任务见表 6-5。

制定各子系统安全要求阶段子任务表　　　　　　　　　　　　　　表 6-5

序号	子任务	含义目标要求	说明
1	制订和分配子系统 RAM 指标	将系统总体可靠性指标分解成各子系统的 RAM 指标	按照与系统的密切程度，将主要机电系统划分为三类：(1)与列车运行延误直接有关的系统；(2)与运营服务指标直接有关的系统；(3)与列车运行延误和运营服务指标无直接关系的系统

续表

序号	子任务	含义目标要求	说明
2	编制和确定系统安全保障要求	招标前,在用户需求书中列入项目对系统安全保障的要求。招标后,经业主和承包商共同认定后列入合同技术条款,作为有关方开展安全保障工作的依据,确保安全保障工作在项目中的地位	
3	建立RAM管理组织架构	招标后,由业主、承包商及各有关方(包括:供货商、施工、设计、监理、运营、咨询等)共同组成安全保障管理组织架构,明确各方的职责,建立统一的工作流程和文件格式	

3. 详细隐患分析阶段

该阶段中土建、车辆和主要机电设备的详细隐患分析是在招标后进行,与子系统详细设计阶段同步。具体子任务见表6-6。

详细隐患分析阶段子任务表　　　　表6-6

序号	子任务	含义目标要求	主要内容
1	各承包商编制子系统RAMS计划	承包商系统安全保障的工作大纲	目的、适用范围、定义、组织架构及各负责人员职责、系统安全保障各项工作概述、RAMS工作管理及对分包商RAMS的管理、系统安全保障文件的提交计划、参考文件及附件
2	各承包商编制隐患登记册(HL)	目的是为了在系统详细设计阶段,对系统中的潜在隐患进行识别和登录,评估其风险等级,提出建议减轻措施,以降低高风险隐患的风险等级	系统、子系统、部件、接口、运营及维护等方面的隐患及产生原因,根据风险矩阵评估风险等级,并对降低风险措施的落实状况进行详细描述
3	安全原则及规范要求的符合性评估	评估系统设计中可能影响轨道交通系统安全的主要风险的处理措施,以确认满足国家有关设计安全原则及规范的要求	设计特点、措施是否满足安全原则及规范要求,是否符合状况及验证方法
4	编制系统安全报告	为开展系统安全工作提供依据	系统描述、安全管理、隐患确认及监控、安全原则及规范要求的符合性评估、运营隐患、总结
5	系统可靠性分析	对机电设备系统的详细设计进行可靠性、可用性及可维护性分析,以预先估计系统设计是否能够满足预定的服务指标和系统可靠性指标要求	故障模式、影响及关键性分析,系统可靠性分析以及编制系统可靠性分析报告

6.3 建造阶段系统安全过程控制方法

6.3.1 各子系统执行安全计划阶段

该阶段工作在工程施工和设备安装阶段进行,总体任务是装配和安装系统。该阶段安全保障工作的内容包括：承包商负责执行安全计划、施工安全检查和编制子系统 RAM 验证计划；中介方负责设备安全认证和审核系统 RAM 验证计划；监理负责监督施工、安装工程的安全和编制监理报告。其中，系统 RAM 验证计划的主要工作包括验证进度计划、验证内容和验证方法及步骤。系统可靠性指标验证方法包括：测试、统计和分析等。所有记录、统计、分析方法及工作程序须经运营单位确认。该阶段工作时间大约为 12~24 个月。阶段成果包括：安全监理报告、子系统 RAM 验证计划及审查报告。

6.3.2 系统安全调试阶段

当系统制造、安装完毕之后，项目进行到测试、调试阶段。该阶段总体任务是系统调试，所需进行的安全保障工作包括：由承包商负责制订系统安全总调试计划和子系统安全调试计划以及开展系统安全总调试和子系统安全调试。本阶段工作时间大约为 4~6 个月。阶段成果包括：系统和各子系统安全调试报告。

6.3.3 系统安全验收阶段

项目系统安全验收阶段总体任务包括：按照验收标准执行验收程序、收集验收证据和准备投入服务。该阶段工作在调试后期试运营前进行，所需进行的安全保障工作包括：编制系统及各子系统安全报告、审核系统安全报告和试运营基本条件评估。本阶段工作时间大约为 4~5 个月。阶段成果包括：系统和各子系统安全报告、试运营基本条件评估报告。

1. 编制系统及各子系统安全报告

编制系统安全报告是对系统设计、制造、安装、各阶段的系统安全工作进行全面审核、整理、汇总有关安全文件，并编制报告。系统安全报告的具体内容包括：系统描述、安全管理、隐患确认及监控、安全原则及规范要求的符合性评估；运营阶段新出现的隐患进行分析、总结。

2. 审核系统安全报告

审核系统安全报告是系统开通前的重要工作。它是指由业主负责对项目建设过程中有关安全的各项工作进行汇总和审核，并上报地方政府有关部门，为系统开展安全工作提供依据。

3. 试运营基本条件评估

试运营基本条件审查是为运营开通提供依据，分为建设和运营两个方面。只有各建设工程项目均验收合格，运营准备工作才达到试运营要求。建设和运营两个方面的具体评估内容如下。

(1) 建设方面

1) 轨道交通试运营应具备的政府部门文件。

2) 提供土建系统的验收报告：车站、区间、车辆基地、综合维修基地和轨道系统。

3) 提供机电设备各子系统的验收报告：供电系统、信号系统、通信系统、通风空调系统、给排水和消防系统、防灾报警系统(FAS)、设备监控系统(BAS)、自动售检票系统(AFC)、车站屏蔽门安全门、自动扶梯及电梯和防淹门系统等。

  4) 提供车辆验收报告。
  5) 提供系统联调及试运行报告。

(2) 运营方面

  1) 组织机构和人员要求：组织机构、人员准备和培训。
  2) 行车组织和客运组织：行车组织和客运组织。
  3) 备品备件。
  4) 技术资料。
  5) 资产接管。
  6) 试运营规章制度。
  7) 应急预案。
  8) 演练。

6.4 运营阶段系统安全过程控制方法

6.4.1 系统安全试运营阶段

  试运营阶段为正式运营前的一个准备阶段，总体任务是：系统运营组织；以安全、可靠性为中心的维修与培训；使用性能和RAM指标的收集、分析与改进。所需进行的安全保障工作包括：承包商负责进行系统可靠性验证、编制系统可靠性验证和整改措施报告；中介方负责审核系统可靠性验证报告；进行系统RAMS的监控、维护和工程安全验收评价。本阶段工作时间大约为12~24个月。阶段成果包括：系统和各子系统RAM验证报告及各文件审查报告、工程安全验收评价报告。

  1. 编制和审核系统RAM验证报告

  系统可靠性指标验证的目的是：检查系统是否满足系统设计预定的可靠性指标要求。具体工作内容包括：编制系统可靠性指标验证进度计划、验证内容、验证方法及步骤、系统可靠性验证报告。其中，系统可靠性指标验证报告主要内容包括：验证方法、过程及说明；验证条件及假定；依据的标准及数据来源；验证结果；后续工作(如需要)。对于有样机的系统，须在样机制造安装阶段进行上述工作。系统可靠性指标验证的方法包括：测试、统计和分析等。所有记录、统计、分析方法及工作程序须经运营单位确认。系统可靠性指标验证报告主要内容包括：验证方法、过程及说明；验证条件及假定。该项工作完成后，由业主负责对系统RAM验证报告进行审核，并上报地方政府有关部门。

  2. 故障报告及整改措施

  故障报告及整改措施工作在试运营阶段进行，目的是为了建立一套统一的管理模式，对系统可靠性表现进行有效持续的监察，将系统测试和运行中发现的系统故障进行记录和分析，查找形成故障的原因，提出整改措施，以保证系统可靠性目标的实现。

系统故障报告及整改措施主要工作内容包括：制订系统故障报告及整改措施工作管理模式；制订合理而明确的故障标准，以区别该故障是否影响系统可靠性的表现；运行记录及故障记录；系统可靠性指标验证；结论；改进措施建议（如需要）。进行系统故障报告及整改措施的方法包括：部件与组件、子系统与系统测试、记录和分析，以及改进、进一步试验、测试，直至故障消除。其中，运行记录及故障记录阶段，是对影响安全及可靠性的关键设备的运行状况及故障进行记录和统计。对每项相关故障进行进一步分析，找出形成故障的原因，提出合理可行的整改措施以防止故障再发生。每项故障均须记录在故障报告分析与整改措施系统记录表里。记录表的内容包括：故障的性质（包括受影响的系统、子系统、设备及组件）；故障的成因；故障发生的时间和状况；故障引起的影响及后果；更正故障要进行的维护程序；故障是否属于判断系统可靠度的依据，并且如何影响系统可靠度的表现。

3. 工程安全验收评价

城市轨道交通工程安全验收评价是在工程竣工、试运营正常后，通过对城市轨道交通的设施、设备、装置实际运行状况及管理状况进行安全评价，查找本工程试运营后存在的危险、有害因素的种类和程度，提出合理可行的安全对策措施及建议。城市轨道交通安全验收评价的目的是：贯彻"安全第一，预防为主，综合治理"的方针，为城市轨道交通安全验收提供科学依据，对城市轨道交通工程中未达到安全目标的系统或单元提出安全补偿及补救措施，以便于提高城市轨道交通工程本质安全程度，满足安全运营的要求。城市轨道安全验收评价的基本原则是具备国家规定资质的安全评价机构科学、公正、合法、自主地开展安全验收评价。安全验收评价工作内容如下：

（1）检查建设项目中安全设施是否与主体工程同时设计、同时施工、同时投入生产和使用；评价建设项目及与之配套的安全设施是否符合国家有关安全生产的法律法规和技术标准。

（2）从整体上评价建设项目的运行状况和安全管理是否正常、安全、可靠。

安全验收评价程序一般包括：前期准备；编制安全验收评价计划；安全验收评价现场检查；编制安全验收评价报告；安全验收评价报告评审。

6.4.2 系统运营阶段

项目正式运营阶段总体任务是：建立运营安全计划；定期进行隐患分析和安全评估；执行运营安全计划；进行系统 RAMS 的长期监控和维护。主要工作包括：按照运营安全计划和各项规章制度进行运营安全管理；进行以安全、可靠性为中心的维修与培训；考虑安全性与改进和改型的关系；运营过程中进行安全性、可靠性为中心的性能监控与维护；每隔三年左右进行一次全面的运营安全现状评价。该阶段成果包括：运营安全计划、RAMS 监控维护报告、运营隐患登记册更新和运营安全现状评价报告。

1. 安全现状评价的目的

安全现状评价的目的是针对运营单位安全现状进行安全评价，查找存在的危险、有害因素并确定危险程度，提出合理可行的安全对策措施及建议。

2. 安全现状评价定义

安全现状评价是在系统生命周期内的生产运行期，通过对运营单位的生产设施、设备、装置实际运行状况及管理状况进行调查和分析，运用安全系统工程方法，进行危险、有害因素的识别及其危险度的评价，查找该系统生产运行中存在的事故隐患并判定其危险程度，提出合理可行的安全对策措施及建议，使系统在生产运行期内安全风险控制在安全、合理的程度内。

3. 安全现状评价内容

安全现状评价是依据国家有关的法律、法规规定或者生产经营单位的要求进行的，包括对生产经营单位生产设施、设备、装置、贮存、运输及安全管理等方面进行全面、综合的安全评价。主要工作内容如下：

（1）收集评价所需的信息资料，采用恰当的方法进行危险、有害因素识别。

（2）对于可能造成重大后果的事故隐患，采用科学合理的安全评价方法建立相应的数学模型进行事故模拟，预测极端情况下事故的影响范围、最大损失，以及发生事故的可能性或概率，给出量化的安全状态参数值。

（3）对发现的事故隐患，根据量化的安全状态参数值，进行整改优先度排序。

（4）提出安全对策措施与建议。

运营单位应将安全现状评价的结果纳入运营单位事故隐患整改计划和安全管理制度，并按计划加以实施和检查。

4. 安全现状评价工作程序

安全现状评价工作程序一般包括：前期准备；危险、有害因素和事故隐患的识别；定性、定量评价；安全管理现状评价；确定安全对策措施及建议；确定评价结论；安全现状评价报告完成。

6.4.3 退役和报废阶段

该阶段在系统和各子系统达到使用期限、确认不能保证系统和子系统安全、不能满足运营需要时进行。本阶段的目标是控制系统退役和报废任务。主要工作内容包括：按照城市轨道交通设备和设施条件进行退役和报废管理以及编制报废退役系统论证报告。具体工作程序为：确定退役和报废对任何与退役系统相关的系统或外部设备的影响；建立退役计划（包括系统和所有相关外部设备的安全关闭、系统和所有相关外部设备的安全拆卸以及确保受到系统退役影响的任何系统或外部设备依然符合 RAMS 的要求）。建立退役计划的目的是为了进行 RAMS 生命周期性能分析，包括生命周期成本，用于输入未来系统。该阶段成果为退役报废报告。

7 深圳地铁3号线系统安全保障工作的组织

本章以深圳市地铁3号线作为实践依据,引入国际上先进的风险管理理念,从法制、技术、装备、管理等方面,探讨在城市轨道交通项目的建设中开展系统安全保障的组织模式、方法和评价指标体系,为政府有关部门制定系统安全保障法规政策提供依据,为建立适合中国国情的城市轨道交通安全保障体系提供理论和实践指导。

7.1 深圳地铁3号线工程系统安全保障概述

7.1.1 工程概况

深圳地铁3号线全长约42.59km(双线),设车辆段及综合基地1座,停车场1处,主变电所2座,控制中心设在横岗车辆段内。全线设车站30座,其中地下站14座,高架站15座,半地下站1座。3号线工程线路图如图7-1所示。

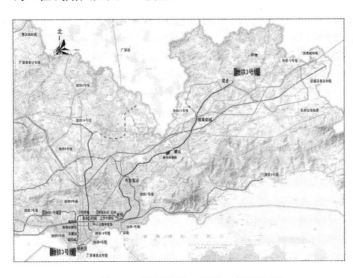

图7-1 深圳地铁3号线工程线路图

深圳地铁3号线工程涉及地铁3号线和深惠公路两个部分，本项目位于广东省南部沿海，东邻大鹏湾，西连珠江口，南与香港接壤，北靠东莞、惠州。深惠公路深圳段和地铁3号线工程处于珠江三角洲冲积平原区和丘陵区。地铁3号线工程初期建设线路起自红岭中路站，止于龙兴街站，正线全长约33km，其中包括地下线及高架线。深惠公路深圳段位于深圳市龙岗区境内，公路起点位于深圳市布吉联检站，止于深圳市与惠州市交界处，路线全长36km，与地铁3号线重合区段约26km。

深圳地铁3号线是深圳市线网规划中的重要线路，它担负着2011年深圳市举办的世界大学生运动会"大运专线"的作用，更是一条"绿色环保、安全高效"的线路。工程一期计划2010年10月建成，2011年6月全线开通。

7.1.2 系统安全保障要点

在采用风险为本的方法开展安全保障工作的体系中，每个体系虽然有各自的特点，但仍然存在一些共同要素，这些要素是建立安全保障体系的要点，要素具体内容如下：

(1) 采用风险为本的方法，遵循"合理可行情况下尽可能低"（ALARP）原则。

(2) 法律法规及标准保障。通过调研可以看出，法规是安全保障体系得以有效实施的有力保障，而相关标准是开展安全保障工作的重要参考依据。

(3) 安全计划。在项目前期参照相关规范编制安全计划，确定在项目开展期间需要开展的安全保障工作，以及开展工作的组织架构、相关人员的职责及要求、开展工作的时间、采用方法、采用的风险准则以及编制的相关报告等内容，作为日后工作的指导，以便于保证安全保障工作的顺利开展。

(4) 安全保障由专人负责。从事安全保障工作的人员需要有一定的资质，拥有相应的资源以及获得管理层的授权。

(5) 基本的工作流程。从调研可以看出，采用风险为本的方法开展安全保障工作，主要借鉴了风险管理的理念，在项目生命周期内，主动地控制系统的风险。虽然各个国家及地区的安全保障体系都有不同特点，但基本工作流程大致相同。

在体系中，除了项目本身开展安全保障工作外，还需要有组织负责对安全保障工作进行审查、评估，以加强对系统安全的信心。

7.1.3 指导思想

项目从一开始就明确了"系统安全过程控制"的指导思想。在项目工程各阶段，系统安全保障工作按照预定计划开展相应的安全性、可靠性、可用性以及可维护性（RAMS）工作。在业主的领导下，围绕工程项目的各个阶段（包括：设计、施工、采购、安装、调试、验收、试运营等）的安全来开展系统全过程的安全控制工作。事先主动地对系统的安全性、可靠性进行管理，在工程阶段就将今后运营中可能产生的隐患给以发现和消除，而不是在开始运营后才进行安全评价，使安全管理工作提高计划性和主动性，消除盲目性和被动状态。

7.1.4 管理理念

项目从建设初期的工程设计阶段开始，就全面树立风险管理理念。要求各参与单位采用风险管理理念，对地铁内部各个系统（包括土建和各机电设备系统）以及系统之间的接口可能对安全产生威胁的风险因素，进行充分的分析和研究，提出解决方案，督促有关部门和人员采取必要的措施予以消除，降低风险的等级，确保建成的地铁系统能保证乘客和工作人员以及设备的安全。编制系统总体安全计划，按照工程进度阶段，制定规范的工作模式和合理的工作流程，使系统安全保障工作规范化。

7.1.5 工作特点

深圳地铁 3 号线项目广泛吸收了国内外成功地铁项目的经验，并结合其自身特点制定出系统保障计划。通过系统保障工作的实践，基本上实现了工程建设各主要阶段对项目全过程的安全监控，很大程度上弥补了仅实行阶段安全评价的缺陷和不足，为国内其他城市轨道交通开展安全保障工作积累了宝贵的经验。深圳地铁 3 号线项目系统保障工作的特点具体如下。

1. 在设计过程中进行风险管理和安全审查

设计是轨道交通项目建设中重要的阶段，这个阶段的安全控制至关重要。深圳地铁 3 号线工程总体设计开始于 2005 年。2005 年 5 月，编制了深圳地铁 3 号线系统安全保障的第一个管理文件《系统安全计划》。2005 年 11 月，编制了针对地铁 3 号线项目的第一个控制性报告《初步危害分析》。该年同月，组织进行了深圳地铁 3 号线设计系统安全审查，并编制了《系统安全审查报告》。2008 年 6 月，编制了深圳地铁 3 号线《施工图设计阶段隐患分析报告》。

2. 在项目管理中开展风险分析

2005 年 9 月，编制了《项目风险评估咨询报告（工程前期准备和建设管理）》。报告根据对本项目外部环境条件的深入研究，系统地整理出地铁 3 号线工程目前状况下存在的主要风险，特别着重对当前工程前期准备阶段所存在的风险，尤其是对投融资模式所带来的风险进行了分析，指出了其对项目实施可能产生的影响，有针对性地给出了解决问题的建议，并相应制定项目风险的防范和预防措施，保证项目能够在国家批准的概算之内保质、按期、顺利地完成。

3. 积极开展安全预评价

作为辅助政府进行安全监管的安全预评价是项目前期应进行的工作。2008 年 5 月，深圳地铁 3 号线项目编制了深圳地铁 3 号线西延段《安全预评价报告》。该报告采用类比工程调研、工程分析、隐患及有害因素分析、评价单元划分、评价方法选择等方法，对西延段工程的各种隐患进行了预评估，并有针对性地提出了解决措施，实现了项目建设阶段对系统安全的全面控制。

4. 对土建施工安全进行风险分析

深圳地铁 3 号线工程线路较长，沿线地下地质情况复杂。因此进行了土建施工安全风险分析。对各种地质条件下的环境和施工方法进行了分析，寻找可能出现的安全隐患，提出减低隐患风险的措施并进行监督。

5. 对重大技术方案进行专项风险分析和评估

针对采用三轨供电等重大技术方案，由市政府有关机构主持，组织并邀请全国城市轨道交通最高层次的专家，采用风险分析的方法，进行专项安全研讨和评估。另外，对高架段列车脱轨风险及脱轨矮墙技术进行了评估和讨论。这些风险管理手段，为重大技术方案安全实施的决策提供有力的支持。

6. 对核心机电设备系统的承包商进行系统安全保障管理

为了使建成的地铁项目达到预定的运营服务水平，对核心机电系统开展可靠性管理工作。在合同中规定系统的可靠性、可用性和可维护性要求，促使各有关方面针对其薄弱环节，从技术的合理性、成熟性；产品的可靠性、耐用性、工程的可实施性等方面，采取合理措施来确保地铁运行的各个系统和子系统的设备、设施具备符合设计标准的可用度，确保这些不利因素在项目寿命周期内得到有效的控制和管理。

7.2 深圳地铁3号线工程系统总体安全计划

为贯彻工程项目"以人为本，安全第一"的设计理念，建设一个"安全方便、环境协调、技术先进、造价合理"的地铁系统，深圳地铁3号线项目编制了《系统总体安全计划》（文件编号150-101），并制定了与系统总体安全相应的工作管理程序，指导项目各阶段设计工作的系统保证和风险管理。该文件是全线设计系统安全保障的纲领性文件。

7.2.1 系统安全计划的目的及适用范围

1. 系统安全计划编制目的

系统安全计划编制目的如下：

（1）为深圳地铁3号线工程的全部勘察设计工作制定总体系统保证方针、明确在各阶段工作中对各相关主体的要求。

（2）明确有关各方的角色及责任，包括：业主、咨询公司、设计总承包单位、设计分包单位及其他相关单位。

（3）为保证系统实施订立应有的程序及评估标准。

（4）为保证系统文件编制订立大纲及提交计划。

2. 系统安全计划适用范围

系统安全计划详细阐述了深圳地铁3号线项目系统保证及风险管理的要求，包括项目设计（总体设计、扩大初步设计、施工图设计）及后阶段（施工、采购、安装、调试、验收、缺陷责任期、试运营等）与系统设计相关的工作或活动。

7.2.2 系统保证及风险管理组织架构

深圳地铁3号线项目对于城市轨道交通系统安全保障体系组织架构进行了专题研究，在借鉴国际城市轨道交通系统安全保障体系组织架构的研究成果的基础上，对国内其他地铁项目组织架构进行深入研究，提出对组织架构的要求，具体如下：

（1）保证此项目整个生命周期内各设计阶段的系统保证工作的完整性和连续性。

（2）保证与其他系统及外部条件在安全管理及系统保证工作上做出充分的相互协调和及时处理能力。

7.2.3 接口

1. 工作接口关系图

深圳地铁3号线的工作接口关系见图7-2。

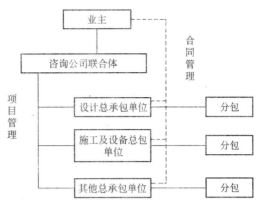

图7-2 工作接口关系图

2. 技术接口关系图

根据深圳地铁3号线的具体情况，计划系统技术接口关系见图7-3。

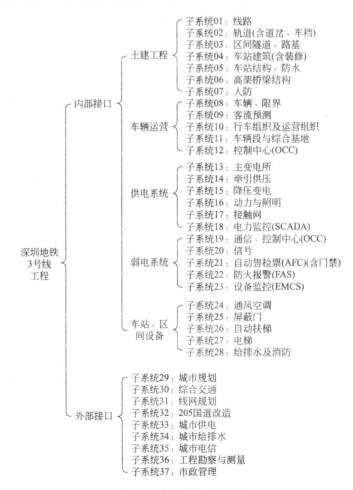

图7-3 技术接口关系图

7.2.4 系统保证总控

由于地铁建设和营运安全问题异常突出，对人们的生命安全和社会稳定影响很大，所以当前在地铁通信系统招标中，业主已经明确要求已中标方在深化设计时应提交系统保证计划。系统保证计划是说明如何激活、管理及监控在其服务范围内的整体系统安全性要求，确保能有效地在设计、开发、生产、测试和初步运营阶段中落实相关设计目标。

1. 系统保证的目的

深圳地铁 3 号线项目设计的总体系统目的是为了贯彻工程项目"以人为本、价值优先"的设计理念，建设一个"安全便捷、环境协调、技术先进、造价合理"的地铁系统。

2. 系统保证的适用范围

深圳地铁 3 号线工程系统保证总控阐述了项目总体系统保证的要求，适用于项目各个阶段，包括：设计、施工、采购及安装、调试、联调及验收以及缺陷责任期等。

3. 系统保证的定义

系统保证，即国际上普遍接受的 System Assurance，一般被理解为通过主动性的方法，对系统的安全、可靠度、可用度及可维护度（RAMS）进行管理。

4. 系统保证工作的原则

遵循国际城市轨道交通系统安全保障工作的安全设计原则，深圳地铁 3 号线提出适合自身要求的系统保证原则如下。

（1）安全

系统保证工作应围绕确保深圳地铁 3 号线工程项目的各个阶段（包括：设计、施工、采购、安装、调试、验收、缺陷责任期、试运营等）的安全来开展系统安全保证工作。对地铁各个系统内部以及系统之间的接口可能对安全产生威胁的风险因素进行充分的分析和研究，提出解决方案，督促有关部门和人员采取必要的措施予以消除，确保建成的地铁系统能保证乘客和工作人员以及设备的安全。

（2）可靠度

所有组成地铁运行的系统和子系统的设备、设施应具备安全运行所需要的可靠度。系统保证工作应促使各有关方面针对其薄弱环节，从技术的合理性、成熟性、产品的可靠性、耐用性、建筑与安装工程的可实施性等方面来采取措施确保整个系统运行的可靠性。

（3）可用度

系统保证工作应对设计工作中地铁运行的各个系统和子系统的设备、设施是否符合设计标准的可用度进行关注，尤其是系统的综合运行效率是否满足地铁运营服务的需要。除了重视系统本身的可用度外，系统的接口关系也应格外注意。

（4）可维修度

为了地铁系统的长期安全运行，系统及设备的维修也是重要的环节。系统保证工作可检查有关方面在设计和设备、设施的选型工作中是否充分考虑了系统的可维修度。

5. 系统保证工作相关单位及人员责任

为能够有效地执行及管理整个系统保证工作，深圳地铁3号线项目制定了详细的相关单位及人员的责任，落实责任制。规定各系统单位应为其所承接的工程项目制定"系统保证人员"，作为其项目系统保证的具体负责人。

(1) 业主

业主方从管理层面上，应积极推动各有关单位，落实系统保证及风险管理工作；委托咨询公司制定合适的系统保证策略及程序；对所有的系统保证及风险管理事项，有最终的决定权。

(2) 咨询公司

咨询公司应依据深圳地铁3号线工程的具体情况，为其制定总体系统保证方针和要求；编制项目管理程序及制度，制定合适的系统保证策略及程序；审阅勘察设计总承包及工程建造总监所提交的系统保证文件，以监控整体的系统保证及风险管理工作的实施；制定项目风险管理的评估标准及风险矩阵，供各系统作施工方案安全危害分析参考之用。

(3) 各系统单位的责任

各系统单位应在其项目组织(Project Organization)的基础上，建立合适的系统保证及风险管理组织架构(System Assurance & Risk Management Organizational Structure)，从组织上保证所投入的人力、物力能满足系统保证及风险管理的需要。各系统单位应保证项目整个生命周期内，各阶段的系统保证工作的连续性；在安全管理及系统保证工作上，与其他系统及外部条件进行充分的相互协调及处理。

各系统单位应按照系统安全计划制定本系统单位的"系统保证人员"，确保能够实行及完成系统安全计划中所规定的相关的系统保证工作，并满足相关的系统保证要求，系统保证人员的具体责任如下：

各阶段各系统单位项目负责人应确保有关的系统保证工作能按本文件要求及项目进度如期进行，并按要求如期向业主及咨询公司递交有关文件；审核有关系统保证文件，定期与系统保证人员沟通，跟进有关系统保证事宜，在进度月报及调度会议上报告有关系统保证的进度、成果及跟进等事宜；协调系统保证人员、项目专业人员及相关接口单位的系统保证工作，处理在系统保证及风险管理组织架构内所发生的意见和冲突。

各阶段各系统单位系统保证负责人需具有至少十年系统保证工作相关经验，其他人员需具有至少三年系统保证工作相关经验；按照项目进度，准时执行、完成并满足系统安全计划所有有关系统保证的要求；负责为项目与其他相关接口在系统保证工作方面做出相互协调及处理；直接向项目负责人报告所有相关系统保证进度、成果及跟进等事宜，供项目负责人在进度月报及调度会议上汇报。

各阶段各系统单位项目专业人员需按照项目进度，准时提供最新及足够的系统设计或施工资料给系统保证人员，按各系统保证评估的结果，及时提供及落实两方面的工作：可行及合适的风险控制及减低措施，以减低整体系统所承受的安全风险；可行及合适的系统改善措施，以满足系统的可靠度、可用度及可维护度的要求。

各个阶段各系统单位质量保证人员需确保有关的系统保证文件完全满足 ISO 9000 系列项目质量保证体系的要求；根据项目质量体系文件，定期对系统保证程序及其文件作质量检验，如发现有任何不符合或偏离事项，应与有关系统保证及风险管理组织架构内人员进行纠偏或采取更新措施，并作持续监察。

(4) 勘察设计总承包的责任

在总体设计及扩大初步设计阶段，勘察设计总承包需建立总体设计及扩大初步设计阶段内的系统保证及风险管理组织架构，推行及完成相关的系统保证，并满足相关的系统保证要求；编写各阶段系统保证文件。在施工图设计及后期阶段，勘察设计总承包的责任包括：应对其负责的施工图设计推行及完成相关的系统保证；对于其他的施工图设计，应按整体项目进度，监控土建设计施工总包、设备供货商及系统承包商等，实行并完成系统保证及验证工作，审查该系统保证文件，协调及整理工程建造总监的审查意见，确保系统保证及验证工作。

在各系统单位进行系统保证工作期间，对相关系统接口（当中不限于系统内各接口、系统与系统之间接口或系统与外界的接口等）作出协调，并处理有关的意见冲突，确保各系统在合理的时间内提供及落实可行合适的风险控制及减低措施，以减低整体系统所承受的风险。若发生并非合同服务范围以内的意见冲突，应请示业主及咨询公司，并经其同意后，方可作出有关的最终决策。

定期向业主及咨询公司汇报进度及成果，提交有关系统保证文件（包括：设计施工总包、各分包及供货商等的系统保证文件）；从施工阶段开始，如果出现重大设计变更，应审查并提交相关的系统保证文件；确保系统保证评估结果能够符合系统保证总体的设计概念及表现要求，及时对各系统单位的系统改善措施提供意见，以满足系统保证的要求。

(5) 工程建造总监的责任

对于土建（含常规设备）、核心系统及其他设备的施工图设计，应审查勘察设计总承包、土建设计施工总包、设备供货商及系统承包商编写的系统保证文件，提供给勘察设计总承包作协调及整理，确保系统保证及验证工作能够满足相关的系统保证要求。

从施工阶段开始，按整体项目进度，监控土建设计施工总包、设备供货商及系统承包商等应按深圳地铁 3 号线项目系统保证的要求实行并完成系统保证及验证工作；审查相关系统保证文件，确保系统保证及验证工作，能够满足相关的系统保证要求；定期向业主及咨询公司汇报系统保证工作进度及成果，提交有关系统保证文件（包括：各设计分包商、设备供货商、施工承包商等的系统保证文件）。

在各系统单位进行系统保证工作期间，对相关系统接口（当中不限于系统内各接口、系统与系统之间接口或系统与外界的接口等）作出协调，并处理有关的意见冲突。确保各系统在合理的时间内，提供并落实可行合适的风险控制及减低措施，以减低整体系统所承受的风险。若发生并非合同服务范围以内的意见冲突，应请示业主及咨询公司，并经其同意后，方可作出有关的最终决策。

(6) 运营单位的责任

整个系统保证及风险管理与日后地铁运营有密切的关系，因此，深圳地铁3号线项目在制定系统安全计划时，就日后地铁运营单位的相关责任也做了详细说明：地铁运营单位应就各系统的安全及风险管理的结果，对已进入第4阶段的危害作进一步的风险处理或持续监察。参与各系统的故障报告分析与纠正措施系统工作，并根据各系统提交的故障报告分析与纠正措施系统方案和报告与相关系统人员作跟进，以维持或提高系统的可靠度。参与各系统的可维护度验证工作，根据各系统提交的可维护度验证方案与相关系统人员作跟进，以维持或提高系统的可维护度；参与各系统的设计安全审查，提出运营方面的意见和建议。

系统保证工作的主要内容包括：系统安全计划；初步危害分析(PHA)报告(包括：系统子系统、接口、运营及维护危害分析、施工方案安全风险分析)；施工图设计阶段危害分析报告；设计安全审查报告(DSR)；设计可靠度、可用度及可维护度分析报告；故障报告分析及纠正措施系统报告；可维护度验证报告。

(7) **系统保证工作的基本要求**

深圳市地铁3号线工程以"风险为本"的系统保证概念为其工程设计的总体系统保证方针。各系统单位需要在项目的整个生命周期内，根据系统安全计划的要求及其项目进度，及时进行下列的系统保证工作，以满足系统的安全、可靠度、可用度及可维护度的要求。

1) 考虑"生命周期"的系统保证模式

在推行整套的系统保证时，深圳地铁3号线项目所制定的系统保证参考了国际系统保证的概念与经验，对工程项目的整个生命周期作出全面的考虑，包括：总体设计及扩大初步设计阶段；系统施工图设计阶段；施工、系统设备采购及安装阶段；调试、联调及验收阶段；缺陷责任期及试运营及正式运营阶段。因此，各系统单位的"系统保证及风险管理组织架构"需确保其系统能够完全满足3号线项目系统保证中详列的各项要求，于项目的各个阶段进行并完成相关的系统保证。

2) 系统保证报告的制定

系统保证报告记录每项系统保证工作的目的、范围、方法、程序、结果等，是系统保证工作的有力证明。各系统单位应根据其合同范围、项目进度及系统安全计划中对相关系统保证工作的要求，执行并完成系统保证工作，并按时提交系统保证报告。

(8) **质量保证**

为确保设计安全计划实施过程中的完整性和正确性，系统上一级安全保证人应对下一级安全保证人完成的安全保证工作和提交的文件进行审查。质量保证环节是工程项目三大控制目标之一，深圳地铁3号线项目参照国际工程项目质量保证概念为其自身制定了严密的质量保证体系，主要分为以下两个部分。

1) 内部审查

各分系统设计分包单位的设计安全系统保证人，应检查和审定本单位内各分系统设计安全保证工作的完整性和正确性，对不符合规定的部分，要求其责任人及时补充或修改，待改正后再上报设计总承包单位。

2）外部审查

设计总承包单位的系统保证工作接受深圳地铁 3 号线工程项目系统总体安全保证人的检查和审查；各分系统设计分包单位的系统保证工作接受设计总承包单位的系统保证人的检查和审查。

(9) 安全部门的培训和意识

人是生产力中最重要的因素，是安全管理中最重要的也是难度最大的环节。国外大量伤亡事故的统计分析表明，百分之八十以上的事故是由于人的不安全行为引起的。所以安全工作除了采取技术手段和管理手段外，加强对人的安全管理也是至关重要的。

深圳地铁 3 号线项目系统总体安全计划中，严格规定了系统保证和风险管理的程序和人员责任。其中加强人员的安全意识，也同样是系统安全保障工作的重点。项目本身按照业主和项目咨询公司联合体的统一布置，分阶段对系统保证机构的所有人员进行培训，使每一保证人明确自身的责任和应完成的相关工作，并加强安全意识，为安全计划的实施创造有利的人文条件。

7.2.5 风险管理总控

项目风险管理是以一套系统性及结构性的管理程序，帮助业主及项目管理人员明白其项目活动本身潜在的风险(包括：在执行或管理这些活动时可能出现的异常情况及其影响)，并了解各单位所能承受风险的程度，透过分析、管理、控制及减低项目的风险，协助业主及项目管理人员确保项目能够按时、按成本、按目标顺利完成。

1. 风险管理的目的

深圳地铁 3 号线工程以建设一个"安全便捷、环境协调、技术先进、造价合理"的地铁系统为目标，在优化及完善工程设计的同时，亦在项目的策划和管理及实施方面，制定了科学、系统、完善、可操作的策划方案及管理措施。

2. 风险管理的适用范围

深圳地铁 3 号线工程项目风险管理参考了国际项目风险管理的概念及经验，主要针对控制及减低项目的施工风险。整个风险管理程序将于扩大初步设计阶段开始实施，直至"整个施工阶段"结束为止。

3. 项目风险的定义

项目风险是指在项目执行及管理上可能发生的不确定因素(包括：决策、工期、行政、财政、技术方面)所带来的影响(包括：安全、日后运营服务、项目工期、项目财政等方面)。

4. 风险管理中相关单位及人员的职责

为确保项目风险管理程序能够有效地实行，业主、咨询公司、勘察设计总承包以及工程建造总监应指定负责人员，参与并负责项目风险管理工作，而且适时地与其他内外接口单位,在项目风险管理工作上,作出充分的相互协调及处理。有关参与及负责项目风险管理人员的责任如下。

(1) 业主

业主需委托咨询公司制定及实施合适的项目风险管理程序,以便监管整体项目风险管理工作;审批由咨询公司提出的项目风险管理方案(即"风险管理总控"),包括项目风险评估准则;参与项目风险评估及跟进会议;积极推动有关单位进行项目风险管理,及时跟进并适当处理其结果。按项目风险评估的结果,对于需要业主负责处理的风险项目(例如:项目融资事项、工程用地事项、与政府有关部门跟进及协调工程实施的进度等事项),及时组织研究,提供并决定适当和可行的风险处理措施(包括:风险控制及减低措施、风险应对预案),以减低项目所承受的风险。另外,对项目风险评估的结果及项目风险管理有最终的决定权,在有需要时可以参考咨询公司提供的意见做出最终的决定。

(2) 咨询公司

咨询公司是由项目经理或项目经理代表和项目风险管理执行人员组成,具体职责如下。

1) 咨询公司项目经理

项目经理对项目风险管理方案(即"风险管理总控")作内部审批,包括项目风险评估准则,及向业主作正式提交;参与项目风险评估及跟进会议;推动有关的项目风险管理工作能按本控制管理程序及项目进度如期进行。

按项目风险评估的结果及项目风险管理执行人员的汇报,确认由项目风险管理执行人员所指定的"项目风险处理负责人"(Project Risk Owner),对这些负责人提供有关的项目风险记录表作跟进,审批项目风险评估的结果。

2) 咨询公司项目风险管理执行人员(即"系统及安全保证经理")

编制《风险管理总控》,制定及实施合理的项目风险管理程序,以便监管整体项目风险管理工作,并提出项目风险评估准则;对项目执行过程中的风险和异常进行监控。

按项目风险评估的结果,为每项风险指定"项目风险处理负责人"(Project Risk Owner),并与项目经理进行确认。根据处理项目风险的进度及成果等资料,定期更新项目风险记录表,向项目经理报告项目风险管理的进度及成果,对需要及时跟进的有关项目风险管理事宜提醒有关单位跟进。

(3) 勘察设计总承包

参与项目风险评估及跟进会议;按项目风险评估的结果,对于需要勘察设计总承包负责处理的风险项目(例如:系统设计事项等),及时提供并落实适当和可行的风险处理措施(包括:风险控制及减低措施、风险应对预案),以减低项目所承受的风险。根据项目风险记录表的内容,于进度月报及调度会议上汇报其项目风险处理的进度、成果及跟进。

(4) 工程建造总监

参与项目风险评估及跟进会议;按项目风险评估的结果,对于需要工程建造总监负责处理的风险项目(如土建工程及系统施工事项等),及时提供并落实适当和可行的风险处理措施(包括:风险控制及减低措施、风险应对预案),以减低项目所承受的风险。根据项目风险记录表的内容,于进度月报及调度会议上汇报其项目风险处理的进度、成果及跟进。

7.3 深圳地铁3号线工程系统安全保证总控程序

系统保证工作的目的在于确保系统可以达到最优的 RAMS 表现。系统保证工作通过建立一个流程,识别对系统安全以及可靠运营方面产生的不利影响因素,并确保这些不利因素在项目生命周期内得到有效管理。深圳地铁3号线项目设计的总体系统保证是为贯彻工程项目"以人为本、价值优先"的设计理念,建设一个"安全便捷、环境协调、技术先进、造价合理"的地铁系统。

7.3.1 系统安全计划

系统安全计划提出了系统安全保障的指导性原则和具体的实施程序,是全线设计系统安全保障的纲领性文件。深圳地铁3号线项目编写《系统安全计划》时,满足表7-1所列各项要求。

系统安全计划编制要求表　　　　　表7-1

项目	要求
系统保证原则	为其系统订立系统保证(包括:安全、可靠度、可维护度、可用度)
系统安全计划目的及范围	简述系统单位编制系统安全计划的目的、范围及所应用系统保证标准或参考文件
系统保证及风险管理组织	(1)根据要求,成立"系统保证及风险管理组织架构",执行系统保证及风险管理工作,从项目组织上保证投入的人力、物力能满足系统保证及风险管理的需要; (2)确保各阶段各系统单位,包括勘察设计总承包

7.3.2 初步危害分析(PHA)

在项目的总体设计阶段内,初步危害分析提供了一个对整体系统的初步危害评估及对系统内潜在风险的分析。针对初步危害分析评估的结果可以作出可行的风险控制及减低措施的建议,并在项目下一阶段进一步跟进。

1. 初步危害分析简介

初步危害分析(PHA)是一套用于识别、评估及处理总体设计和扩大初步设计阶段危害的系统性的定性的方法。

2. 初步危害分析目的

通过初步危害分析,可以识别出以下两方面的危害,包括所设计的系统或子系统中,对安全及可靠性造成影响的潜在危害和因系统与子系统之间功能关系而产生的潜在危害。

3. 初步危害分析范围

在进行初步危害分析时，应对危害分析进行记录，危害分析的范围包括：系统内任何潜在危害部分；系统里与安全有关的接口；受限制的运营环境；运营、调试、维护及紧急模式；系统的设备或设施；与安全有关的设备或保护系统；系统与子系统的潜在故障模式。

4. 初步危害分析方法与参与人员

在进行初步危害分析时，各系统单位按实际情况选择"会议审查"或"桌式审查"方式。审查形式可以参考国际标准BS61882及BS8444（III）的要求及指引，其中的国际评估惯例包括：危害及可操作性研究分析（HAZOP）、结构性假设分析（SWIFT）等。

在选择透过"会议审查"评估方式时，应组织会议审查评估小组，小组成员应包括但不限于：系统单位系统保证人员、系统单位项目负责人、系统单位项目专业人员及系统单位设计工程师等。参与人员应明白初步危害分析"会议审查"的目的和整个分析过程，另外，整个会议审查应有会议记录。

在选择"桌式审查"评估方式时，应由其系统单位的系统保证人员负责，并确保所有评估的系统设计是最新和有效的。在评估完成后，应将评估的结果（危害记录表）传送给系统单位项目负责人、系统单位项目专业人员及系统单位设计工程师等进行确认及跟进，并记录这些确认文件的传送。

5. 初步危害分析程序

初步危害分析的流程见图7-4。

以下详细描述进行初步危害分析的步骤。

(1) 识别系统

在选择"会议审查"评估方式时，由合适的系统单位设计工程师讲述整个系统及其功能，令会议审查评估小组的各成员对该系统及子系统先有一个概念，再考虑系统及子系统的每项细节，然后再作危害分析。

在选择"桌式审查"评估方式时，应确保进行评估的系统保证人员对整个系统设计有一定程度的认识，足够应付对系统及子系统的每项细节的考虑，然后再作危害分析。

(2) 识别运营模式

在进行危害分析时，应确定其系统及子系统的运营模式，并按照每个相关运营模式去识别各种潜在危害。应考虑的运营模式包括：正常、维护、异常及紧急。

(3) 识别危害

识别系统及子系统的潜在危害及其运营模

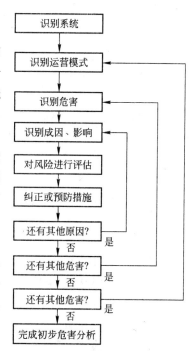

图7-4 初步危害分析流程图

式，记录于危害记录表内。危害记录表的格式见表7-2。

危 害 记 录 表　　　　　　　　表 7-2

设计参考：							编写(安全保证人员)：				日期：			
合同编号：							审查(项目专业人员)：				日期：			
							批准(项目总管)：				日期：			

项目	系统	子系统	潜在危害	成因	运营模式	后果-对乘客及工作人员的安全影响(由本系统所引起)	后果、对乘客及工作人员的安全影响(由受影响的接口系统所引起)	现有的风险控制及减低措施或其他已实行的措施	现有风险		其他风险控制及减低措施	剩余风险		风险处理负责人	项目阶段	填写日期	更新日期	意见、备注
									危害产生频率	危害的严重性程度		危害发生频率	危害之严重程度					

(4) 识别成因、影响

分析危害的成因及其可能对乘客、工作人员及其他系统造成的安全影响，记录在危害记录表内。

(5) 对风险进行评估

根据既定的"危害发生频率"及"危害之严重程度"的等级，对已识别的危害进行定性的安全分析。按制定的风险矩阵(包括：危害发生频率，可能造成的后果的严重性及其风险等级)，识别危害，进行风险评估，以决定系统潜在危害的风险等级。再按不同的风险等级，考虑处理风险的优先次序及相对的资源分配。以上数据应记录于危害记录表。

(6) 控制或减低风险

根据已识别的危害及其风险，提议合理的风险控制及减低措施，包括：系统整改、设计完善等，以减低危害发生频率或降低危害之严重程度。数据应记录在危害记录表中，以方便日后跟进。

6. 初步危害分析结果报告

(1) 所有危害分析的结果应记录在危害记录表中

在选择"会议审查"评估进行初步危害分析时，应在会议结束后，向所有参与会议的小组成员发送会议记录及危害记录表，所有小组成员应对初步危害分析的结果及时做出有关跟进，并对会议记录及危害记录表的内容达成共识。

在选择"桌式审查"评估方式时,应传送评估的结果(危害记录表)至系统单位项目负责人、系统单位项目专业人员及系统单位设计工程师等,进行确认及跟进,确保危害分析是全面及理性的,并记录这些确认的文件的传送。

(2) 编写初步危害分析报告,并按时提交业主及咨询公司审查

由于初步危害分析是在项目的总体设计阶段内进行的,其后还需要进行其他进一步的详细危害分析,例如:设计安全审查等。初步危害分析报告,满足的各项要求见表 7-3。

初步危害分析报告编制要求表　　　　　　　　　表 7-3

项目	要　　求
评估方法	阐述评估范围、参与评估的人员名单及其职位、所采用的评估方法(例如:会议审查或桌式审查)
评估结果	对已识别的危害做出统计,包括"不可接收"、"不理想"、"可容忍"、"可接收"危害的总数

7.3.3　施工图设计阶段危害分析

施工图设计是在扩大初步设计批准后进行,施工图设计的任务是根据扩大初步设计审批意见,解决初步设计阶段待定的各项问题,作为施工单位编制施工组织设计、编制施工预算和进行施工的依据。因此,施工图设计阶段危害分析是系统保证计划的重要组成部分。

1. 施工图设计阶段危害分析简介

施工图设计阶段危害分析分为两大部分。第一部分为系统及子系统、接口、运营及维护危害分析,根据更多及更实际的设计资料,进行详细危害分析,其程序大致和初步危害分析相同。第二部分为施工方案安全风险评估,针对土建施工方案进行定性的风险评估,作为日后项目风险管理的重要依据。

2. 施工图设计阶段危害分析范围

进行施工图设计阶段的危害分析,识别以下的危害:系统及子系统危害;接口危害;运营及维护危害;施工方案安全危害。

3. 施工图设计阶段危害分析目的

第一部分的危害分析审查系统、子系统、功能及有关接口和系统的运营及维护程序等是否符合设计及规格书内的安全及功能要求。识别及评估以下的潜在危害:系统接口间的潜在危害;系统的运营及维护程序的潜在危害;系统的设备故障模式、人为错误产生的潜在危害;因系统与子系统之间功能关系而产生的潜在危害。

第一部分的危害分析审查结束后,就其评估结果,推荐合理可行的风险控制及减低措施,并进一步的跟进。第二部分的危害分析审查其后施工阶段所采用的施工方案的潜在危害。

4. 施工图设计阶段危害分析的方法与参与人员

进行施工图设计阶段危害分析,应采用"会议审查"进行评估,并组织会议审查评估小组。审查形式可以参考国际标准 BS61882 及 BS8444(III)的要求及指引,其中的国际评估惯例包括：危害及可操作性研究分析（HAZOP）、结构性假设分析（SWIFT）等。

会议审查评估小组成员应包括但不限于：系统单位系统保证人员、系统单位项目负责人、系统单位项目专业人员及系统单位设计工程师、接口系统的技术负责人或代表、系统运营及维护负责人或代表、施工方案技术负责人或代表等。会议应确保参与会议的小组成员掌握有关系统的充分知识及技术，他们需要明了危害分析"会议审查"的目的和整个分析过程。

5. 施工图设计阶段危害分析程序

本阶段是根据较详细的设计资料进行危害分析，以下详细描述进行危害分析的步骤。

(1) 识别系统

确认将要进行分析的系统、子系统及其系统功能、运营维护程序系统、接口系统或施工方案。由合适的系统单位设计工程师或有关负责人员讲述系统相关的运营维护数据或施工方案，令会议审查评估小组的各成员对此有一个概念，再考虑系统、子系统及其系统功能、运营维护程序系统、接口系统或施工方案的每项细节，然后再作危害分析。

(2) 识别运营模式

进行第一部分的危害分析时，应确定其系统、子系统或接口的运营模式，并按照每个相关运营模式去识别各种潜在危害。应考虑的运营模式包括：正常、维护、异常及紧急。进行第二部分施工方案安全风险评估时，应全面考虑整个施工模式及各种潜在危害。

(3) 识别危害

识别潜在危害及其运营模式，并记录在危害记录表内。

(4) 识别成因、影响

分析危害的成因及其可能对乘客、工作人员及其他系统造成的安全影响，并记录在危害记录表内。

(5) 对风险进行评估

第一部分的危害分析，根据既定的"危害发生频率"及"危害之严重程度"的等级，对已识别的危害进行定性的安全分析。然后，根据风险矩阵，就已识别的危害进行风险评估，决定系统潜在危害的风险等级。再按不同的风险等级，考虑处理风险的优先考虑次序及相对的资源分配。以上数据应记录在危害记录表内。

第二部分的施工方案安全危害分析，根据项目风险管理的"危害发生频率"及"危害之严重程度"的等级，对已识别的危害进行定性的安全分析。根据项目风险管理制定的风险矩阵，就已识别的危害进行风险评估，以决定系统潜在危害的风险等级。再按不同的风险等级，考虑处理风险的优先考虑次序及相对的资源分配。以上数据应记录于危害记录表内。

(6) 控制或减低风险

根据已识别的危害及其风险，提议合适的风险控制及减低措施。这些措施包括：系统整改、设计完善、优化运营程序、完善施工方案、行政及管理支持等，以减低危害发生频率或降低危害的严重程度。为方便日后跟进，以上数据应记录于危害记录表内。

6. 施工图设计阶段危害分析结果报告

所有危害分析的结果记录在危害记录表中。在选择"会议审查"评估进行危害分析时，在会议结束后，向所有参与会议的小组成员传送会议记录及危害记录表，所有小组成员应对危害分析的结果及时做出有关跟进，并对会议记录及危害记录表的内容达成共识。

编写的危害分析报告，经勘察设计总承包、工程建造总监审查后，按时提交给业主及咨询公司进行审阅。在得到更多更新设计数据时，进行进一步的详细危害分析，如：设计安全审查等。危害分析报告应包括并满足以下各项要求，具体见表7-4。

施工图设计阶段危害分析结果报告编制要求表　　　表7-4

项　目	要　求
评估方法	阐述评估范围、参与评估的人员名单及其职位、所采用的评估方法（例如：会议审查或桌式审查）
评估结果	对已识别的危害做出统计，包括"不可接收"、"不理想"、"可容忍"、"可接收"危害的总数，其他需要跟进事项
参考技术文件	技术规格书、系统设计书及设计图、现有的运营程序等
危害记录表	记录所有已识别的危害
危害分析会议记录	"会议审查"评估方法，必须加入会议记录

7.3.4　设计安全审查(DSR)

在整个项目生命周期，应定期执行设计安全审查，确保在系统设计、施工、采购及安装、调试、联调及验收期间，慎重考虑安全事项，并已全面及系统地去识别和处理系统的潜在危害。

1. 设计安全审查简介

根据工作计划及执行时序，审查所有前阶段的系统保证文件，确保其有效性及正确性，检查和跟进有关系统保证工作，确保根据本文件的要求，按时完成并提交有关的系统保证文件。

2. 设计安全审查目的

设计安全审查用以评估在设计上对安全的考虑是否足够。透过审查及验证所有已进行的系统保证工作，就其结果作出其他风险控制及减低措施的建议，务求满足系统的设计安全要求。

3. 设计安全审查方法与参与人员

设计安全审查，应采用"会议审查"进行，并组织会议审查评估小组。会议审查评估小组成员应包括但不限于：系统单位系统保证人员、系统单位项目负责人、系统单位项目专业人员、系统单位设计工程师、接口系统的技术负责人或代表、系统运营及维护负责人或代表、施工方案技术负责人或代表、系统施工采购及安装技术负责人或代表、系统调试、联调及验收技术负责人或代表等。

会议应确保参与会议的小组成员掌握有关系统的充分知识、技术及情况，他们需要明了"会议审查"的目的和整个分析流程，整个会议审查应作会议记录。根据有关设计数据、已进行的系统保证工作、有效的数据或技术分析等进行审查，所有审查结果应交会议审查评估小组成员进行确认及跟进，并记录这些确认文件的传送。

4. 设计安全审查内容

根据工作计划及执行时序的要求，在项目生命周期内的每一个阶段均应定期进行设计安全审查，并按时提交设计安全审查报告。系统保证工作审查阶段所有的系统保证文件要确保其有效性及准确性，对已进行的系统保证工作，检查有关的跟进工作（包括已进行的系统的风险管理），按时完成并提交有关的系统保证文件。

设计安全审查的程序，主要包括以下三个部分：设计安全审查会议；设计安全审查报告；跟进。所有设计安全审查工作应从第一部分开始进行，每一个部分将为下一个部分提供有关的资料。

7.3.5 安全及风险管理

整个项目生命周期内的安全及风险管理，将透过危害记录表的格式得以实践。以下为危害记录表的格式及使用危害记录表需要注意的事项，整个安全及风险管理工作后续会详细介绍。

1. 危害记录表（HL）

（1）危害记录表简介

为了有一个系统性的数据库，以便跟进系统保证工作，在整个生命周期里（初始于设计，而直到试运阶段）所识别的危害都要记录于各系统的危害记录表内。各系统的危害记录表的危害记录，需要包括所有设计上的问题、异常状态、潜在故障失误及人为因素对安全的影响。

（2）使用危害记录表的目的

危害记录表可以提供一个综合的危害数据库，记录的危害包括：系统危害、系统接口危害、维护危害、施工期间危害等。此外，危害记录表还可以用作危害跟进及审查，亦可监察处理风险的进度。

（3）危害记录表使用范围

从设计阶段开始，各系统单位就应建立一个危害记录表，记录有关的系统危害。各系统单位的危害记录表应在下一个项目阶段转移至相关的系统单位进行跟进，各系统单位应在跟进的项目阶段内，负责更新及验证其接收的危害记录表。并且，各系统单位应定期向业主及咨询公司汇报安全及风险管理进度。当推荐的风险处理措施落实后，应将资料记录在危害记录表内，并继续监察和评估剩余的风险。

（4）危害记录表内的资料要求

各系统应根据系统设计及施工进度的最新资料对危害记录表进行更新。在评估系统风险及系统的剩余风险时应以参考资料或以技术分析作依据，业主及咨询公司可在任何时候，要求各系统单位概述设计上的安全分析数据。

(5) 维护危害记录表的参与人员要求

各系统单位应指定一位系统保证人员维护系统的危害记录表。

2. 安全及风险管理系统（HMS）

(1) 安全及风险管理程序简介

系统单位进行安全及风险管理时的程序，包括：项目各系统人员的职务与责任；识别及记录危害；在识别危害后所需要采取的行动以及利用危害记录表有效地监察并及早消除危害。

(2) 安全及风险管理目的

安全及风险管理的目的是确保各系统单位能够在整个项目生命周期内，采用统一的管理方式，处理系统潜在危害及其风险。它既可以提供一个标准及统一的形式去记录危害、监察和管理风险，亦能够通过制定风险评估矩阵，进行风险评估，规划相应的风险处理措施。

(3) 安全及风险管理程序

在识别一个新的危害后，应按照其风险等级，进行相关风险控制及制订减低措施，减低系统所承受的风险。当建议的风险处理措施已经落实后，各系统应继续监察及评估剩余的风险。安全及风险管理包括以下两个阶段，具体见表7-5和图7-5。

安全及风险管理程序表　　　　　　　　　表7-5

危害	说　　明
1	识别新危害及建议风险处理措施
2	审查并落实风险处理措施

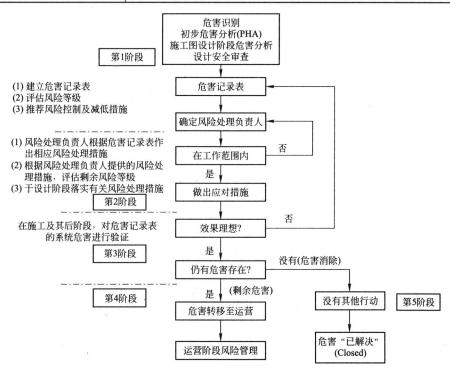

图7-5　安全及风险管理流程图

在各阶段中，系统单位应及时提供合理可行的风险控制及减低措施，并提供足够的数据给系统保证人员作危害记录表的更新。

(4) 识别新危害及建议风险处理措施

系统保证人员应为危害记录表内每一个危害指定处理风险负责人（Hazard Owner）。处理风险负责人应推荐、决定及落实该危害的风险处理措施。处理风险负责人应在危害记录表内填写风险处理措施和回应，并落实其提议的风险处理措施及其所参考的设计文件。处理风险负责人如发现该危害的风险处理措施并非在其系统的合同范围内，应及时连同合理理由提交给其系统保证人员。系统保证人应再确定另一处理风险负责人。

(5) 审查并落实风险处理措施

根据危害记录表，系统保证人员应审查当中的风险处理措施建议及相关设计文件，以确定风险处理措施已落实于系统设计之中，并对其剩余风险（Residual Risk）进行评估。如果系统保证人员认为风险处理措施不当，否决该建议时，系统保证人员应连同否决原因，退还风险处理负责人以作跟进。如果否决原因为识别了新的危害，该新危害应根据安全及风险管理程序进行风险处理。系统保证人员应更新危害记录表以反映危害阶段的改变。

(6) 在施工中或其后阶段对风险处理措施进行验证

当一项风险处理措施已落实于设计并按其要求进行施工及安装以后，系统保证人员应进行有关审查及验证，并记录有关文件，确保该措施已按要求实施。当系统保证人员对实施的措施满意后，该危害可视为"已解决"（Closed），并对其剩余风险（Residual Risk）再次进行评估。系统保证人员此时应更新危害记录表以反映危害阶段的改变。

(7) 危害转移至运营单位作进一步风险处理或持续监察

当一项风险处理措施实施后，应进行审查并确保危害已减至不合理等级之下。系统保证人员应建议合适的行动方案，监察危害对运营的影响，并将这些危害交移至运营单位，作进一步风险处理或持续监察。当运营单位不接受处理风险的责任时，将由勘察设计总承包负责进行协调。发生意见冲突时，需提请业主及咨询公司，经其同意后，方可做出有关最终决策。系统保证人员应更新危害记录表，以反映危害阶段的改变。

(8) 危害已大致消除或作持续监察

当一项风险处理措施实行后，应进行审查并确保危害已减至不合理等级之下，系统保证人员认为危害已不再对安全有影响，该危害可视为"已解决"（Closed）。系统保证人员应更新危害记录表，以反映危害阶段的改变。

7.3.6 可靠度、可用度及可维护度评估

为确保深圳地铁设备系统的设计能够满足地铁运营要求，各设备系统单位应参考国际的惯例，采用一套系统性及量化的评估方法，为其关键的系统设计进行可靠度、可用度及可维护度评估，评估内容包括：故障模式、影响及关键性分析；系统可靠度、可用度及可维护度表现分析。

1. 故障模式、影响及关键性分析（FMECA）

(1) 故障模式、影响及关键性分析简介

故障模式、影响及关键性分析是一个自下而上的系统分析方法，是从设计上识别各子系统及系统可能发生的故障，并分析这些故障对子系统、系统及整体地铁系统运作产生的安全及可靠性的影响。

(2) 故障模式、影响及关键性分析目的

应用归纳分析方法，在设计阶段对系统的各个组成部分（包括：组件、子系统单元及组合件等）进行分析，识别其故障及成因，查明每项故障对系统安全及可靠性所带来的影响，判断故障的关键性，以便采取适当措施加以防止和消除。同时，识别系统内需要强化质量控制及定期维护检查的关键部分，编制该部分的清单（SCIL/RCIL），作日后跟进所用。

(3) 故障模式、影响及关键性分析范围

在施工图设计阶段对关键的系统设计进行故障模式、影响及关键性分析。其中包括对系统的组件、子系统单元及组合件等设计的分析。故障模式、影响及关键性分析程序通常并不包括人为错误及软件误差。人为错误及软件误差，应在危害分析时做出识别，并在安全及风险管理系统中处理。另外，各系统单位在得到业主及咨询公司的同意下，可以更改故障模式、影响及关键性分析程序及形式。

(4) 故障模式、影响及关键性分析参与人员

故障模式、影响及关键性分析应由各系统单位系统保证人员负责，并由系统单位项目专业人员及设计工程师给予协助。系统保证人员应负责分析，同时应记录系统功能分析，绘制有关功能框图，并根据故障模式、影响及关键性分析表的格式来记录分析结果。

系统保证人员应在整个分析过程中，向项目专业人员及设计工程师询问及确认有关系统设计及技术上的资料和数据，以了解每项故障模式及其影响。所有的系统功能分析表和有关功能框图应及时提交勘察设计总承包系统负责人审查，勘察设计总承包的系统负责人应及时审查这两项分析，确定其功能及接口的设计分析是否准确无误，并记录这些审查资料。

所有的关键安全部分及关键可靠性部分清单及其检讨结果应及时提交勘察设计总承包系统负责人审查，勘察设计总承包的系统负责人应在不影响项目进度的情况下，及时审查这两项分析，对各系统单位的系统改善措施提供意见，并记录这些审查资料。

(5) 故障模式、影响及关键性分析程序

故障模式、影响及关键性分析应根据现有最新的系统设计资料及数据进行，并作为设计过程中一个重要部分。设计过程应考虑故障模式、影响及关键性分析的结果，针对系统中明显的单点故障（Dominant Single Point Failure）提出故障处理措施，以进一步完善系统的设计。若系统设计上有任何变更建议，应更新之前的分析结果，并确保这些变更建议不会对系统安全及可靠性带来负面的影响。整个故障模式、影响及关键性分析可划分为以下三部分：系统功能分析及功能框图编制；定性的故障模式及影响分析（Failure Mode, Effects Analysis）；量化的关键性分析（Criticality Analysis）。

(6) 系统功能分析及功能框图编制

在进行故障模式、影响及关键性分析时，首先要对整个系统的功能进行分析。根据系统设计图，界定系统的功能、接口、运作限制等，并考虑其运作模式，包括：正常、维护、紧急及异常状态等，系统功能分析表格式见表 7-6。再根据系统功能分析表的记录，编制系统功能框图。所有完成的系统功能分析表及有关功能框图，应及时提交勘察设计总承包的系统负责人审查，勘察设计总承包的系统负责人应及时审查这两项分析，确定其功能及接口的设计分析准确无误，并记录这些审查资料。

系统功能分析表　　　　　　　　　　　　　　　　　　表 7-6

项目	说明	项目	说明
系统名称		辅助功能	
子系统、组件		系统、功能接口	
主要功能			

(7) 定性的故障模式及影响分析

根据以上的功能分析，故障模式、影响及关键性分析见表 7-7，进行分析并记录分析结果。下面详述分析表内的几项内容：

故障模式、影响及关键性分析表　　　　　　　　　　表 7-7

系　　统：	编写（系统保证人员）：	日期：
设计参考：	审查（项目专业人员）：	日期：
系　　统：	批准（项目主管）：	日期：

项目	子系统	组件	组件功能	故障模式	故障成因	运作模式	故障带来的影响			故障识别检测方法	故障处理措施	严重性等级	故障分析的资料来源	故障模式所占比率(%)	故障率	运作时间	故障模式关键度指数	设备关键度指数	备注
							对组件本身	对子系统及系统	对整体地铁系统（包括系统的安全及可靠性）			安全	可靠性						

1) 项目

为每一个识别的子系统，编定项目编号。

2) 子系统及组件确定将要进行分析的子系统。

3) 组件及组件功能

根据功能分析的结果,填写子系统中每项组件及其功能。

4) 故障分析

对每项组件进行故障分析,包括故障模式、成因和相关的运作模式。下一步分析故障模式对系统带来的影响,其影响可分为:对于组件本身的影响、对于子系统及系统的影响、对于整体地铁系统的安全及可靠性的影响(包括对乘客、工作人员、公众、运营的影响)。

5) 故障管理

根据故障分析的结果,进行故障管理程序分析。故障管理程序的第一步为识别故障检测方法,方法包括就地检测或中央监控。就地检测指车站工作人员在正常运作下或维修人员在维修检查时识别故障的程序。故障管理程序的第二步为故障处理方法。应记录系统设计没有的故障处理措施(例如:后备或冗余设备),如何减低了故障发生的机会,或减轻了故障影响的严重性。

6) 影响分析

根据以上数据,进行故障影响的严重性分析,其影响可分为系统安全及系统可靠性两种。在考虑现有的故障检测及处理方法后,根据风险矩阵中"危害的严重程度"评估故障影响的等级,记录在分析记录表内,以便日后编制系统内影响安全及可靠性关键部分清单。

(8) 量化的关键性分析

根据以上的分析结果,进行量化的关键性分析。根据所有收集到的数据参考,计算故障模式关键度指数,并编制系统内影响安全及可靠性的关键部分清单。

1) 计算故障模式关键度指数

计算故障模式关键度指数(C_m)时的各项参数包括:关键的影响发生概率(β)、故障模式所占比率(α)、故障率(λ_p)、运作时间(T)。则故障模式关键度指数的计算公式如下:

$$C_m = \beta \alpha \lambda_p T$$

2) 编制系统内影响安全及可靠性的关键部分清单

根据定性的故障影响分析结果,编制影响安全及可靠性的关键部分清单。所有在严重性等级(安全)或严重性等级(可靠性)属于 S3、R3 或 S4、R4 等级的故障,都要分别地记录于关键安全部分清单及关键可靠性部分清单,清单的格式见表 7-8。其中,FMECA 项目是故障模式、影响及关键性分析表里的项目编号,备注中填写有关故障模式关键度指数(C_m)。

关键安全部分清单、关键可靠性部分清单格式表　　表 7-8

清单项目	部分概要			关键安全因素	影响	严重性等级	控制措施	备注
	FMECA 项目	子系统	功能系统名称					

根据以上清单的内容，对于所有关键安全部分及关键可靠性部分进行可靠度、可用度及可维护度检查。系统保证人员需要提供这些数据给系统专业人员及设计人员进行跟进，并针对系统中明显的单点故障(Dominant Single Point Failure)，提议合适的故障处理措施，进一步完善系统的设计，并应在日后的设备系统采购、安装、调试、联调阶段及缺陷责任期内，验证其故障处理措施。

(9) 故障模式、影响及关键性分析报告

深圳地铁 3 号线项目在编写《故障模式、影响及关键性分析报告》时，各项要求见表 7-9。

故障模式、影响及关键性分析报告编制要求表　　　　　表 7-9

项 目	内 容
系统概述	概述分析的系统、子系统、接口等
分析方法	阐述评估范围、参与评估的人员名单及其职位、所采用的分析方法
分析结果	(1) 根据关键安全部分清单、关键可靠性部分清单格式的要求，对分析结果作出统计，包括：各项影响的安全及可靠性等级、关键安全部分及关键可靠性部分的数目 (2) 其他需要跟进事项
参考技术文件	如系统设计文件、设计图、技术规格书、其他参考数据等
附件	系统功能分析、系统功能框图、勘察设计总承包审查记录、故障模式、影响及关键性分析表、关键安全部分清单、关键可靠性部分清单

2. 系统可靠度、可用度及可维护度表现分析

(1) 系统可靠度、可用度及可维护度表现分析简介

系统可靠度、可用度及可维护度表现分析(RAM 分析)，是指为确保深圳地铁 3 号线设备系统的设计能够满足地铁运营要求，考虑可靠度、可用度及可维护度是否满足要求。

(2) 系统可靠度、可用度及可维护度表现分析目的

根据系统及子系统的功能要求和特性，建立合适的 RAM 分析模型，详细分析系统、子系统及功能关系对整体可靠度、可用度及可维护度的影响。评估系统设计的可靠度、可用度及可维护度，并确定该设计是否能够满足可靠度、可用度及可维护度要求。

(3) 系统可靠度、可用度及可维护度表现分析范围

根据深圳地铁 3 号线项目系统保证工作计划及执行时序的要求，在施工图设计阶段，为影响安全及可靠性的关键系统设计进行系统可靠度、可用度及可维护度表现分析。根据故障模式、影响及关键性分析的结果，进行进一步的整体可靠度、可用度及可维护度表现分析。在进行分析时，参考了相关的国际惯例、要求及指引，其中包括：欧洲标准 BS5760、BS6548、BSEN50126：1999、军事标准 MIL-STD-470、MIL-STD-471A、MIL-HDBK-472 等。

所有可靠度、可用度及可维护度的分析结果，都与世界上最好的同类型地铁系

统进行比较，确保系统达到同类型地铁系统的水平，并向业主及咨询公司提交有关资料，取得业主及咨询公司的同意。

(4) 系统可靠度、可用度及可维护度表现分析参与人员

系统可靠度、可用度及可维护度表现分析由各系统单位系统保证人员负责，并由系统单位项目专业人员及设计工程师予以协助。系统保证人员还应记录分析结果。系统保证人员在分析过程中，有关系统设计、技术上的数据和资料向项目专业人员及设计工程师询问及确认，以确保每项分析的正确性。

所有的系统可靠度、可用度及可维护度表现分析及比较的结果应及时提交给勘察设计总承包的系统负责人审查，勘察设计总承包的系统负责人应及时审查这些结果，确定其系统表现是否能够满足地铁运营、可靠度、可用度及可维护度的要求。如果系统表现未能满足其要求，对各系统单位的系统，提出改善措施意见，并记录这些审查资料。

(5) 系统可靠度、可用度及可维护度表现分析程序

进行 RAM 分析之前，需要先搜集设计系统、子系统、功能关系等数据，并参考已进行的故障模式、影响及关键性分析的结果，按情况选择合适的详细分析方法，其中包括并不限于：可靠度预计；维修度预计（MTTR 预计）；可靠度框图（Reliability Block Diagram）；故障树分析（Fault Tree Analysis）。

集合以上分析的结果，对系统整体的可靠度、可用度及可维护度可做出综合的评估。若系统设计上有任何变更建议，应更新之前的分析结果，以确保这些变更建议并不会对系统可靠度、可用度及可维护度的表现带来负面的影响。另外，应根据这些可靠度、可用度及可维护度的分析结果，在日后的设备系统采购、安装、调试、联调阶段及缺陷责任期内，验证其系统的可靠度及可维护度。

(6) 系统可靠度、可用度及可维护度表现分析报告

深圳地铁 3 号线项目编写《系统可靠度、可用度及可维护度表现分析报告》时，各项要求见表 7-10。

系统可靠度、可用度及可维护度表现分析报告编制要求表　　　表 7-10

项　目	内　容
系统概述	概述分析的系统、子系统、接口等
分析方法	阐述评估范围、参与评估的人员名单及其职位、所采用的分析方法
分析结果	(1)报告系统可靠度、可用度及可维护度的分析结果及其与世界上最好的同类型地铁系统进行比较结果及根据；(2)其他需要跟进事项
参考技术文件	参考文件如系统设计文件、设计图、技术规格书、其他参考数据等
附件	系统可靠度、可用度及可维护度的分析模型

7.3.7　故障报告分析与纠正措施系统（FRACAS）

根据可靠度、可用度及可维护度评估结果以及系统保证工作计划及执行时序的要求，在设备系统采购、安装、调试、联调阶段及缺陷责任期内，应执行故障报告分析与纠正措施系统。

1. 故障报告分析与纠正措施系统简介

故障报告分析与纠正措施系统是认证整体系统可靠度的重要部分，它能够提供对系统可靠性的有效监察，持续维持甚至提高整体系统的可靠性表现。

2. 故障报告分析与纠正措施系统目的

根据设计阶段的系统可靠度、可用度及可维护度评估结果，在设备系统采购、安装、调试、联调阶段及缺陷责任期内，建立一套有效及统一的管理模式，对系统整体可靠性表现作持续的监察、维持以及改善。

3. 故障报告分析与纠正措施系统范围

根据深圳地铁3号线工程系统保证工作计划及执行时序的要求，以及系统设计阶段的可靠度、可用度及可维护度评估结果，在设备系统采购、安装、调试、联调阶段及缺陷责任期内，为对影响安全及可靠性的关键系统，推行故障报告分析与纠正措施系统。深圳地铁3号线项目使用这套系统时，参考了相关的国际惯例、要求及指引，例如：军事标准 MIL-STD-2155（AS）等。

4. 故障报告分析与纠正措施系统参与人员

由系统保证人员、设备系统单位项目负责人、设备系统单位专业人员、设备系统单位设计工程师、地铁系统运营代表、勘察设计总承包代表、工程建造总监代表等人组成故障审查小组，于设备系统采购、安装、调试、联调阶段及缺陷责任期内，推行故障报告分析与纠正措施系统。

由各系统单位系统保证人员应负责带领故障审查小组及主持故障审查会议，提议故障报告分析与纠正措施系统的执行方式及程序，并向业主及咨询公司提交有关资料，取得业主及咨询公司的同意。同时，各系统单位系统保证人员亦应负责编写故障报告分析与纠正措施系统报告。

5. 故障报告分析与纠正措施系统程序

根据系统设计阶段的可靠度、可用度及可维护度评估结果，在设备系统采购、安装、调试、联调阶段及缺陷责任期内，对影响安全及可靠性的关键系统，推行故障报告分析与纠正措施系统。系统保证人员应参考相关的国际惯例、要求及指引，提议具体的故障报告分析与纠正措施系统的执行方式及程序，并向业主及咨询公司提交有关资料，取得业主及咨询公司的同意。

在执行故障报告分析与纠正措施系统时，故障审查小组应确保订立合理而明确的标准，以区别该故障是否影响系统可靠度的表现相关或非相关故障。并且，对每项相关故障进行进一步分析，及时提供合理可行的纠正措施以防止故障再发生。每一个故障均应记录在故障报告分析与纠正措施系统记录表里。

6. 故障报告分析与纠正措施系统报告

深圳地铁3号线项目编写的《故障报告分析与纠正措施系统报告》，各项要求见表7-11。

故障报告分析与纠正措施系统报告编制要求表　　表 7-11

项目	内　　容
系统概述	概述分析的系统、子系统、接口等
分析方法	阐述评估范围、参与评估的人员名单及其职位、所采用的分析方法

7.3.8　可维护度验证

根据可靠度、可用度及可维护度评估结果，以及深圳地铁 3 号线工程系统保证工作计划及执行时序的要求，在设备系统采购、安装、调试、联调阶段及缺陷责任期内，需进行设备系统可维护验证。

1. 可维护度验证简介

这套系统是认证整体系统可维护度的重要部分。

2. 可维护度验证目的

根据设计阶段的系统可靠度、可用度及可维护度评估结果，在设备系统采购、安装、调试、联调阶段及缺陷责任期内，针对整体系统可维护度进行验证工作，以维持甚至提高系统的整体系统可维护度。

3. 可维护度验证范围

根据深圳地铁 3 号线工程系统保证工作计划及执行时序的要求，以及系统设计阶段之可靠度、可用度及可维护度评估结果，在设备系统采购、安装、调试、联调阶段及缺陷责任期内，为关键的安全及可靠性系统进行系统可维护度验证工作。在进行验证工作时，参考了相关的国际惯例、要求及指引，其中包括：欧洲标准 BS5760、BS6548、BS EN50126：1999、军事标准 MIL-STD-470、MIL-STD-471A 等。

4. 可维护度验证参与人员

由系统保证人员负责，并由设备系统单位项目负责人、设备系统单位专业人员、设备系统单位设计工程师、地铁系统运营代表、勘察设计总承包代表、工程建造总监代表等人予以协助，于设备系统采购、安装、调试、联调阶段及缺陷责任期内，进行系统可维护度验证工作。

以上提及项目人员，及时向系统保证人员提供更新设备系统的维护运营方案及程序、相关的工程建造总监和地铁系统运营代表亦应及时向系统保证人员提供检查系统的关键安全及可靠性部分的维护度及相关备件的资料。由系统保证人员根据这些资料负责编写可维护度验证报告。

5. 可维护度验证程序

根据系统设计阶段之可靠度、可用度及可维护度评估结果，在设备系统采购、安装、调试、联调阶段及缺陷责任期内，为影响安全及可靠性的关键系统，进行系统可维护度验证工作。系统保证人员参考了相关的国际惯例、要求及指引，提议具体的可维护度验证方式及程序，并向业主及咨询公司提交有关资料，取得业主及咨询公司的同意。可维护度验证内容应包括并不限于：根据可靠度、可用度及可维护度评估结果，就系统影响安全及可靠性的关键部分清单及时提供合理可行的维护方案及程序，并评估这些方案及程序的充足性。所有方案及程序应由相关的运营单位进行跟进。以及就系统的影响安全及可靠性关键部分清单，评估是否有充足的相关备件。

6. 可维护度验证报告

深圳地铁 3 号线项目编写《可维护度验证报告》时，各项要求见表 7-12。

可维护度验证报告编制要求表　　　　　表 7-12

项　目	内　容
系统概述	概述分析的系统、子系统、接口等
分析方法	阐述评估范围、参与评估的人员名单及其职位、所采用的分析方法
分析结果	（1）报告可维护度验证的进度与结果 （2）其他需要跟进事项
参考技术文件	所有有关的参考数据等
附件	可维护度验证记录

7.4　深圳地铁 3 号线工程安全风险管理总控程序

风险管理是让建设项目各方清楚地认识到有哪些风险以及风险的大小。工程项目风险管理是工程项目管理者通过对风险的识别评估分析应对和监控，以最小代价在最大程度上实现项目的目标。参考国际项目风险管理的概念及经验，项目风险管理程序主要分为项目风险分析及项目风险管理两大部分。

7.4.1　项目风险分析

1. 项目风险分析简介

"项目风险分析"是一套采用定性的方法，有系统地去识别、评估及管理项目风险。

2. 项目风险分析目的

为了及早识别项目潜在的风险，评估其风险等级，明白各项目活动本身潜在的风险及影响，并了解各单位所能承受风险的程度。根据风险程度，建立处理项目风险的优先次序，更有效地投放适当的项目资源，以便控制及减低项目的风险，及进一步跟进项目风险。

3. 项目风险分析范围

进行项目风险分析时，将会考虑以下五大风险类别。

（1）决策风险：基于工程总体策划所做出的决策，对本工程建设、进度及质量的影响。

（2）工期风险：综合考虑质量风险和成本估算，对工期方面造成的影响。

（3）行政风险：考虑资源调配、项目行政程序及管理、文档信息传送工作等，对执行项目造成的影响。

（4）财政风险：考虑工期、质量、行政策略等，对成本及财政资源方面的影响。

（5）技术风险：考虑施工技术设计、施工项目的规格及执行计划等，对工程安全质量及日后运营服务方面的影响。

4. 项目风险分析形式与参与人员

透过会议审查方法对项目的决策风险、工期风险、行政风险、财政风险及技术风险进行评估。项目风险管理执行人员可选择的分析方法包括：危险及可操作性研究分析(HAZOP)、结构性假设分析(SWIFT)等。

会议审查评估小组成员包括但不限于：业主、咨询公司、勘察设计总承包、工程建造总监，参与会议的小组成员要掌握设计关键事项、整个施工流程、项目管理等有关资料，并了解项目风险分析"会议审查"的目的和整个分析过程。

5. 项目风险分析程序

项目风险分析的流程见图7-6。

以下详细描述进行项目风险分析的步骤。

(1) 考虑项目管理资料及识别项目风险

在选择"会议审查"评估方式时，分别由业主、咨询公司、勘察设计总承包、工程建造总监等负责人员报告最新的系统设计关键事项、整个施工流程方案、项目管理等资料，考虑及识别决策、工期、行政、财政、技术方面潜在的项目风险，并记录在项目风险记录表内。项目风险记录表的格式见表7-13。

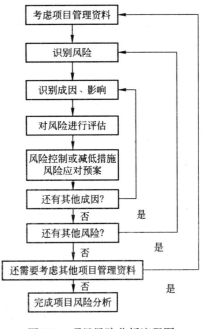

图7-6 项目风险分析流程图

项目风险记录表　　　　　　　表7-13

编写及审查(项目风险管理执行人员)：				日期：								
批准(项目经理)：				日期：								
项目	风险类别	潜在风险	成因	后果	现有的风险控制及减低措施或其他已实行的措施	现有风险			其他风险控制及减低措施			项目风险阶段	风险处理负责人	项目阶段	更新日期	意见、备注
						风险发生概率	风险之严重性程度	风险等级	风险发生概率	风险之严重性程度	风险等级					

(2) 识别成因、影响

分析项目风险的成因及可能造成的影响（包括：对人的安全影响、对日后运营服务的影响、对项目工期的延误、对项目财政的影响等），同时考虑该风险对于项目执行及项目管理可能带来的异常情况及影响，并记录在项目风险记录表内。

(3) 对项目风险进行评估

根据既定风险评估标准（包括"风险发生频率"及"风险的严重程度"的等级），对已识别的项目风险进行定性的分析（考虑最严重的项目风险影响），按项目风险评估矩阵，就已识别的风险进行风险评估，以决定项目风险等级。再按不同的风险等级考虑处理风险的优先次序及相对的资源分配。以上数据将记录在项目风险记录表中。

(4) 控制或减低风险

根据已识别的项目风险及其风险等级，提议合适的风险控制及减低措施，以减低风险发生频率或降低风险的严重程度。为方便日后跟进，以上数据将记录在风险记录表中。

(5) 风险应对预案

对于项目风险所带来对项目执行及项目管理的异常情况及影响，应考虑合适的紧急危机应变措施以应对其异常的情况及影响。

6. 项目风险分析结果

所有项目风险分析的结果应记录在项目风险记录表中。并于会议结束后，向所有参与会议的小组成员分发项目风险记录表，所有小组成员应及时跟进有关项目风险分析的结果，并对项目风险记录表的内容达成共识。然后，按照项目风险管理程序，项目风险管理执行人员指定项目风险处理人，对有关项目风险进行及时的处理和跟进。

7.4.2 项目风险管理

项目风险管理利用项目风险记录表来实现，项目风险记录表的格式及有关使用事项具体如下。

1. 项目风险记录表（Project Risk Register）

(1) 项目风险记录表简介

为了有一个系统性的数据库，以便跟进项目风险管理工作，在执行项目风险管理工作期间，将在项目风险记录表内，记录所有已识别的项目风险，以确保能够有效地控制及减低项目施工风险。

(2) 项目风险记录表的作用

项目风险记录表提供了一个综合项目风险数据库，用作项目风险跟进及审查，并监察处理风险的进度。

(3) 项目风险记录表的使用

从设计阶段开始，由项目风险管理执行人员管理项目风险记录表，记录有关的项目风险，定期向项目经理报告项目风险管理的进度及成果，并透过项目经理提醒有关单位，对有关的项目风险管理事宜及时跟进。

当建议的风险处理措施已经落实后，各参与及负责项目风险管理的有关单位，应把补充资料记录在项目风险记录表内（例如：落实处理措施的设计、文件、程序等），并提交给项目风险管理执行人员，以便持续监察及评估剩余的风险。

在执行项目风险管理各阶段，若任何单位在风险评估会议后，识别任何新的项目风险，应及时在项目风险记录表内进行登记，并透过项目经理交予项目风险管理执行人员，按照项目风险管理程序进行有关跟进。

根据各参与及负责项目风险管理的有关单位所汇报的项目风险处理的进度及成果（由项目经理收集并提供给项目风险管理执行人员），项目风险管理执行人员应对项目风险记录表进行定期的更新，向项目经理报告项目风险管理的进度及成果，并提醒有关单位，对有关的项目风险管理事宜及时跟进。在评估项目风险及项目剩余风险时，参考有关项目资料或以技术分析作基准。

2. 项目风险管理系统（Project Risk Management）

(1) 项目风险管理简介

深圳地铁3号线项目风险管理参照国际上项目风险管理的程序，包括：各有关项目人员的职务与责任；识别及记录项目风险；在识别项目风险后所需要跟进的活动以及利用项目风险记录表有效地监察并及早消除风险。

(2) 项目风险管理目的

项目风险管理的目的是确保能够在项目风险管理各阶段采用一致的管理方式处理项目风险。它既可以提供一个标准及统一的形式去记录、监察和管理项目风险，亦能够通过制定风险评估矩阵去进行风险评估，以规划相应的风险处理措施。

(3) 项目风险管理流程

在识别一个新的项目风险后，将按照其风险等级采取相应的风险控制及减低措施，以减低项目所承受的风险。对于项目风险带来的对项目执行及项目管理的异常情况及影响，应考虑风险应对预案，制定合适的紧急危机应变措施以应付其异常的情况及影响。当建议的风险处理措施已经落实后，将持续监察及评估剩余的风险。项目风险管理流程见图7-7，各阶段风险说明见表7-14。

在各个阶段中，参与及负责项目风险管理的有关单位，应汇报项目风险处理的进度及成果（由项目经理收集并提供给项目风险管理执行人员），以便项目风险管理执行人员对项目风险记录表进行定期的更新。

1) 第1阶段

对于已识别的每一个新的项目风险，项目风险管理执行人员将记录在项目风险记录表中，并完成项目风险记录表所需填写的有关资料。各参与及负责项目风险管理的有关单位，应按照其项目风险等级制定相应的风险控制及减低措施、提供相关的风险应对预案，以减低项目所承受的风险。解决风险的整个程序主要是要决定处

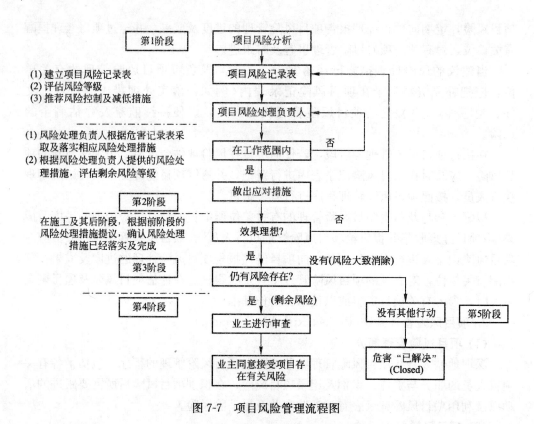

图 7-7　项目风险管理流程图

项目风险管理各阶段风险说明表　　　　　　　　　　表 7-14

项目风险阶段	说　　明
1	识别新项目风险及建议风险处理措施
2	审查并落实风险处理措施
3	在施工或其后阶段确认风险处理措施的落实及完成
4	在落实及完成合理可行的风险控制及减轻措施后，项目仍然存在剩余风险，经过业主同意后，方可接受有关风险
5	项目风险已大致消除或作持续监察

理风险的措施。高风险为不可接受的等级，是应消除或降低的；相反，低风险是可以接受的等级，并不需要急切处理。

2) 第 2 阶段

根据项目风险记录表，项目风险管理执行人员将审查当中的风险处理措施、建议及相关补充资料(如落实处理措施的设计、文件、程序等)，以确定风险处理措施已经落实，并评估其剩余风险(Residual Risk)。如果项目风险管理执行人员认为风险处理措施不当，否决该建议时，项目风险管理执行人员将连同否决原因退还项目风险处理负责人以作跟进。

3) 第 3 阶段

于项目施工或其后阶段，项目风险处理负责人落实及完成提议的风险处理措施后，提供相关补充资料(如落实处理措施的完工报告、监理报告、验收文件等)，项目风险管理执行人员将审查并确认风险处理措施已经落实及完成(即对措施实行满意)，项目风险可视为"已解决"(Closed)，并评估其剩余风险(Residual Risk)。项目风险管理执行人员将更新项目风险记录表，以反映项目风险阶段的改变。

4) 第 4 阶段

当一项风险处理措施实行及完成后，假如风险处理措施有别于第 2 阶段内提议，项目风险处理负责人应提供更新的风险处理措施及相关补充资料(例如：落实处理措施的完工报告、监理报告、验收文件等)，给项目风险管理执行人员进行审查，以确定项目风险已经控制或减低，并再次评估其剩余风险(Residual Risk)。

5) 第 5 阶段

当一项风险处理措施实行及完成后进行审查，确保项目风险已减至可接受等级，项目风险管理执行人员认为项目风险已不再对项目造成影响，此时项目风险才能定作"已解决"(Closed)。项目风险管理执行人员应更新项目风险记录表以反映项目风险阶段的改变。

8 深圳地铁 3 号线系统安全保障工作的实施

系统安全保障及风险管理工作,是城市轨道交通安全保障体系的重要环节。是从项目初期的规划设计阶段开始,对项目的整个生命周期(包括设计、施工、采购、安装、调试、验收、缺陷责任期及运营等)内,与系统设计相关的工作和活动中的安全风险因素进行分析和预评估,采取必要的措施来消除和减低各种可能的安全风险因素,保证建设期的各项工作能够按照计划顺利实施,最终使建成的轨道交通项目达到预期的安全性和可靠性要求。建立完善的城市轨道交通系统安全保障体系以及在轨道交通建设中开展系统安全保障工作,可以有效提高轨道交通系统生命周期内的安全性和可靠性,发挥巨大的经济效益和社会效益。

深圳地铁 3 号线系统安全保障及风险管理工作,是根据 3 号线投资有限公司委托的设计合同要求,按照工程建设项目《系统总体安全计划》具体规定,在咨询单位的监督管理下,对工程建设项目的设计全过程(包括总体设计、扩大初步设计阶段、施工图设计及后期阶段)进行系统安全保障及风险管理工作。依据我国有关法规,借鉴国际通行的标准和做法,结合深圳市具体特点,深圳地铁 3 号线系统安全保障及风险管理工作取得了良好的效果。

8.1 深圳地铁 3 号线工程初步设计危害分析

初步危害分析(PHA:Preliminary Hazard Analysis),是设计系统安全保证的第一阶段工作,可提供一个对整体系统的初步危害评估及对系统内潜在风险的综合分析。该项工作是在设计初期阶段,定性地去识别和评估所建设的地铁系统中,可能发生的各类潜在的危害。然后就评估结果做出可行的风险控制及减低措施的建议，以便在项目各阶段进一步的跟进。它具有一整套建立在规范的程序基础之上的系统工作方法和步骤。在工程概念构思或设计初期阶段使用该方法，可以从一开始就消除、减少或控制项目中潜在的主要危害，不需耗费很多资金，便可以取得防患于未然的效果。初步设计危害分析的流程见图 8-1。

初步危害分析的主要工作内容包括：了解系统与子系统、识别危害与运营模式、分析危害的起因和产生的后果、评价危害的等级、提出减低危害措施的建议以及对危害关注的跟进，最后形成初步危害分析报告文件。

深圳地铁 3 号线工程初步设计危害分析是由勘察设计总承包单位在扩大初步设计阶段根据深圳地铁 3 号线投资有限公司和柏诚（香港）与上海院联合体编制的深圳地铁 3 号线工程建设项目《系统总体安全计划》的具体要求，在建立初始风险清单（PHL）的基础上进行。评估范围为整个生命周期内（包括设计、施工、采购、安装、调试、验收、缺陷责任期及运营等），与系统设计相关的工作和活动。该项目采用会议审查与资料传送相结合的评估方式。

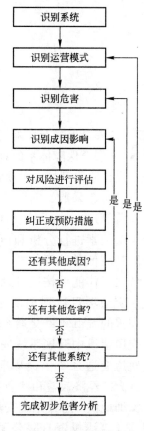

图 8-1 初步设计危害分析流程图

8.1.1 运营危害记录与分析

深圳地铁 3 号线运营的基本目标是：安全、正点、舒适性、快捷性和合理的运营成本。运营期内安全是最主要的控制因素。它涉及列车行驶区间（包括隧道及高架）、乘客在车站范围与车厢内的行走及安全输送。除需要在车辆、运营设备等方面采取稳妥措施外，在发生灾害或紧急情况下，应能在控制中心和车站控制室集中指挥和管理下进行有效的疏散。深圳地铁 3 号线的运营组织原则如下：

（1）3 号线独立运营，正线数目为双线，右侧行车。

（2）为满足运营的灵活性，保证故障列车、工程维修车灵活折返，应在沿线车站适当位置布设必要的渡线和临时停车线。

（3）车站停站时间根据各站上下客流量大小，宜设为 25～30 秒。

（4）列车最高运行速度为 100km/h，全线的旅行速度不低于 40km/h。

（5）初、近、远期高峰小时行车量必须满足客流预测需求量，系统设计能力应在满足远期客流预测需求基础上适当留有富余。

（6）平峰时段合理安排行车间隔，保证适当的服务水平。

（7）系统规模应满足最大运输能力 34 对/h。

运营关键事项记录表和运营危害记录表统计分析见表 8-1 和表 8-2。

运营关键事项记录表　　　　　　　　　　　表 8-1

	序号	子系统名称	与安全有关的关键部位、环节、接口、设备、设施				
运营准备	1	运营策划	运营概念	服务要求	功能需求	运营维修计划	运营模式
	2	运营筹备	运营组织机构	定员及职责	人力资源	岗位培训	工资福利
	3	试运营组织	系统联调	系统接管	运营演练	生产物资	试运行
	序号	子系统名称	与安全有关的关键部位、环节、接口、设备、设施（*）				
运营组织	1	行车组织设计	客流分析	车站设置及配线	列车运行线路	行车计划	运输能力
	2	车辆配置	车辆制式与列车编组	车辆配置计划	车辆用户需求	车辆采购与监造	列车调试
	3	列车运行组织	列车调度指挥	基本运行状态	列车运行	乘务管理	
	4	运营管理	车站客运管理	票务管理	设备运行管理	运营组织与协调	车辆段运用
	5	管理规程	调度规程	行车管理规程	客运管理规程	维修规程	票务管理规程
	6	经营管理	成本核算	资产管理	财务管理	物业管理	后勤生活管理
	7	运营安全管理	系统安全保障及运营安全风险管理	安全及消防管理	突发事件及紧急预案演练	治安管理与防范	公众安全教育
	序号	子系统名称	与安全有关的关键部位、环节、接口、设备、设施（*）				
运营维修	1	车辆维修	运用准备与停放	月检	定修	架修	临修
	2	设备维修	日常维护	定期维修	事故检修	设备更新改造	
	3	工务建筑维修	日常养护	轨道线路维修	建筑维修	市政管理及绿化	
	4	外委维修	外委维修管理	外委维修合同管理			
	5	紧急抢修救灾	紧急救援	灾害处理	消防		
	6	物资管理	物资存储与计划	物资运输			
为保证上述各系统安全运行，在设计中已采取的措施			深圳地铁 3 号线行车组织与运营管理总体设计主要为设备和土建提供依据和目标，确定线路运营和管理模式；使各系统协调、高效运营，为乘客提供安全、高效、优质、便利的交通服务。在设计过程中，遵循有关规定、规范、标准等				

运营系统初步危害分析表　　　　　　　　　　　　　　　　表 8-2

序号	子系统名称	风险状态统计			
		可接受	可容忍	不理想	不可接受
1	行车碰撞	13/34	11/8	18/0	0/0
2	脱轨	8/10	2/0	0/0	0/0
3	乘客空间	2/3	0/7	8/0	0/0
4	爆炸	3/4	0/1	2/0	0/0
5	火灾	0/8	2/4	10/0	0/0
6	突发事件	0/1	0/4	5/0	0/0
7	恐慌	0/10	10/0	0/0	0/0
8	电击	4/6	1/17	18/0	0/0
9	人员碰伤	3/8	5/0	0/0	0/0
10	乘客摔倒	18/21	3/0	0/0	0/0
11	乘客夹住	3/3	0/1	1/0	0/0
12	自然环境	2/7	4/7	8/0	0/0
	合　计	56/115	38/49	70/0	0/0

主要危害分析结果：
1. 从危害记录统计数据来看，没有发现不可接受的风险。在初期危害分析中发现的风险，经设计中采取各种措施，其风险程度已得到降低，运营系统的安全程度是可以接受的
2. 本阶段剩余的可容忍等级的风险在行车碰撞、乘客空间、火灾、爆炸、突发事件、电击和自然环境等项

跟进：以上剩余风险应于施工图设计阶段及其后阶段予以重视和跟进

注：斜线前数字为现有风险、斜线后数字为剩余风险。

8.1.2 核心设备危害记录与分析

地铁系统是由一系列构筑物、设备系统和人员组成的庞大的系统工程，只有各组成部分协调一致地运作，才能实现地铁为乘客提供"安全、正点、舒适、快捷"运输服务的运营宗旨。

深圳地铁 3 号线的核心设备为各系统协调、高效运营，和为乘客提供安全、高效、优质、便利的交通服务起到十分关键的作用，是所有设备中的核心部分，是实施地铁系统安全保障的重要环节。由车辆、轨道、信号、屏蔽门（PSD）、供电、通信、隧道通风、自动售检票（AFC）、自动化集成、乘客资讯及电力监控（SCADA）等系统组成。核心设备各部分关键事项登录表和危害记录表的统计分析见表 8-3。

核心设备系统初步危害分析表 表 8-3

序号	子系统名称	风险状态统计			
		可接受	可容忍	不理想	不可接受
1	车辆	15/25	11/7	6/0	0/0
2	轨道	4/11	8/2	1/0	0/0
3	屏蔽门	1/4	3/0	0/0	0/0
4	供电系统	0/7	8/5	4/0	0/0
5	信号系统	4/4	0/6	6/0	0/0
6	通信系统	42/42	0/0	0/0	0/0
7	自动售检票系统	9/9	0/0	0/0	0/0
8	自动化集成	0/9	9/3	3/0	0/0
9	乘客资讯	13/13	0/0	0/0	0/0
10	电力监控	10/10	0/0	0/0	0/0
11	隧道通风	1/3	2/0	0/0	0/0
合计		99/137	41/23	20/0	0/0

主要危害分析结果：
1. 从危害记录统计数据来看，没有发现不可接受的风险。在初期危害分析中发现的不理想和可容忍级风险，经设计中采取各种措施，其风险程度已得到降低和消除，核心设备系统的安全程度是可以接受的
2. 本阶段初期的可容忍等级的风险在车辆、轨道、信号、供电和自动化集成

跟进：以上风险须于施工图设计阶段及其后阶段予以重视和跟进

8.1.3 常规设备系统危害记录与分析

深圳地铁3号线常规设备包括环控及排烟控制系统、消防设备、照明、低压供电、接地与防雷、给排水、机电设备监控系统(BAS)、电梯及电扶梯、防灾报警(FAS)、门禁及其他沿线机电设备。

常规设备的运行与地铁的环境条件有直接关系，其运行质量影响到乘客在地铁中的舒适度，进而关系到地铁的服务质量。为进行全面、有效的自动化监控及管理，确保设备处于高效、节能、可靠的最佳运行状态，为乘客提供一个舒适的乘车环境，并能在火灾等灾害或阻塞事故状态下，更好地协调车站设备的运行，充分发挥各种设备应有的作用，保证乘客的安全和设备的正常运行，在设计过程中需要对常规设备进行合理布置，还应考虑好工作人员的工作环境与安全条件。

常规设备系统安全特征有设计标准(可靠性、有效性、可维护性和安全性)；车站防火、隧道和车站排烟；应急照明、疏散标志；与公安和消防的直线通信，车站广播系统，闭路电视。常规设备系统设计关键事项登录表和危害分析表统计分析见表8-4。

常规设备系统初步危害分析表　　　　　　　表 8-4

序号	子系统名称	风险状态统计			
		可接受	可容忍	不理想	不可接受
1	环控系统	2/4	2/0	0/0	0/0
2	消防设备	4/10	6/0	0/0	0/0
3	给排水	8/8	0/1	1/0	0/0
4	设备监控	1/4	3/0	0/0	0/0
5	电梯扶梯	5/6	1/0	0/0	0/0
6	防灾报警	2/3	1/0	0/0	0/0
7	门禁系统	2/3	1/0	0/0	0/0
8	照明	3/3	0/1	1/0	0/0
	合计	27/41	14/2	2/0	0/0

主要危害分析结果：

从危害记录统计数据来看，没有发现不可接受的风险。在初期危害分析中发现的风险，经设计中采取各种措施，其风险程度已得到降低，常规设备的安全程度是可以接受的。

跟进：给排水、照明的运行管理应在运营阶段跟进。

8.1.4 土建与结构工程危害记录与分析

1. 车站

车站是深圳地铁 3 号线工程的重要组成部分，应具有良好的内部和外部环境条件，保证乘客使用安全、方便，为乘客提供舒适的乘车环境，并满足轨道交通车辆运营安全及系统设备使用功能的要求。

其土建结构由通道、走道、车站（站台、站厅、隧道进出口）、轨道的支承结构（高架桥、隧道、可通行地平面）、土建工程（路基、线路、限界）等组成。与土建结构系统有关的主要安全特征有：车站的形式和规模；换乘；车站的周围环境与位置；运营限制条件以及应对灾害和紧急情况的能力。

2. 地下结构

地下结构的设计应以地质勘察资料为依据，根据现行国家标准《地下铁道、轻轨交通岩土工程勘察规范》，按不同设计阶段的任务和目的确定工程勘察的内容和范围，考虑不同施工方法对地质勘探的特殊要求，通过施工中对地层的观察和监测反馈进行验证。

3. 土建工程

区间隧道采用矿山法、盾构法和明挖法施工，分别采用马蹄形、圆形和矩形框架隧道结构；出洞口路堑段采用 U 型结构；高架桥梁采用箱型梁形式，高架车站结构采用"桥一站"合一形式。深圳地铁 3 号线土建工程与结构设计关键事项登录表和危害分析表统计分析见表 8-5。

土建工程初步危害分析统计表 　　　　　　　表 8-5

序号	名称	风险状态统计			
		可接受	可容忍	不理想	不可接受
1	建筑物倒塌	2/3	0/2	3/0	0/0
2	人行道狭窄	4/4	0/0	0/0	0/0
3	基坑垮塌	2/3	1/2	2/0	0/0
4	人防	2/2	0/1	1/0	0/0
5	高空作业	0/1	1/2	2/0	0/0
6		0	0	0	0
7		0	0	0	0
8		0	0	0	0
9		0	0	0	0
合计		10/13	2/7	8/0	0/0

主要危害分析结果：剩余风险应于施工图设计阶段及其后阶段予以重视和跟进。
1. 从危害记录统计数据来看，没有发现不可接受的风险。在初期危害分析中发现的风险，经设计中采取各种措施，其风险程度已得到降低，土建结构的安全程度是可以接受的。
2. 施工过程中剩余的风险未得到消除，应由施工承包商予以减低。

8.1.5 车辆段及控制中心危害记录与分析

车辆段及控制中心由车辆段与综合基地、车辆各检修主要作业内容和综合基地三部分组成。其中车辆各检修主要作业内容包括大修、架修、定修、季检、双周检和列检。综合基地由综合维修中心、物资总库和培训中心构成。深圳地铁一期工程在 1 号线竹子林车辆段设有培训中心。从资源共享考虑，本线人员培训由 1 号线竹子林培训中心负责，仅在本段设教育室。车辆段及控制中心设计关键事项登录表和危害记录表统计分析见表 8-6。

车辆段及控制中心初步危害分析表 　　　　　　　表 8-6

序号	子系统名称	风险状态统计			
		可接受	可容忍	不理想	不可接受
1	车辆段内车辆行车事故	2/5	3/1	1/0	0/0
2	车辆段内维修车间生产事故	0/0	0/8	8/0	0/0
3	车辆段内建筑消防事故	0/6	0/2	8/0	0/0
4	控制中心危害	0/0	0/8	8/0	0/0
5		0	0	0	0
6		0	0	0	0
合计		2/11	3/19	25/0	0/0

主要危害分析结果：
从危害记录统计数据来看，没有发现不可接受的风险。在初期危害分析中发现的风险，经设计中采取各种措施，其风险程度已得到降低，车辆段及控制中心的安全程度是可以接受的。
跟进：表内从可容忍的风险减低为可接受的风险，应于施工图设计阶段及运营阶段予以重视和跟进。

8.1.6 系统接口危害记录与分析

城市轨道交通工程是一项系统复杂、专业接口多的系统工程，为了使各个子系统能够紧密结合，实现整个轨道交通系统运营安全可靠、高效运转，必须对各个系统的接口问题进行认真研究，分清各子系统间互相连接的内容及需求，确保各个子系统间的无缝连接。地铁项目的接口可定义为：各专业、工程、设施之间的界面。

深圳地铁3号线地铁系统接口，按工程阶段可划分为设计接口、工程接口及将来与其他工程连接的预留接口；按专业可划分为外部接口和内部接口。内部接口主要指核心系统工程、土建工程及采购设备之间的接口。典型的内部接口主要出现在车站、区间、车辆段、控制中心、轨道、人防工程、车辆、信号、通信、供电、通风、空调、给排水及消防、电扶梯、屏蔽门和安全门、自动售检票、自动化集成等系统。

各系统之间的接口或系统内部子系统之间的接口，都可能出现不同程度的安全风险因素，从而有可能对人的安全产生危害。由于接口的特殊性和复杂性，其风险往往涉及多个系统，使接口的安全风险处理较为困难。因此，在工程的各个阶段应充分重视接口的安全风险，采取有效措施降低各类接口的安全风险等级。系统接口设计关键事项登录表和危害记录表统计分析见表8-7。

系统接口初步危害分析表 表8-7

序号	子系统名称	风险状态统计			
		可接受	可容忍	不理想	不可接受
1	系统之间接口	4/9	5/0	0/0	0/0
2	系统与土建之间接口	3/3	0/0	0/0	0/0
3	土建之间接口	2/2	0/1	1/0	0/0
4	系统内部接口	0/1	1/2	2/0	0/0
5		0	0	0	0
6		0	0	0	0
	合计	9/15	6/3	3/0	0/0

主要危害分析结果：
从危害记录统计数据来看，没有发现不可接受的风险。在初期危害分析中发现的风险，经设计中采取各种措施，其风险程度已得到降低，系统接口的安全程度是可以接受的。

跟进：表内剩余可容忍的风险，应于施工图设计阶段及其后阶段予以重视和跟进。

合计132人次，其中包括业主和分包单位22人次

8.1.7 初步设计危害评估结果与结论

深圳地铁3号线初步设计危害评估是城市轨道交通安全保障体系中安全评价与认证体系的全过程安全预评价的内容，根据项目全过程安全预评价的要求，深圳地铁3号线运营系统的风险的统计（表8-8）结果如下：

	现有风险	剩余风险
(1)"不可接受"项共计:	0	0 项
(2)"不理想"项共计:	128	0 项
(3)"可容忍"项共计:	104	103 项
(4)"可接受"项共计:	203	332 项
合　　计:	435	435 项

风险状态统计表　　　　表8-8

序号	子系统名称	风险状态统计(项)			
		可接受	可容忍	不理想	不可接受
1	运营系统	56/115	38/49	70/0	0/0
2	核心设备	99/137	41/23	20/0	0/0
3	常规设备	27/41	14/2	2/0	0/0
4	土建工程与结构	10/13	2/7	8/0	0/0
5	车辆段与控制中心	2/11	3/19	25/0	0/0
6	系统接口	9/15	6/3	3/0	0/0
	合　　计	203/332	104/103	128/0	0/0

主要危害分析结果:
　　从危害记录最终统计数据来看,没有发现不可接受的风险。在初期危害分析中发现的不理想和可容忍级风险,经设计中采取各种措施,其风险程度已得到降低和消除,系统的安全程度是可以接受的。
跟进:以上未消除的剩余风险须于施工图设计阶段及其后阶段予以重视和跟进。

注:斜线前数字为现有风险,斜线后为剩余风险。

从危害分析的结果来看,深圳地铁3号线的现阶段设计中,可以预测到的危害已经过初步处理,其中大部分风险已减轻至"可接受"级别。现阶段系统安全的程度是"可以接受"。剩余的"可容忍"级风险计100项,应提请咨询公司呈报业主。风险涉及施工图设计、施工、运营准备和正式运营阶段。有关的建议和减低措施在施工图设计和施工阶段跟进。从初步危害分析中发现的危害,将在后阶段交由承包商继续跟进。应仔细研究和分析危害,提出进一步减轻危害的措施,并在后续阶段予以实施。

8.2　深圳地铁3号线工程初步设计安全审查

乘客、工作人员和公共的安全,对于地铁运营是极为重要的,安全可靠是深圳地铁3号线设计的首要考虑目标。初步设计安全审查的目的是报告设计阶段系统安全保障及风险管理执行工作的情况,并对设计过程的完整性和系统的安全性及可用性水平进行审核,确定是否达到设计合同的相关要求。

8.2.1　质量管理

质量管理工作遵循 GB/T 19001—2000 idt ISO 9001—2000《质量管理体系》的原则。根据工程实际建立健全与其相适应的质量保证管理组织体系,正确运用全面质量管理和价值工程的理论和方法,按照事前指导、过程控制和成果审核的思路开展设计工作。

1. 事前指导环节

事前指导环节进行的工作包括：任务评审；编写设计工作指导书，明确工作重点、难点、建立控制点；主要设计原则、标准的拟定和目标设定并评审；资源配置计划安排并评审；年设计基础资料的评审；资源保证及目标设定。

2. 过程控制环节

过程控制环节进行的工作包括：强化分层技术质量责任并分层分阶段进行中间检查；抓源头、抓关键，突出设计复核工作到位；坚持方案会审制度；专业设计负责人动态跟踪检查，总体设计负责人一般按周进行检查协调，并根据质量管理工程师跟踪信息适时协调、规避影响质量的因素，使其受到控制得以妥善解决。项目部及各专业总工程师、科（室）技术负责人为院专家组巡检提供支持；质量管理工程师主持动态管理运作，做好质量记录，保持质量信息畅通，为质量持续改进服务。

3. 成果审核环节

成果审核环节进行的工作包括：按计划送审；按审签程序送审，并附完整的送审卡片、资料；阶段审查和最终评审（内部）进行过程控制，一般分初审和复审，坚持确认程序后进行签署；送专家评审，需保持文件资料的完整性，并编写汇报资料提要和必要的图表，以节省专家评审时间，力争得以顺利通过；对评审意见认真研究、消化吸收，进行优化设计和设计改进；组织质量评审。

定期召开设计质量分析会议，常抓持续改进不放，始终如一地坚持做好质量记录和质量总结。质量控制工作流程见图8-2，总体质量管理流程见图8-3。

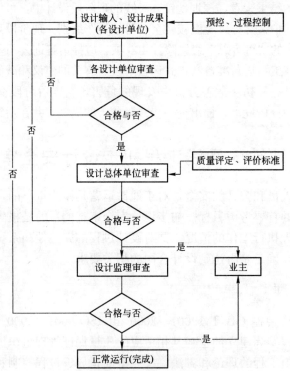

图 8-2 质量控制工作流程图

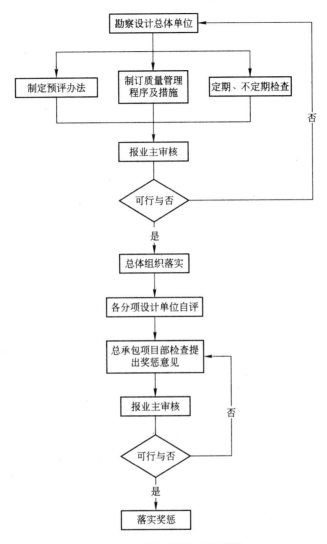

图 8-3　总体质量管理流程图

8.2.2　安全管理

1. 系统安全计划

按照《系统总体安全计划》的要求，制定《系统安全计划(SSP)》，其目的如下：

(1) 为全部勘察设计工作制定总体系统安全保障方针，明确各阶段工作中各相关主体的要求。

(2) 订立具体的系统资源分配模式，明确业主、咨询公司、设计总承包单位、设计分包单位等有关各方的角色及责任分配。

(3) 订立系统安全保障实施应有的工作程序及评估标准。

(4) 订立系统安全保障文件编制的大纲及提交计划。

根据本项目的特点，为了确保系统安全保障和风险管理工作的顺利进行，编制了《深圳地铁 3 号线设计系统安全保障及风险管理规划》。该文件进一步明确了勘察设计总承包与分包单位之间的工作关系及工作流程，明确了各项工作的管理方式和成果形式。通过上述计划安排，保证整个设计过程按计划顺利执行系统安全保障工作。

2. 机构、职责和培训

为了进行系统安全保障和风险管理工作，建立由项目经理领导的系统安全保障和风险管理架构。该架构的职责是：保证此项目整个生命周期内，各设计阶段的系统安全保障工作的完整性和连续性。以及在安全管理及系统安全保障工作上，与其他系统及项目外部进行相互协调，并具有及时处理能力。

由于地铁系统庞大，在系统安全保障和风险管理架构中，设立专职的系统安全保障和风险管理总负责人以及分系统负责人，使所有分系统设计工作，都有专人负责该部分的系统安全保障和风险管理。并且，向系统安全保障和风险管理架构各负责人发放了培训资料进行培训。

3. 系统安全分析和安全文件

通过执行系统安全保障及风险管理文件所规定的活动及工作，系统安全保障及风险管理各负责人研究与项目的设计工作有关的风险，并进行系统识别和评估，于本项目全过程对这些风险进行管理。所有的系统安全保障及风险管理活动，按照设计合同的要求和《系统总体安全计划》及《系统安全计划》有关安全管理的规定执行。这些活动包括：所有的风险识别、设计安全审查会议和系统保障模式。

4. 风险管理

风险管理负责人根据设计合同的要求，按照《系统总体安全计划》和《系统安全计划》的规定进行风险管理。通过初步危害分析(PHA)活动，识别与地铁有关的潜在危害。所有风险记录在危害纪录表内，编制成设计文件提交给咨询公司和业主审查，并由风险管理负责人进行登记。在初步设计阶段完成后，继续进行风险的登录与审核，并将通过内部进度会和安全审查会议进行更新。为了对与其他项目合同接口有关的风险进行管理，在设计过程中，定期举行项目协调会议，需要时在风险记录表中进行更新风险的最新状态。在设计各阶段，举行设计安全审查会议审核风险分析，以确保有变更的设计部分，没有引起新的风险或者增加该风险。

5. 系统安全审查

项目内部安全审查会议，根据设计进度择期举行，会议报告提交给业主。

8.2.3 技术安全报告

1. 系统关键安全属性

为确保地铁系统安全运营，深圳地铁 3 号线设置防火灾、水淹、风灾、地震、雷击、爆炸、毒气和停车事故等设施。设计中考虑了区间隧道联络通道及紧急疏散通道；隧道通风及排烟设施；隧道洞口的防洪措施；车站消防及疏散；车站消防给水；屏蔽门及安全门；高架区间的紧急疏散；地面段的防护措施；列车自动运行调度和保护；接触轨的安全防护。

劳动安全包括8个部分：线路、路基、轨道、区间隧道；高架线路、桥涵；车站(含控制中心)；供电设备；接触轨；通信及信号设备；给排水及消防设备；车辆段与综合基地。所以，应从施工期和运营期间两个方面做好劳动卫生。

2. 危害识别和风险管理

根据《系统总体安全计划》的安排，在扩大初步设计阶段开展了系统安全保障及风险管理第一阶段工作，即：识别新危害及建议风险处理措施阶段。其主要工作内容包括：建立和填写设计关键事项登录表；建立危害记录表；评估风险等级；建议风险控制及减低措施。

每当系统设计通过系统安全保障工作识别了一个新的危害，系统安全保障人员都记录在危害记录表，并完成危害记录表所需填写的有关资料。各系统单位按照其风险等级，进行相关风险控制及减低措施，以减低系统所承受的风险。风险管理程序主要是要决定控制或减低风险的措施。高风险危害为不可接受的等级，严重者会引起其他危害。这些高风险危害是必须消除或降低的。相反，低风险危害是可以接受等级的风险，并不需要急切处理，但根据实际情况可能需要跟进。

系统安全保障人员为危害记录表内每一个危害指定处理风险负责人(Hazard Owner)。处理风险负责人建议、决定及落实该危害的风险处理措施。处理风险负责人必须在危害记录表内，填写风险处理措施及回应，并落实其提议的风险处理措施及其设计文件参考。处理风险负责人如发现该危害的风险处理措施不在其管理系统的范围内，需及时连同合理的注释提醒其系统安全保障人员。系统安全保障人需再明确另外一个处理风险负责人。

对于系统接口的安全及风险管理，应采用相同的管理方式。识别接口危害的系统单位，需同时接受处理风险的责任，并定时与接口系统单位进行相关的危害记录表数据更新。当接口系统不接受对处理风险的责任时，将由勘察设计总承包单位出面来确定该接口危害的处理风险负责人。发生意见冲突时，提请业主及咨询公司并经其同意后，方可做出有关最终决策。

3. 设计安全审查

初步设计安全审查会议上危害记录表中所列各项，证实设计确保了系统的安全水平。在设计安全审查会议中，审核由风险处理负责人记录的各类风险。更新危害记录，会后与设计安全审查报告一起提交给业主。

8.2.4 建议和限制

1. 安全建议

对系统和设备的安全要求须并入系统和器件设计。为确保系统安全运行，所有建议的风险减轻措施与方法，应在安装和调试及培训阶段内完成。合同应明确规定，确保危害记录表中记录了所有危害，并在规定时间阶段内全部处理完毕。

全部系统应由合格的工作人员操作和维修。要求上岗许可证工作的系统，应确保不允许无证人员操作和维修。合同将列入安全程序条款，并在后阶段运行维修手册中，制定防范措施。操作和维修人员，应直接掌握所有由合同建议的安全程序和防范措施。另外,特种工种的操作和维修应遵照相应法规的要求进行。对任一种维修工作,应使用合适的工具和设备进行。人身接近的设备应使用防护设施。

2. 限制

各系统应严格按照技术规范规定的要求进行设计。系统实际运行时,负荷不能超过详细技术规范中规定的系统极端容量。使用其他兼容形式的设备时应慎重进行评估。

8.3 深圳地铁 3 号线工程安全预评价

为贯彻"安全第一,预防为主,综合治理"的安全生产方针,确保建设工程项目中的安全设施与主体工程同时设计、同时施工、同时投产使用,保证建设项目建成后在安全方面符合国家的有关法规、标准和规定,深圳市地铁 3 号线西延段工程在初步设计会审前进行了安全预评价。

安全预评估是通过分析深圳市地铁 3 号线西延段工程的自然条件、生产过程中存在的危险、有害因素的种类、分布及危险、有害程度,针对主要危险、有害因素,提出合理可行的安全技术措施和管理措施,提高深圳市地铁 3 号线西延段工程的本质安全化水平,避免和减少事故的发生。为深圳地铁 3 号线投资有限公司的安全管理及事故的预防提供依据。并为安全生产监督管理部门实行安全监察提供依据。

3 号线工程安全预评估的范围包括西延段工程的主要危险、有害因素分析评价。地铁运营过程中劳动安全与工业卫生方面的主要危险、有害因素分析与评价。具体包括建设期间、车站建筑、线路及轨道、供电系统、动力照明供电系统、通风排烟系统、给排水系统、通信信号及监控系统、防灾报警及环境监控系统、自动售检票系统、车辆及车辆基地等。环境影响评价、地质灾害评价、地震安全性评价、职业卫生评价、线网规划等内容。

8.3.1 地铁危险、有害因素分析

地铁作为现代化的城市轨道交通工具,承担着越来越重要的大客流运输任务。地铁车站及地铁列车成为人流密集的公共聚集场所,一旦发生突发事故,其社会影响将十分巨大。因此必须提高地铁的安全程度,确保安全运营。为提高地铁的本质安全程度和安全管理水平,首先需进行危险、有害因素分析。

对于重大危险源的辨识,主要依据《重大危险源辨识》和《关于开展重大危险源监督管理工作的指导意见》。重大危险源是指长期的或临时的生产、加工、搬运、使用或贮存危险物质,且危险物质的数量等于或超过临界量的单元。辨识依据是其危险特性和数量。重大危险源分为生产场所重大危险源和贮存区重大危险源两种。

根据深圳地铁 3 号线西延段工程的安全特性,将工程中的危险有害因素划分为线路及轨道、地下车站、供电系统、通信系统、信号系统、监控系统、自动售检票系统、屏蔽门、车辆、车辆基地 10 个方面。该工程安全预评价是深圳地铁 3 号线系统安全保障体系中安全评价与认证体系的内容,工程危险、有害因素汇总见表 8-9。

深圳市地铁3号线西延段工程危险、有害因素汇总表　　　　　表8-9

系统	序号	设备(设施)	可能存在的危险、有害因素
线路	1	场地周边设施	周边存在的危险的设备设施（如加油站、加气站等）对地铁建设及安全运营构成威胁
			周边的其他新建、扩建工程将对工程造成的影响
			场地周边管线(高压线、燃气管道、水管、电力管线等)在施工及运营过程中的意外损害，对本工程造成的影响
	2	隧道内	施工过程对周边高层建筑的影响
			由于动态限界影响，造成隧道内设备设施和列车的碰撞
			电气火灾
			结构渗水
			由于地质条件、线路周边的新建工程等原因造成的隧道坍塌破坏
地下车站	3	站厅层	火灾
			大量客流聚集发生踩踏事故、自动扶梯造成的人员伤害
			人为破坏
	4	站台	火灾
			大量客流聚集发生踩踏事故
			自动扶梯造成得人员伤害
			噪声
			人为破坏
	5	主控制室	火灾
供电系统	6	主变电站	电气火灾爆炸
			触电
			雷击
			电磁辐射
			大面积停电
	7	牵引变电所	电气火灾爆炸
			触电
			雷击
			大面积停电
	8	蓄电池间	火灾
	9	电缆间	火灾
	10	DC1500V下部授流的钢铝复合接触电流排	触轨
	11	照明	火灾
通信系统	12	信号设备房	火灾、雷击
	13	信号系统	由于本身设备设施的故障造成列车停运

续表

系统	序号	设备(设施)	可能存在的危险、有害因素
信号系统	14	信号设备房	火灾、雷击
自动售检票	15	自动售检票计算机系统	网络病毒、黑客等侵入，引起系统瘫痪
	16	闸机口	影响人员疏散
屏蔽门	17	屏蔽门	安全标志不清，造成的人员伤害事故
			屏蔽门与列车门之间存在夹人危险
车辆系统	18	列车	车辆重大故障如切轴、轮缘磨损超限，车辆超速运行及轮缘不合要求等造成车辆出轨
			列车各组件及其装饰材料选用不当，引发火灾事故
			车辆内设置各种警告标识不齐全，人员意外伤害事故
			列车内的高压电器设备，可能引起人员伤亡事故
停车场	19	大跨度车间	雷击、火灾、高处坠落
	20	危险品库	雷击、火灾、爆炸
	21	起重机械	起重机械伤害、高处坠落
	22	厂内机动车辆	车辆伤害
	23	变电所	触电、火灾
	24	蓄电池间	火灾

8.3.2 危险、有害因素评价

安全评价的方法按其特性可以分为定性评价、定量评价和综合评价。

定性评价是根据经验，对生产工艺、设备、环境、人员配置和管理方面的安全状况进行定性的判断。目前应用较多的方法有"安全检查表(SCL)"、"危险度评价法"、"预先危险分析(PHA)"、"故障类型和影响分析(FMEA)"、"危险和可操作性研究(HAZOP)"等。

定量评价法是指根据统计数据、检测数据、国家的标准资料、同类和类似系统的数据资料等，应用科学的评价方法，构建数学模型进行定量化评价的方法，主要包括以下几种类型：

(1) 以可靠性、安全性作为基础，先查明系统中的隐患，求出其损失率，有害因素的种类及危害程度，然后以国家规定的有关标准比较进行量化。

(2) 以物质系数为基础采取综合评分的方法。常用的方法有：模糊数学综合评价法、层次分析法、道化学"火灾、爆炸危险指数法"、ICI蒙德法、事故树分析法、作业条件危险性分析法等。

根据深圳市地铁3号线西延段工程的具体情况、工艺及设备的特点和物料特性，综合考虑国内外各种评价方法适用范围，在本工程预评价中采用定性分析和定量评价相结合的综合评价方法。具体的评价方法如下。

1. 安全检查表法

安全检查表法是在综合分析工程中危险有害因素的基础上，着重车站建筑、线路及轨道系统、供电系统、通风排烟系统、给排水系统、通讯信号及监控系统、自动售检票系统、车辆基地、防灾报警与环境监控系统等方面，对照《地铁设计规范》GB 50157—2003、《地下铁道电动车组司机室、客室内部噪声限值》GB/T 14893—94、《城市公共交通标志地下铁道标志》GB/T 5845.5—86、《地下铁道车站站台噪声限值》GB 14227—93、《地下铁道车辆通用技术条件》GB/T 7928—87、《地下铁道照明标准》GB/T 16275—1996 等有关法律法规标准的要求，对深圳地铁3号线西延段工程可能存在的风险及相应的安全对策措施进行总结。系统安全检查预评估见表8-10。

**系统安全检查预评估表　　　　　表8-10

序号	设计要求	可能的风险	对策措施
1		****	
1.1	****	****	****
***	****	****	****

根据各项法律法规的具体要求，可以发现深圳市地铁3号线西延段工程在设计、施工、运行过程中应该在哪些部位、哪些环节加强管理，从而从本质上避免事故的发生。

2. 专家评议法

专家评议法是一种吸收专家参与，根据事物的过去、现在及发展趋势，进行积极的创造性思维活动，对事物的未来进行分析、预测的方法。对于安全评价而言，专家评议法简单易行，比较客观，所邀请的专家在专业理论上造诣较深、实践经验丰富，而且由于有专业、安全、评价、逻辑方面的专家参与，将专家的意见运用逻辑推理的方法进行综合、归纳，这样所得出的结论比较全面、正确。特别是专家质疑通过正反两方面的讨论，问题更深入、更全面和透彻，所形成的结论性意见更科学、合理。但是，由于要求参加评价的专家有较高的水平，并不是所有的工程项目都适用本方法。

专家评议法适用于类比工程项目、系统和装置的安全评价，它可以充分发挥专家丰富的实践经验和理论知识。专项安全评价经常采用专家评议法，运用该评价方法，可以将问题研究讨论得更深入、更透彻，并得出可具体执行的意见和结论，便于进行科学决策。

3. 地下车站及隧道稳定性分析评价方法

本评估方法主要运用二维、三维有限元计算程序对深圳市地铁3号线西延段工程可研报告中设计的地下车站及隧道进行分析，分析典型的地铁站及隧道的稳定性情况，并提出相应的安全技术对策措施。其内容和目的是建立反映典型隧道围岩状态的三维模型，模拟围岩的力学状态和变形破坏状态；确定典型车站和隧道的工作边界条件及周边材料参数；运用三维有限元仿真，计算显示车站、隧道在正常运行状态下的应力、变形情况；根据计算提出必要的安全技术措施建议。该评价采用Itasca公司的FLAC^{3D}程序，该程序为国际公认的三维岩土分析程序，可以进行非线性及线弹性计算，并可以很方便地模拟施工过程。

4. 地下车站及隧道火灾模拟初步计算分析方法

地下车站及隧道火灾模拟初步计算分析方法采用大涡场模拟软件 FDS version 3 进行数值模拟，对深圳市地铁3号线西延段工程车站隧道火灾情况进行模拟，其分析评价内容是针对典型站台和通道结构，研究火灾的发生和发展，获得站台的通道内不同局部位置的温度和烟浓度分布等；研究不同传热状况（辐射、对流、导热等）下典型站台和通道内的热效应和作用区域；火灾条件下烟气的动态扩散和传递特征，获得烟气在站台和通道内的分布规律和对人员的影响；火灾、烟气条件下典型站台和通道内的人员疏散模拟；基于对典型站台和通道内火灾和烟气的发生、发展、扩散和传递的规律的研究，获得防范安全事故、人员疏散和救援的操作预案。

根据深圳市地铁3号线西延段工程可行性研究报告及本工程的实际情况，结合考虑国内外各种评价方法适用范围，工程分为以下四个评价单元进行安全预评价。

（1）以安全检查表及专家评议等方法对该建设项目的线路选择及平面布置、主体技术方案、自然条件、建筑防火、作业环境、社会环境等方面利用安全检查表及类比的方法进行分析论证，以找出本建设项目自身在劳动安全卫生方面存在的安全隐患，提出相应的安全防范措施，以达到新建项目在投产后的本质安全要求。

建设项目劳动安全初步评价包括线路选择及平面布置安全分析评价、建筑防火安全分析评价、作业场所有害因素评价（施工期噪声影响分析评价、运营期噪声影响分析评价、施工振动有害因素分析评价、采光照明有害因素分析评价）及社会环境安全分析评价四个方面。

根据评价结果，深圳地铁3号线西延段工程在地铁线路选择、布置及建筑防火方面基本符合有关安全规范的要求。噪声、振动、照明等对作业环境内的人员有较大影响，工作人员及管理人员的素质对地铁的安全运营影响很大，应完善安全措施，健全规章制度。其中严格培训是安全生产的重要保证。

（2）对深圳市地铁3号线西延段工程的车站建筑、线路及轨道系统、供电系统、通风排烟系统、给排水系统、通讯信号及监控系统、自动售检票系统、车辆基地、防灾报警与环境监控系统等方面进行安全检查表评价。指出依据标准、设计要求、可能存在的风险以及相应的对策措施。

（3）针对典型车站、隧道在火灾事故下的安全性进行火灾模拟分析。地铁运营安全是非常突出的问题，危害最大的主要是地铁站台和地铁隧道内燃烧产生的烟气和毒害物质的扩散形成的人员伤亡。地铁火灾与地面或其他地下建筑火灾相比有其特殊性：地铁系统与外界的联系主要为出入口，人员密集，排除热量困难，因此比地面建筑火灾具有更大的危险性，一旦发生火灾，后果往往十分严重。

火灾模拟分析主要是针对深圳市地铁3号线西延段工程中典型的地铁车站的列车火灾、站台火灾以及区间隧道内列车火灾等不同火灾场景下的火灾增长、烟气扩散、烟气控制，采用大涡场模拟软件FDS(Fire Dynamics Simulator 火灾动力学模拟)进行数值模拟,分析火灾发生后可能存在的安全问题,并提出相应的对策与措施。采用计算流体力学、计算燃烧学与传热传质学的方法,对地铁列车火灾和站台火灾的燃烧、烟气扩散的影响进行深入的数值模拟研究,给出不同火灾条件下站点内烟气温度、有毒气体浓度、可见度、速度场等特征参数的分布情况。进而分析地铁站点在不同功率的站台火灾和列车火灾发生后,在不同排烟送风模式下,着火层内烟气横向流动和不同站层间的烟气纵向蔓延规律,分析排烟送风设计方案是否可以确保楼梯开口形成临界向下空气流速,阻止烟气向上层站厅蔓延。研究地铁车站在火灾事故时的安全、有效的气流组织形式、排烟送风模式,阻止烟气向站台公共区或通过楼梯和自动扶梯向其他站厅层蔓延,阻止烟气进入疏散楼梯,减少重大人员伤亡事故的可能性。分析当火灾发生后,位于隧道内部的通风系统将根据列车在隧道内的行驶位置而启动,保证上风段隧道不受烟气的污染。2m/s 的风速是否可以在隧道内控制烟气向一个方向流动。

(4) 针对典型车站、隧道的地压稳定性进行安全性模拟分析。为了能够涵盖深圳地铁 3 号线东沿线工程全线各地下车站和区间的情况和地质状况,研究地下车站及隧道围岩在施工及运营过程中的位移和应力变化,找出容易出现安全问题的关键点,为设计和施工提供一定的参考和依据。

对于深圳市地铁 3 号线西延段工程的车站稳定性研究,选取具有代表性的两个工程项目,华强北站及福田站。通过对所选取的典型车站及区间施工过程力学行为分析,分析可能出现的关键问题及关键点,然后有针对性地提出建议和措施。通过理论分析和仿真模拟得到相应的控制因素,也就是工程的关键研究对象。在对相应部位进行相应的加固处理,再进行分析、计算和数值模拟,如果不能满足要求,还需要重新加固或做相应的处理,直到满足安全、经济和耐久性的要求。得出该工程的研究结论,从而对工程提出相应的意见和建议,以作为工程设计、预算和施工的重要参考。

车站及隧道稳定性分析评价,是在可行性研究阶段,对工程的安全做具体分析和论证,确定工程的特点和难点,提出可行方案。进行工程的数值模拟分析,在工程还没开工就可以有预见性地看到工程建设过程和建设完成后存在的问题和可能发生的事故,不仅节约了时间和造价还可以避免工程事故的发生,以确保工程的安全、经济、可靠。

8.3.3 事故应急救援预案

深圳地铁 3 号线西延段工程建成后,可以通过良好的维护、检查和管理来预防事故的发生,但仍难以完全消除事故风险。由于地铁运营环境的特点,事故发生的危险性和紧迫性较高,事故的发生可能严重威胁着地铁公司的正常秩序,造成重大的经济损失。并且事故后果有可能激化,稍有不慎,还可能产生多米诺效应,导致连锁反应,影响社会稳定。但如果在事故过程中,能实施有效的应急救援,则可尽快控制事故扩展,大幅度降低乃至消除事故可能产生的后果。

事故应急救援预案又称应急预案或应急计划,是针对可能的重大事故(件)或灾害,如火灾、爆炸、毒气、列车出轨等,为保证迅速、有序、有效地开展应急与救援行动、降低事故损失而预先制定的有关计划或方案。它是在辨识和评估潜在的重大危险、事故类型、发生的可能性、发生过程、事故后果及影响严重程度的基础上,对应急机构与职责、人员、技术、装备、设施(备)、物资、救援行动及其指挥与协调等方面预先做出的具体安排。事故应急救援预案的目的是:使任何可能发生的紧急事件局部化,如有可能予以消除。减少事故造成的人员伤亡和财产损失以及对环境产生的不利影响。

根据《生产经营单位安全生产事故应急预案编制导则》,生产经营单位的综合应急预案应包含以下主要内容:

(1) 总则:编制目的;编制依据;适用范围;应急预案体系;应急工作原则。
(2) 生产经营单位的危险性分析:生产经营单位概况;危险源与风险分析。
(3) 组织机构及职责:应急组织体系;指挥机构及职责。
(4) 预防与预警:危险源监控;预警行动;信息报告与处置。
(5) 应急响应:响应分级;响应程序;应急结束。
(6) 信息发布。
(7) 后期处置。
(8) 保障措施:通信与信息保障;应急队伍保障;应急物资装备保障;经费保障;其他保障。
(9) 培训与演练:培训;演练。
(10) 奖惩。
(11) 附则:术语和定义;应急预案备案;维护和更新;制定与解释;应急预案实施。

而专项应急预案主要内容包括:事故类型和危害程度分析;应急处置基本原则;组织机构及职责:应急组织体系;指挥机构及职责;预防与预警:危险源控制;预警行动;信息报告程序;应急处置:响应分级;响应程序;处置措施;应急物资与装备保障。现场处置方案应包含:事故特征;应急组织与职责;应急处置;注意事项。

通过对北京、上海、广州、南京、深圳等国内运营较成熟的地铁公司进行调研,各地铁公司都制定了完善的事故应急救援预案。其主要内容如下。

1. 已制定的事故应急救援预案

通过调研,国内地铁制定的事故应急救援预案主要有:《地铁建设工程施工应急救援预案》、《地铁防爆措施及应急处理办法》、《地铁火灾应急预案》、《防洪抢险应急预案》、《控制中心应急处理程序》、《突发事件应急处理办法》、《应急信息报告程序》、《屏蔽门故障应急处理程序》、《特殊气象应急预案》、《车辆部突发事件应急处理程序》、《车务部安全应急处理程序》、《AFC系统车站设备重大故障应急方案》、《控制中心应急信息收发预案》、《自动售检票分部重大设备故障应急处理预案》、《维修工程应急处理程序》、《物资部消防应急处理程序》、《车队应急处理程序》、《电力事故抢险预案》、《公务应急抢险预案》、《车辆故障处理预案》、《大面积停电应急预案》、《破坏性地震应急预案》等。

2. 应急设施及人员培训情况

为确保制定的应急救援预案能有效的实施，应配备相应的应急设施，并对应急人员进行应急准备和响应方面的培训教育，经考试合格后，方能授权从事该岗位工作。

3. 应急预案的演练

通过调研，国内地铁制定的事故应急救援演练方案主要有：《机电电气故障演练方案》、《接触网事故演练方案》、《屏蔽门故障演练方案》、《供电系统故障演练方案》、《钢轨折断事故演练方案》、《区间消防水管爆裂故障演练方案》、《挤岔故障演练方案》、《牵引供电故障实施跨区供电演练方案》、《平板车试车线脱轨救援演练方案》、《自动化应急预案》、《车辆脱轨预案》、《列车压人演练方案》、《大客流演练方案》、《信号故障演练方案》、《车站火灾演练方案》等。

8.3.4 安全预评价综合结论

1. 安全预评价结论

通过分析《深圳地铁3号线西延段工程可行性研究报告》及其他相关资料，并实地考察3号线西延段工程的规划路线，运用安全检查表、数值模拟、专家讨论等方法，深圳地铁3号线西延段工程的安全预评价结论如下：

（1）深圳地铁3号线西延段工程在建设及运营过程中主要存在施工风险、自然灾害、火灾、电气伤害、照度不良、噪声、电磁辐射、振动等危险的有害因素，其中不良地质条件、台风、雷电、暴雨、火灾、电气伤害对本工程造成的影响较大。

（2）依据《重大危险源辨识》及《关于开展重大危险源监督管理工作的指导意见》所规定的重大危险源申报范围，深圳地铁3号线西延段工程中不存在重大危险源。但在建设过程的爆破操作中使用炸药，具体数量不清，建议加强对使用炸药的严格管理，防止意外事故的发生。

（3）本建设项目工程在地铁线路选择及布置方面基本符合有关安全规范的要求。

（4）对本工程的消防系统、车辆线路及站台系统、电气系统、通风排烟系统、给排水系统、通讯信号及监控系统等方面的评价分析，本工程选择的主体技术方案先进合理、安全可靠，符合国家相关标准规范的要求。

2. 应注意的问题

为确保深圳地铁3号线西延段工程的安全，在设计过程中应注意以下问题：

（1）地铁线路要求选择无滑坡、崩塌岩堆、泥石流等不良地质地段的地区，地铁沿线没有易燃易爆、危险品生产和储藏场所，同时地铁车站及车辆段的周围应无产生有害气体、烟尘等有害物质的工业企业。

（2）深圳地铁3号线西延段工程线路下穿福田河，河流对工程建设的影响较大。

（3）深圳地铁3号线西延段工程部分线路穿过城区，在施工过程中应注意地下管网设置，需在探明情况后进行施工建设，防止出现意外事故。经过城区繁华路段，对于确定地铁线路，应尽量避免既有建筑物，或采取相应加固措施，确保建筑安全。

（4）对于地下较复杂的基坑降水，应加强监测，避免降水造成地质沉降，影响周边现有建筑物的安全。

（5）对穿越现有建筑群的变形观测应予以强调可行的控制标准，避免造成现有建筑的沉降、变形、开裂等现象。

（6）地铁施工所面临的是复杂多变的地质、环境条件，每个车站及区间都有其各自的特点。由于地铁施工的复杂性之大、风险之高。因此，建议多选择车站及区间进行施工围岩稳定及地表沉降模拟计算，对设计和施工有所帮助，尽可能减少事故的发生。

（7）应考虑防雷措施的落实，此外，防雷还应予以强调对整个弱电系统的防雷。

综上所述，深圳地铁 3 号线西延段工程在建设及运营过程中主要存在施工风险、自然灾害、火灾、电气伤害、照度不良、噪声、电磁辐射、振动等危险有害因素，但本工程选择了先进成熟的生产工艺，制定了较完善的安全对策措施，整体上符合国家相关法律、法规中的必要条款，满足国家现行标准规范的相关要求，但在下阶段设计中应继续完善安全对策措施、加强安全管理，以保障深圳地铁 3 号线西延段工程建设及运营安全。

8.4 深圳地铁 3 号线项目投融资及项目实施风险因素评估

深圳地铁 3 号线项目投融资及项目实施风险因素评估是根据顾问公司和深圳地铁 3 号线投资有限公司丰富的工程经验和知识，对本项目外部环境条件的深入研究，系统整理 3 号线工程目前状况下存在的主要风险，特别着重对当前工程前期准备阶段所存在的风险，尤其是投融资模式所带来的风险进行分析，指出其对项目实施可能产生的影响，并有针对性地给出了解决问题的建议，使得决策层能了解项目实施的主要问题所在，并能相应地制定项目风险的防范和预防措施，从而避免因工期拖延、责任不清、协调不利等原因造成的工程损失，保证项目能够在国家批准的概算之内保质、按期、顺利地完成。

本项目采用"小业主，大社会"的建设管理模式，但该建设模式需要特定的建设环境、社会资源的配合，也需要一个在实践中不断完善和不同角色之间的磨合过程，而本项目的建设工期又十分紧迫，这是建设过程中将要面对的挑战之一。"小业主，大社会"的建设管理模式在本项目中成功应用取决于以下关键要素：

（1）市、区两级政府的强有力支持。

（2）业主拥有一支数量较少但经验极其丰富的高层次项目管理队伍，对业主的角色定位和管辖范围有着强烈的共识。

（3）咨询公司的专业顾问服务，引入国际先进的项目管理理念，建立一套适合本项目管理模式的项目管理程序和制度。

（4）经验丰富、实力超群的勘察设计总承包和工程建造总监单位，分别负责勘察设计和施工的全面管理与控制。

（5）与大标段和土建设计施工总承包招标策略相适应的国内承包商资源。

深圳地铁3号线工程总体设计阶段投资估算为108.64亿元；平均每双线公里综合造价为3.29亿元。深圳市政府三届八十七次常务会议提出进一步加强轨道交通二期工程投融资方案的研究、落实建设资金，按照可行性研究报告初步确定的资金筹措方案，3号线约50%的建设资金需要通过多渠道融资取得，投融资方案的确定和建设资金的落实是本工程按计划实施的首要保证。

投融资方案的研究和实施须引入社会力量和外部资金，参与各方对建设定位和目标理解很难取得完全一致，将会影响到工程的技术方案、设计标准、工程规模甚至建设管理模式等方面。各方力量的参与既有对工程建设有利的一面，也会对工程建设产生一定影响，应有充分的考虑和认识。政府对该项目的支持与行政许可如下：

（1）轨道交通是为公众服务的大型基建工程，资金需求大、建设涉及范围广，政府的支持是项目成功的关键。市、区两级政府对3号线的投入占建设总投资的近50%，其资金的保证是项目启动的前提。

（2）作为连接深圳市中心城区和东部组团的轨道交通骨干线路，跨越罗湖、龙岗两区，建设条件复杂，动拆迁、交通疏解、管线改移组织和相关工程接口协调难度大，又与深惠路同步规划、协调实施，迫切需要充分发挥政府的行政资源，建立统一协调机制和加大推动力度。建议市、区两级政府成立专门的协调机构。

（3）根据国家行政许可法和深圳市执行行政许可法的实施细则，轨道交通建设不同阶段对不同事项须征得政府主管部门的行政许可，顺利取得行政许可是项目投融资、设计审批、开工建设和竣工验收的先决条件。

8.4.1 建设管理模式

针对深圳地铁3号线项目实际情况，提出可供选择的四种具体操作模式，其主要内容具体如下。

1. 模式一

按照A部分（征地拆迁，土建工程）、B部分（机电系统，车辆）投资划分，由地铁3号线投资有限公司和港铁分别负责各自部分的建设管理。A部分（征地拆迁，土建工程）的投资主体是深圳市和龙岗区政府。A部分（征地拆迁，土建工程）的建设管理主体是地铁3号线公司。B部分（机电系统，车辆）的投资主体是港铁。B部分（机电系统，车辆）的建设管理主体是港铁。运营公司是港铁。

地铁3号线公司负责工程前期准备工作，主要包括征地拆迁、三通一平、交通疏解、高压线改迁及管线改移、渣土及余泥排放点的落实、施工临时设施设置等；负责全部土建工程的建设管理；负责与机电系统的接口协调；负责与深惠公路（G205）改造工程的外部协调；负责土建工程的运营移交工作。港铁负责全部机电系统工程的建设管理；负责车辆的采购和调试；负责与土建工程的接口协调；负责地铁3号线的运营；有偿为土建工程提供技术支持（如深圳政府要求）。

该建设管理模式的优点是建设管理责任与投资划分一致，A、B两部分责任明确。由于土建工程的投资和建设管理完全由政府控制和负责，可以最大限度地调动龙岗区政府和3号线投资公司的积极性来完成征地、拆迁等工作。但该建设管理模式需要政府承担A部分工程的风险。同时因土建及机电系统工程由两个不同的建设管理主体负责，整体的项目管理、设计及施工接口管理将会十分复杂，工程的总体投资和进度也难以控制。

2. 模式二

政府负责A部分（征地拆迁，土建工程）投资，港铁负责B部分（机电系统，车辆）投资。政府与港铁签订项目建设管理委托协议，由地铁3号线公司负责征地拆迁，由港铁统一负责土建和机电系统工程建设管理。A部分（征地拆迁，土建工程）的投资主体是深圳市和龙岗区政府；B部分（机电系统，车辆）的投资主体是港铁；工程前期准备工作管理主体是地铁3号线公司；整个工程的建设管理主体是港铁；运营公司是港铁。

地铁3号线公司负责工程前期准备工作，主要包括征地拆迁、三通一平、交通疏解、高压线改迁及管线改移、渣土及余泥排放点的落实、施工临时设施设置等。港铁负责全部土建工程、机电系统工程的建设管理；负责车辆的采购和调试；负责与深惠公路（G205）改造工程的外部协调；负责地铁3号线的运营。

该建设管理模式的优点是土建及核心系统工程由同一个公司负责，整体项目管理、设计及施工接口管理相对简单。由于港铁统一负责全部土建和机电工程的建设管理，此模式最能有效考虑港铁的运营要求，也避免了不同公司负责不同部分建设管理而带来的繁琐复杂的工程验收、移交工作。但该建设管理模式下政府不能直接控制项目投资，也不能最大限度地调动龙岗区政府和3号线投资公司的积极性来完成征地、拆迁等工作。另外，港铁对土建工程的要求会超过国内的标准，很难在国内找到足够的资源。由于港铁对内地工程管理缺少经验和实践，工程的总体投资和进度也同样难以控制。

3. 模式三

政府负责A部分（征地拆迁，土建工程）投资，港铁负责B部分（机电系统，车辆）投资。港铁与政府签订项目建设管理委托协议，由政府委托建设管理单位（深圳地铁3号线投资有限公司）统一负责土建和机电系统工程建设管理。A部分（征地拆迁，土建工程）的投资主体是深圳市和龙岗区政府；B部分（机电系统，车辆）的投资主体是港铁；整个工程的建设管理主体是地铁3号线公司；运营公司为港铁。

地铁3号线公司负责工程前期准备工作，主要包括征地拆迁、三通一平、交通疏解、高压线改迁及管线改移、渣土及余泥排放点的落实、施工临时设施设置等；负责全部土建工程；受委托负责机电系统工程的建设管理；受委托负责车辆的采购和调试；负责与深惠公路（G205）改造工程的外部协调；负责全部工程的运营移交工作。港铁负责地铁3号线的运营；有偿为工程提供技术支持（如深圳政府要求)。

该建设管理模式的优点是由同一公司负责征地拆迁、土建及核心铁路系统工程,接口管理相对简单,责任清楚。同时,政府能直接控制项目投资,也可以最大限度地调动龙岗区政府和3号线公司的积极性,有效地协调征地、拆迁、深惠公路改造等工作。政府虽然承担全部工程建设管理,但风险相对减小。但因该建设管理模式下港铁未能直接管理工程建造,采用的设计方法和管理的标准与港铁不一致,这方面可通过要求香港地铁提供确切的要求来弥补。同样原因,也使得工程验收、移交工作相对复杂。当验收移交工作中出现不同意见时,可以聘请双方认可的独立的第三方技术咨询来做出裁决;条件许可的情况下,政府也可以考虑港铁的建议,即由港铁有偿提供全面技术支持后,将全部的工程瑕疵责任追索权转移给港铁项目公司。

4. 模式四

该模式基于柏诚-普华永道所建议的投资结构。深圳政府成立项目建设公司,负责整个3号线工程的建设管理。建成后由项目建设公司将B部分资产通过谈判从建设公司转移到港铁项目公司,并以象征价将A部分资产租给港铁项目公司,同时将转移所有瑕疵责任追索权与港铁项目公司。A部分(征地拆迁,土建工程)的投资主体是深圳市和龙岗区政府;B部分(机电系统,车辆)的投资主体是港铁;整个工程的建设管理主体是地铁3号线公司;运营公司是港铁。

地铁3号线公司负责工程前期准备工作,主要包括征地拆迁、三通一平、交通疏解、高压线改迁及管线改移、渣土及余泥排放点的落实、施工临时设施设置等;负责全部土建和机电系统工程的建设管理;负责与深惠公路(G205)改造工程的外部协调;负责全部工程的运营移交工作。港铁负责车辆的采购和调试;负责与3号线公司进行有关车辆接口的协调;负责地铁3号线的运营;有偿为工程提供技术支持(如深圳政府要求)。

该建设管理模式的优点是由同一公司负责征地拆迁、土建及核心铁路系统工程,接口管理相对简单,责任清楚。同时,政府能直接控制项目投资,也可以最大限度地调动龙岗区政府和3号线公司的积极性,有效地协调征地、拆迁、深惠公路改造等工作。政府虽然承担全部工程建设管理,但可以将建设风险从建设公司转移到港铁项目公司。但因该建设管理模式下港铁未能直接管理工程建造,采用的设计方法和管理的标准与港铁不一致,这方面可通过要求香港地铁提供确切的要求来弥补。同样原因,也使得工程验收、移交工作相对复杂。当验收移交工作中出现不同意见时,可以聘请双方认可的独立的第三方技术咨询做出裁决;条件许可的情况下,政府也可以考虑港铁的建议,即由港铁有偿提供全面技术支持后,将全部的工程瑕疵责任追索权转移给港铁项目公司。此项目投资和建设管理模式下,政府的初始投资很大,现金流出多。

本项目采用"小业主,大社会"的建设管理模式,该建设模式需要特定的建设环境、社会资源的配合,也需要一个在实践中不断完善和不同角色之间的磨合过程,而本项目的建设工期又十分紧迫,这是建设过程中将要面对的挑战之一。

8.4.2 风险分析

目前项目存在的风险有投融资方案不确定；工程前期准备工作滞后；招标工作滞后和开通目标不明确。

1. 投融资方案不确定

由于政府与港铁的项目投融资谈判还没结束，使得项目投资主体、项目建设管理主体和项目建设管理模式还不能确定。项目投资和建设主体的改变会导致目前的建设管理责任的重新划分，已签订的工程合同工作范围的变化和合同变更，增加不同建设主体负责的工程合同之间的接口和责任划分的复杂性，容易造成责任不清和角色缺位，从而导致工期延误和成本增加。

另外，确保建设资金的到位和投入，是工程实施前招标工作、征地拆迁、管线迁改和交通疏解等准备工作的必要条件。由于项目投融资方案未明确，导致项目资金没有完全落实，其结果可能会因为项目资金不足而造成延误工期或需要停工，影响项目的资源调配，甚至会引起索赔。

2. 工程前期准备工作滞后

工程前期准备工作包括：征地拆迁、交通疏解、管线迁移、高压线改迁、渣土及余泥排放点落实、施工临时设施等。目前，这些工作都已经滞后于工程总体筹划中所制定的工期目标。

3. 招标工作滞后

为了保证2005年底开工和2009年6月通车的总工期目标，工程监理（包括车辆段施工监理）、车辆段（土石方施工）和车辆的招标工作急需尽快完成。

4. 开通目标不明确

没有任何正式的官方文件（也没有最终的运营公司）来明确工程实施的目标和开通的标准。导致工程实施的目标不明确，将来的开通评估标准不明确，对运营商的运营要求也不明确。需要政府与运营商制订详细的运营服务标准，并根据该标准来合理安排工期，以避免工期延误。因为上述工作的滞后与延误，必然造成相应的风险，以下是对招标滞后和施工前期工作的风险分析。

(1) 招标滞后的风险

1) 工程监理招标滞后

根据项目建设组织架构，本项目的建造总监单位应及早选定，以便集业主、咨询公司、设计总承包单位及工程监理单位四方之合力，进行工程施工招标及开展工程前期准备工作。因此，建造总监招标应在所有土建施工及设备采购招标之前完成合同签订。工程监理的招标滞后，将直接影响到工程前期准备工作没有负责单位去组织实施，也影响到工程招标工作没有负责单位去组织开展，并最终影响到土建工程在2005年底开工的工期目标。

2) 土建招标滞后

以车辆段作为年内开工区段，其土建工程（车辆段土石方标段）的招标工作滞后，会直接影响到土建工程在2005年底开工的工期目标。

3）车辆招标滞后

车辆是地铁运行系统设备中的关键与核心，也是稳定扩初设计的前提和地铁开通运营的控制条件。车辆的技术参数和接口条件也是确定其他设备系统技术条件和限界的前提。车辆招标工作受限于初步设计通过审查的时间，工程监理招标完成的时间，以及投融资结构决定的最终负责车辆采购单位的确定。车辆招标工作的滞后，将可能使通车初始时投入运营的车辆数目不足，进而使得运营初始的运营水平（车辆行车间隔）降低。

(2) 施工前期工作的风险

1）征地拆迁

建设用地的征用、施工用地的租借和施工拆迁范围内建筑物的拆迁是一项涉及面广、制约因素多、关系复杂的系统工作，征地拆迁工作能否顺利完成，对整个工程的实施起着决定性的控制作用，必须提到议事日程，组织专门机构负责完成。

政府没有按期成立正式的专门机构（指挥部、拆迁办）来组织此项工作，征地拆迁所需的资金没有落实，大量的前期准备工作（如：补偿标准的商定、公共设施的迁移、不同部门的协调等）也没有开始。另外，拆迁过程中的不确定因素（例如：钉子户等）也会影响工程进度。设计方面引起的线路方案的变动，也将影响拆迁范围的最终确定，从而影响工程的进度和投资。

2）交通疏解

确保交通疏解实施所需的资金及拆迁等工作如果没有落实，交通疏解问题解决不好，将会严重影响地质详勘和工程施工的进度和投资，并对社会效益产生负面影响。

3）管线迁移

由于管线迁移工程涉及面广、费用大、周期长，特别是特区内的管线迁改必须与有关部门共同研究、才能确定迁改方案。目前还没有委托熟悉情况、具备资质的专业机构来统一研究协调，确定合理可行的方案。管线迁移方案不能落实，将直接影响工程的总体进度和投资，同时，管线迁移过程中如出现问题，也会对社会效益产生负面影响。

4）深惠公路(G205)改造工程与3号线的协调问题

3号线原来的总体设计是根据3号线与深惠公路(G205)改造工程一齐施工而定的，现深惠公路(G205)改造工程进度落后。深惠公路(G205)改造工程与3号线工程的不同步实施，将造成3号线建设动拆迁、管线改移与交通疏解的巨大压力，还将造成对环境的两次影响和部分重复和废弃工程。也无法实现地形检测、地质勘探、施工占道等方面资源能的统一利用。

另外，由于深惠公路(G205)改造工程没有明确的建设主体，3号线需要分别与政府不同的部门进行协调，包括公路局，交通局，规划局，建设局，区政府，燃气，给排水，供电局，环保局，城推办，街道办事处，消防局等，大大增加了3号线工程的外部协调难度。

综上所述，项目风险所带来的后果包括：工期延误；成本增加；来自其他方不可控制的干预,影响项目的有效控制;工程质量和建设标准不被接受,难以顺利移交;开通时运营车辆数量不足,运营服务水平降低。

8.4.3 建议

1. 当前重点工作的建议

(1) 资金保证

确保建设资金的到位和投入,是工程实施前招标工作、征地拆迁、管线迁移和交通疏解等准备工作的必要条件。

(2) 组织保证

尽快确定投融资模式和工程建设管理模式,尽快完成建造总监单位和车辆段土石方工程的招标工作,为 2005 年底开工做好充分的组织工作。

(3) 技术保证

确保 3 号线工程初步设计工作顺利完成并通过评审,并进一步完善和深化初步设计,使之达到满足工程招标和指导施工图设计的深度,为招标技术文件的准备、动拆迁和交通疏解等后续工作的开展打好基础。

(4) 进度保证

以车辆段作为年内开工区段,12 月底完成开工段征地拆迁等前期工作,施工单位进场并进行施工准备,实现年内开工目标,促进、推动全线工程的实施与施工前期工作的全面开展。尽快开展车辆招标工作,以确保 2009 年 6 月的开通目标,即保证通车初年时有足够数量的运营车辆,保证达到运营初年的运营水平(列车行车间隔)。同时,也要尽快开展其他土建和系统标段招标的准备工作。

2. 建设管理模式建议

根据深圳市政府三届 87 次常务会议精神,委托深圳地铁 3 号线投资有限公司负责深圳地铁 3 号线项目融资、筹备、建设管理工作及营运管理的委托工作。3 号线公司已经采用"小业主,大社会"的建设管理模式,成功地组织完成了前一阶段的工作。经过实践,业主依靠咨询、设计、监理等社会资源,完成了总体设计和初步设计,并顺利通过了专家和政府的设计评审,获得了各方面的高度评价,充分证明该建设管理模式的可行性。在政府全资建设 3 号线的情况下,由于 3 号线公司对整个工程熟悉程度高,对市区两级政府的沟通和理解能力强,对外部协调工作具有连续性,所以继续采用"小业主,大社会"的建设管理模式对项目是有利的。

考虑到商业投资方(港铁)的介入,项目的投资主体、建设主体都会发生变化,进而工程建设管理模式也需要相应地改变。前面的论述中已经对可能的四种建设管理模式进行了分析和比较,综合从投资、进度、接口管理、外部协调、运营要求、工程移交等方面进行分析,最好的工程建设管理方案建议采用模式四。但模式四采用与否,与最终的投融资结构的谈判结果有紧密关系。如果最终的投融资结构的谈判结果无法采用模式四,模式三可作为备选方案。

在引入商业投资方(港铁)参与项目时,建议明确本项目的建设标准应该是以国家正式批准的工程可行性研究报告;为了充分考虑港铁方面合理的运营要求,港铁应该作为投资方和运营方积极参与项目全过程工作,在工程实施过程中尽量考虑其合理要求;为了避免将来与运营方进行的验收和移交工作出现问题,应事先制定完善的验收、移交标准和程序,当验收、移交工作出现分歧时,可以聘请双方认可的独立第三方技术咨询做出裁决。

8.5 深圳地铁 3 号线工程施工图设计阶段危害分析

施工图设计危害分析的目的是审查系统、子系统、功能及有关接口和系统的运营及维护程序等是否符合设计及规格书内的安全及功能要求。识别及评估的潜在危害包括:系统接口间的潜在危害;系统的运营及维护程序的潜在危害;系统的设备故障模式、人为错误产生的潜在危害;系统与子系统之间的功能关系而产生的潜在危害。然后就评估结果,提出合理可行的风险控制及减低措施,作进一步跟进。

深圳地铁 3 号线施工图设计危害分析主要涵盖以下核心系统:自动售检票系统(AFC);综合监控系统(ISCS,含 FAS/BAS/SCADA);轨道系统(PWS);屏蔽门系统(PSD);供电系统(PSS);车辆系统(RS);信号系统(SIG);通信系统(COM)和隧道通风系统(TVS)。也包括上述系统内部、外部的接口及相互之间的接口。

施工图设计阶段系统安全保障工作主要包括:建立系统安全保障组织架构;进行施工图设计危害分析和建立系统 RAM 指标。具体流程是:参考施工图设计阶段相关文件,分析施工图设计阶段各系统相关危害,记录于危害记录表中。最后,根据相关经验,对主要机电系统提出 RAM 指标。

8.5.1 危害确认及监控

1. 危害确认及监控方法

(1) 危害确认

根据地铁运营经验,参考相关文件,通过危害及可操作性研究(HAZOP)识别危害,与设计单位交流后,编制各系统主要危害清单和系统故障清单,并根据各系统危害清单识别出系统、子系统、接口、环境及运营等方面的危害。若承包商及项目各参与方在项目剩余阶段发现新的危害,应在危害记录表中补充。

(2) **建立危害记录表**

为了实施对危害的评估及管理,根据系统安全保证的要求,建立危害记录表,作为承包商今后危害管理的参考依据。

(3) **危害风险等级评估**

参考制定的风险矩阵,评估危害的现有风险,对各危害提出相应的减轻措施。然后对剩余风险再次评估,将以上评估结果填写至危害记录表内。

(4) **危害分析范围**

根据合同,系统危害分析在自动售检票系统、综合监控系统(含 FAS/BAS/SCADA)、轨道系统、屏蔽门系统、供电系统、车辆系统、信号系统、通信系统及隧道通风系统中开展。分析涉及各系统、子系统、接口及运营(泛指操作及维修)等方面。

(5) 危害管理

危害的减轻措施，可分类为设计、建造、运营及维修四个类别，在设计阶段结束前，所有设计减轻措施必须完成。在测试阶段结束前，所有建造减轻措施必须完成。在试运营阶段前，所有运营减轻措施（指运营程序、警告标示、训练等措施）及维修减轻措施（指维修程序、维修计划、训练等措施）必须完成。

招标后，承包商须深化在危害记录表内的减轻措施，如有新识别的危害，承包商需加入危害记录表内，按照上述危害管理方法完成减轻措施，结束危害。如有危害未能消除或消除方法不属于其合同范围，危害管控单位应向业主汇报，提请业主采取危害控制及减低的措施，如果仍然未能在本阶段解决，经业主同意后可将危害转移至下一阶段持续监察。

2. 危害的监控

危害管理工作主要通过督促减轻措施管控单位实施。减轻措施管控单位应通过落实建议的危害减低措施来降低危害的风险等级，根据减轻措施完成情况更新危害记录表。承包商及相关单位需定期向业主报告减轻措施的进度。危害管理工作主要在系统招标阶段及项目后阶段进行和跟进。

3. 危害的结束

如果危害未能结束，或未能把风险等级降至可容忍或以下，危害管控单位须向业主提交证明或具体分析，以确定、证明危害的风险等级已是"最低实际可行"。采取危害的全部减轻措施后，剩余风险等级应降至可容忍或可接受级。如果现有的风险等级被评估为可容忍级，但没有其他有效方法将风险降至可接受级，经业主同意后，可确定该危害已结束。

施工图设计阶段危害分析是深圳地铁 3 号线系统安全保障体系中安全过程控制体系的前期风险分析的内容，按照相应的要求，危害风险等级统计见表 8-11。

危害风险等级统计汇总表　　　　　表 8-11

序号	系统名称	危害状态统计（项）							
		可接受		可容忍		不理想		不可接受	
		现有	剩余	现有	剩余	现有	剩余	现有	剩余
1	车辆系统	17	90	71	15	16	0	1	0
2	供电系统	20	119	112	13	0	0	0	0
3	综合监控系统	11	45	37	12	9	0	0	0
4	轨道系统	0	7	1	6	9	0	3	0
5	屏蔽门系统	33	62	29	0	0	0	0	0
6	自动售检票	3	17	11	1	4	0	0	0
7	隧道通风系统	4	87	83	4	4	0	0	0
8	信号系统	34	64	32	10	8	0	0	0
9	通信系统	4	95	89	0	2	0	0	0
	合　计	126	586	465	61	52	0	4	0

如表 8-11 所述，危害总计 647 项，其中，可容忍剩余危害计 61 项，可接受剩余危害计 586 项。对于 61 项可容忍剩余危害，设计单位应提请业主在后续阶段中予以重点研究及跟进，督促减轻措施管控单位按成本效益尽量降低其风险等级。

8.5.2 RAM 指标

根据安全计划，参考国际经验，并根据深圳地铁 3 号线实际情况，开展了相关 RAM 研究，最终得出各主要机电系统应达到的 RAM 指标，分别见表 8-12～表 8-19。

1. 车辆系统（见表 8-12）

车辆系统应达到的 RAM 指标　　　　　表 8-12

	说　明	目　标	单　位
可靠性（故障次数）	2 分钟或以上之初始延误	≤1.46	故障每百万车公里
	不适合继续服务、未能出车	≤0.41	故障每百万车公里
可维护性（MTTR）	可更换组件（Line Replaceable Unit）	≤0.5	h
	矫正维护（不须起车作业）	≤4	h
	矫正维护（须起车作业）	≤6	h
可用性		98%	

2. 供电系统（见表 8-13）

供电系统应达到的 RAM 指标　　　　　表 8-13

	说　明	目　标	单　位
可靠性（故障次数）	因供电系统发生故障而导致列车不能运行而导致 2 分钟或以上的延误	≤0.011	故障每月每运营公里

3. 综合监控系统（见表 8-14）

综合监控系统应达到的 RAM 指标　　　　　表 8-14

主监控系统和子系统	系统平均无故障时间	运营可用性	可维修性	响应时间
单位	h	百分比	h	h
主监控系统	≥19990	≥99.95%	≤1	≤2
火灾自动报警系统（FAS）	≥19990	≥99.95%	≤1	≤2
环境与设备监控系统（BAS）	≥19990	≥99.95%	≤1	≤2
电力监控系统（SCADA）	≥19990	≥99.95%	≤1	≤2

4. 屏蔽门系统(见表 8-15)

屏蔽门系统应达到的 RAM 指标　　　　表 8-15

主监控系统和子系统	系统平均无故障时间	运营可用性	可维修性	响应时间
单位	h	百分比	h	h
主监控系统	≥19990	≥99.95%	≤1	≤2
火灾自动报警系统	≥19990	≥99.95%	≤1	≤2
环境与设备监控系统	≥19990	≥99.95%	≤1	≤2
电力监控系统	≥19990	≥99.95%	≤1	≤2

5. 售检票系统(见表 8-16)

售检票系统应达到的 RAM 指标　　　　表 8-16

子系统、设备	运营可用性 单位：百分率	平均无故障时间/平均无故障间隔周期	可维修性(平均)停机时间 单位：h	平均修复时间 单位：h
自动售票机、售票机及增值机	≥98.0%	100000 周期	≤3	≤0.5
半自动售票机	≥98.0%	100000 周期	≤3	≤1
自动检票机	≥99.5%	200000 周期	≤1	≤0.5
自动验票机	≥98.0%	20000h	≤8	≤0.5
便携式验票机	≥98.0%	20000h	≤3	≤0.5
车站计算机系统	≥99.9%	50000h	≤8.7	≤1
线路中央计算机系统	≥99.95%	不适用	≤4.4	尽快

6. 隧道通风系统(见表 8-17)

隧道通风系统应达到的 RAM 指标　　　　表 8-17

隧道通风系统	可靠性	可维修性
各类风机设备(包括隧道排烟、通风风机 TVF，IMF)	≥32000h；或故障频率：在 740 次的启动内少于 1 次故障	≤8h

7. 信号系统(见表 8-18)

信号系统应达到的 RAM 指标　　　　表 8-18

	说　明	目标	单　位
可靠性(故障次数)	2 分钟或以上的延误	≤1.56	故障每百万车公里
	危险侧故障(安全性)	≤1E-9	故障每列车小时
	不适合继续服务、未能出车	≤0.43	故障每百万车公里
可维修性	可更换组件	≤0.5	h

8. 通信系统(见表 8-19)

通信系统应达到的 RAM 指标　　　　表 8-19

	可靠性	运营可用性	可维护性	
	单位：故障次数 每年每系统	单位：百分率	单位：h	
传输系统	—	≥99.9999%	≤2	≤0.5
公务通信系统	≤44	≥99.9%	≤2	≤3
专用电话系统	≤17	≥99.9%	≤2	≤3
专用无线系统	—	≥99.99%	≤2	≤0.5
公安无线引入系统	—	≥99.99%	≤2	≤0.5
消防无线应急系统	—	≥99.99%	≤2	≤0.5
时间系统	—	≥99.97%	≤2	≤0.5
弱电综合电源及接地系统	≤1	≥99.995%	≤2	≤3
网络管理系统	—	≥99.99%	≤2	≤0.5

9. RAM 计算方法

(1) 平均无故障时间(MTBF，Mean Time Between Failure)

任何需要运营或维护人员提供特别协助（即非正常模式）以维持或恢复系统、设备运作的故障，包括所有假警报或指示(indication)错误，均需纳入平均无故障时间的计算之内。外来因素引起的事故，例如：外来电力中断、水淹或员工错误等，则不需纳入计算。故障将会导致设备停止提供其既定的功能，包括以下因素所引起的故障：设备设计；设备制造；组件设计；组件制造；软件错误；承包商提供的操作及维修程序错误而导致设备、组件发生故障。平均无故障时间计算公式如下：

$$平均无故障时间(MTBF) = 设备总使用时间/故障总次数$$

(2) 平均修复时间(MTTR，Mean Time to Repair)

计算矫正维护平均修复时间时，须包括诊断时间、组件修理及替换时间以及在现场的调整及测试时间。而运营及(或)维护人员到达现场前的反应时间则不包括在内。

(3) 平均停机时间(MDT，Mean Down Time)

将平均修复时间(MTTR)的定义扩展至包括运营及(或)维护人员到达现场前的反应时间。各系统承包商应根据该系统 RAM 指标及安全计划中相关要求，认真开展系统 RAM 分析及验证工作，确保各机电系统可以达到上述指标，从而确保轨道系统运营的可靠性。承包商开展分析的主要方法应包括：故障模式及影响分析和系统可靠度、可用度及可维护度定性评估。

设计院及业主应审查承包商相关分析及验证文件，以确保承包商认证开展了相关研究，分析得到的结果满足上述指标。

8.5.3　建议

承包商应以本危害分析为基础，开展后续行动。主要包括：

(1) 深化施工图设计阶段危害分析。

(2) 执行减轻措施,并对减轻措施和安全功能符合性进行验证。验证方法包括：型式试验、调试及综合测试。

(3) 如识别新的危害或安全功能,须加入危害记录表。

(4) 定期向业主汇报减轻措施及安全验证的进度,并更新危害记录表内"状况"栏、安全原则、规范要求符合性评估的"设计符合类别"栏。

另外,本文件提出各系统RAM指标,承包商应开展相关分析(如FMEA)及验证工作,确保系统可以达到有关目标。设计院及业主单位应组织审查承包商相关工作。

8.6 深圳市城市轨道交通系统安全风险管理软件

8.6.1 软件开发概述

1. 开发背景

随着我国城市轨道交通事业的快速发展,轨道交通在逐步替代传统交通工具成为城市主要交通通道,城市轨道交通安全管理问题也逐步受到社会越来越多的关注。但是城市轨道交通事故时有发生,而城市轨道系统是高度自动化的系统工程,环节和部件也非常多,因此如何利用现代化的管理手段来加强城市轨道交通系统的风险管理显得尤其重要。

2. 目标

本软件开发的目的是将城市轨道交通系统的安全风险管理建立在统一的技术平台上,以便规范各参与单位和有关人员的系统安全保障管理工作,为建立和完善我国城市轨道交通安全保障体系做好基础准备工作。适用于城市轨道交通项目机电设备系统生命周期内各阶段(包括：设计、制造、安装、调试、开通、运营)的全过程安全控制工作。

3. 软件功能

本软件包含进行风险管理必需的各类基础资料和参考文件,使用者可以很方便地查阅有关资料、规范和标准,以便对城市轨道交通各机电设备系统的隐患进行识别、登录、分析、评估和管理,使风险管理工作流程和文档规范化、标准化。同时,为各有关方面参与人员建立可以共同交流、讨论、分析的综合平台,有利于安全保障工作的综合管理。

进入系统后,可以分别对车辆管理、供电系统、综合监控系统、轨道系统、屏蔽门系统、售检票系统、隧道通风系统、信号系统、通信系统、电梯系统、自动扶梯系统、风险矩阵管理、法律法规管理、版本管理系统这十四个大项下的所有子功能进行管理。

8.6.2 软件系统功能结构

软件系统包括城市轨道交通项目的系统隐患类别库管理、系统故障信息管理、系统风险评估分析、隐患登记册管理、规范要求的安全符合性评估、风险矩阵管理、版本管理、个人资料及通知公告管理等模块。软件系统结构如图8-4。

软件各功能模块如下：

（1）隐患类别库管理：主要对城市轨道交通系统可能出现的各类事故隐患的分类信息按照一定数据规范进行存储管理，建立基础知识库，为系统其他模块提供基础知识库支持。

（2）系统故障信息管理：主要针对城市轨道交通系统的系统、子系统、部件、组件可能出现的各类故障信息进行分类存储建库，为后续风险评估和隐患登记册生成提供信息支持。

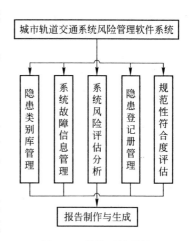

图8-4 软件系统结构

（3）风险矩阵管理：可进行不同项目的风险评估标准的生成和建立，扩展了软件的适用范围。

（4）系统风险评估分析：依据隐患风险分级方法，自动计算和生成各个系统的风险矩阵图。

（5）隐患登记册管理：主要针对城市轨道交通系统的系统、子系统、部件、组件可能出现的各类隐患及建议措施等信息进行分类存储建库。

（6）安全原则及规范要求的符合性评估：主要针对城市轨道交通系统的系统、子系统、部件、组件在设计、运营等过程所依据的法律、法规符合性情况进行评估分析。

（7）法律法规标准数据库管理：主要进行城市轨道交通有关的法律法规标准数据库的建立，为安全原则及规范要求的符合性评估提供基础数据库支持。

（8）版本管理：城市轨道交通项目生命周期长，阶段划分、参与单位及人员较多，版本管理提供了版本推进和历史版本查询，有利于文件档案和资料管理。

（9）个人资料及通知公告管理：可方便地利用互联网进行个人资料和风险管理技术资料信息的登录、查看、交流、分析、通知公告的发布，有利于行业管理和风险管理技术的发展。

（10）报告制作与生成：实现根据工作需要，自动生成所需格式的各类报表和报告主体内容。

8.6.3 软件主要界面

目前软件系统已编入城市轨道交通的车辆、通信、信号、供电、综合监控、屏蔽门、自动售检票、轨道、隧道通风、电梯、自动扶梯等系统的有关信息。系统登录方法和车辆系统管理方法介绍如下，其余系统操作方法相同。

1. 系统登录

打开IE浏览器，输入http：//ip：端口号（IE地址栏输入），回车确定后，系统会出现登录界面如图 8-5。

图 8-5 登录界面

输入用户名和密码及验证码点击"![登录]"按钮，就可以登录本系统。如图 8-6。

图 8-6 城市轨道交通系统风险管理软件系统

进入系统后，可以分别对车辆管理、供电系统、综合监控系统、轨道系统、屏蔽门系统、售检票系统、隧道通风系统、信号系统、通信系统、电梯系统、自动扶梯系统、风险矩阵管理、法律法规管理、版本管理系统这十四个大项下的所有子功能进行管理，具体操作如下章节内容所述。

2. 车辆系统管理

点击顶部的![车辆系统]，进入系统管理主界面，如图 8-7。

左边菜单显示出如下四项可操作菜单，默认显示为主要隐患列表。

深圳地铁3号线系统安全保障工作的实施

图 8-7　系统管理主界面

(1) 主要隐患管理

点击左菜单 ![icon]，进入主要隐患管理界面，如图 8-8。

图 8-8　隐患管理界面

点选需查看信息列表后的 ![icon] 按钮，可查看该条信息的详细内容，如图 8-9。

(2) 故障清单管理

点击左菜单 ![icon]，进入故障清单管理界面，如图 8-10。

点选需查看信息列表后的 ![icon] 按钮，可查看该条信息的详细内容，如图 8-11。

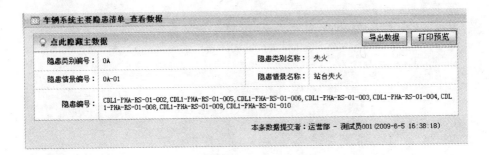

图 8-9　查看该条信息的详细内容

图 8-10　故障清单管理界面

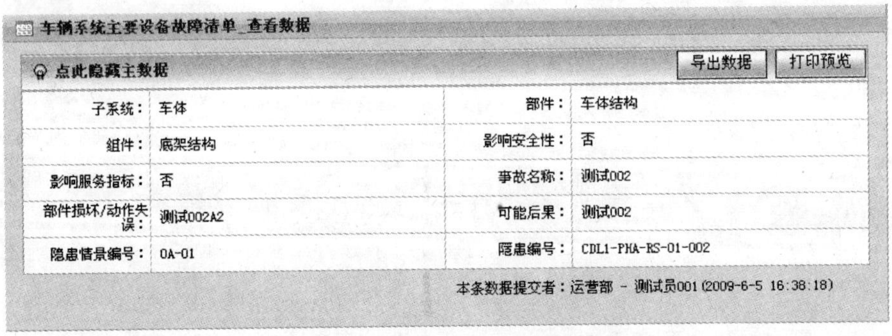

图 8-11　查看该条信息的详细内容

(3) 隐患登记册管理

点击左菜单 ，进入隐患登记册管理界面，如图 8-12。

点选需查看信息列表后的 按钮，可查看该条信息详细内容，如图 8-13。

深圳地铁3号线系统安全保障工作的实施

图 8-12 隐患登记册管理界面

图 8-13 查看该条信息详细内容

(4) 符合性评估管理

点击左菜单 ，进入符合性评估管理界面，如图 8-14。

点选需查看信息列表后的 按钮，可查看该条信息详细内容，如图 8-15。

图 8-14 符合性评估管理界面

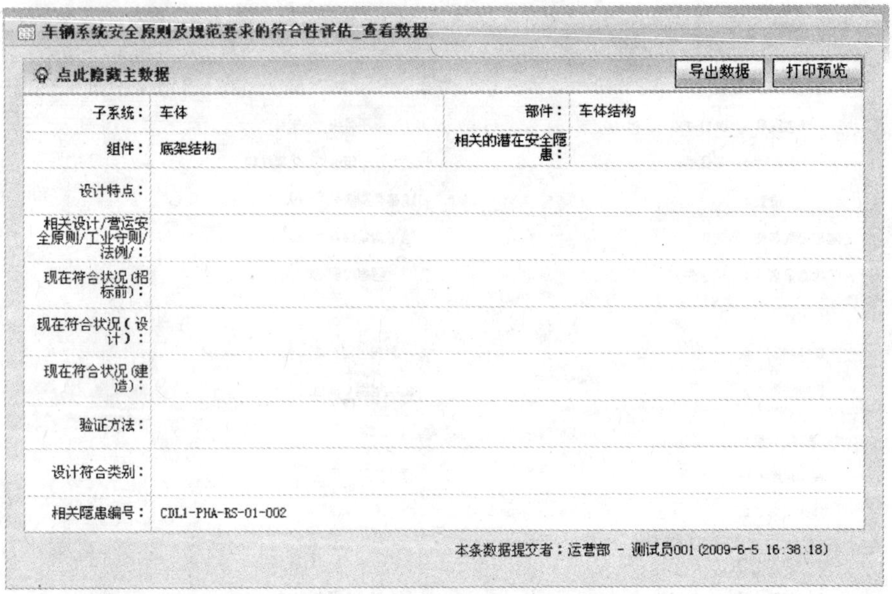

图 8-15 查看该条信息详细内容

3. 车辆系统统计管理

点左边菜单 车辆系统统计 显示出如下四项可操作菜单,如图 8-16。

(1) 运营危害状况管理

点击左菜单 ,进入运营危害状况管理界面,如图 8-17。

可查看运营危害的风险数目、原本风险、剩余风险在各子系统分布情况和所占比例。

图 8-16 可操作菜单

子系统	风险数目	原本风险				剩余风险			
		R1	R2	R3	R4	R1	R2	R3	R4
车体	9	7	0	2	0	8	0	1	0
车门	1	1	0	0	0	1	0	0	0
车钩及缓冲器	0	0	0	0	0	0	0	0	0
通风空调	0	0	0	0	0	0	0	0	0
照明	1	1	0	0	0	0	1	0	0
辅助电源系统	0	0	0	0	0	0	0	0	0
牵引、电制动系统	0	0	0	0	0	0	0	0	0
空气制动及风源	0	0	0	0	0	0	0	0	0
转向架	1	1	0	0	0	1	0	0	0
列车控制系统	0	0	0	0	0	0	0	0	0
列车信息系统	0	0	0	0	0	0	0	0	0
总数	12	10	0	2	0	10	1	1	0
百分比		83%	0%	16%	0%	83%	8%	8%	0%

图 8-17 运营危害状况管理界面

(2) 运营隐患分类状况管理

点击左菜单,进入运营隐患分类状况管理界面,如图 8-18。

可查看运营隐患的隐患分类、隐患类别、隐患总数在各子系统分布情况和所占比例。

(3) 减轻措施解决状况管理

点击左菜单,进入减轻措施解决状况管理界面,如图 8-19。

可查看减轻措施解决状况的减轻措施类别、处理中、部分完成、完成和总数统计。

(4) 运营隐患解决状况管理

点击左菜单,进入隐患解决状况管理界面,如图 8-20。

可查看隐患解决状况的风险数目、处理中、部分完成、完成统计。

您当前的位置：统计分析→运营隐患分类状况

车辆系统运营隐患分类状况

隐患分类	隐患类别	隐患总数
0A	失火	10
0B	有毒物料/气体	1
0C	爆炸	1
0D	水淹(不设防洪门)	0
0E	地震/强风	0
0F	结构倒塌	0
0G	侵入限界	0
0H	意外	0
0J	外来威胁	0
0K	撞击	0
0L	脱轨	0
0M	运行意外	0
0N	非运行意外	0
00	紧急行动	0
	总数	12

图 8-18 运营隐患分类状况管理界面

您当前的位置：统计分析→减轻措施解决状况

车辆系统减轻措施解决状况

减轻措施类别	处理中	部分完成	完成	总数
设计	2	0	0	2
建造	0	0	0	0
維修	0	1	0	1
运营	0	0	1	1
总数	2	1	1	4

图 8-19 减轻措施解决状况管理界面

您当前的位置：统计分析→隐患解决状况

车辆系统隐患解决状况

子系统	风险数目	隐患解决状况		
		处理中	部分完成	完成
车体	9	1	3	1
车门	1	0	0	0
车钩及缓冲器	0	0	0	0
通风空调	0	0	0	0
照明	1	0	1	0
辅助电源系统	0	0	0	0
牵引、电制动系统	0	0	0	0
空气制动及风源	0	0	0	0
转向架	1	0	1	0
列车控制系统	0	0	0	0
列车信息系统	0	0	0	0
总数	12	1	5	1
	百分比	8%	41%	8%

图 8-20 隐患解决状况管理界面

9 研究结论与建议

为适应我国城市轨道交通迅速发展形势的需要,确保城市轨道交通建设和运营安全,使我国城市轨道交通健康、稳步、可持续发展,经过调查研究、综合分析、在各专题研究成果基础上,结论和建议如下。

9.1 结论

(1) 建立系统安全过程控制和阶段性安全评价相结合的安全保障体制是保障城市轨道交通建设运营安全最有效的措施

城市轨道交通安全评价是在城市轨道交通全寿命周期中,进行的安全预评价、安全验收评价、安全现状综合评价以及专项安全评价工作。安全预评价是在工程可行性研究后进行,竣工安全评价是在系统竣工后进行的,运营安全评价则是在运营期间每隔一段时间进行的安全评价。虽然也采用风险分析理论和方法,辨识风险、消除风险,以便于确保轨道交通方便城市居民的生活,但安全评价与系统安全过程控制不同。安全评价是阶段性的,是在城市轨道交通建设运营全过程某些节点进行的安全评价。系统安全过程控制是在城市轨道交通全生命周期范围内,从城市轨道交通筹划、设计、勘测、施工安装、系统调试、运营、维护到报废全过程,开展保障系统安全的正常工作。不是从局部、阶段性工作出发研究系统的安全,而是城市轨道交通建设单位,从系统安全的整体性出发,运用风险分析理论与方法,指导生命周期过程安全工作,使系统安全逻辑关系协调统一。因此,系统安全过程控制与安全评价可以结合起来,安全评价作为政府对城市轨道交通的安全监管,系统安全过程控制则是建设单位保障城市轨道交通安全的正常工作，两者相辅相成，互为补充，确保城市轨道交通处于安全状态。

(2) 城市轨道交通项目系统安全过程控制树立系统安全新理念

所谓系统安全是指在系统生命周期内，应用系统安全工程和系统安全管理方法，辨识系统中的危险源，并采取控制措施使其危险性最小，从而使系统在规定性能、时间和成本范围内达到最佳的安全程度。系统是指由相互作用、相互依存的若干元素(或子系统)结合而成的具有特定功能的有机整体。城市轨道交通就是一个典型的由相互作用、相互依存的若干子系统结合而成的，具有快速、准时、安全、舒适等功能的乘客运输系统。系统安全创新了安全观念，认为安全贯穿于系统的整个生命周期，危险源是事故发生的根本原因，系统的可靠性和系统的安全性，都是系统特定的性能指标，系统的可靠性和系统安全性相辅相成。

系统安全性，最大优点就是在一个系统构思规划阶段，就必须考虑其安全性问题。制定并执行安全计划，系统安全工作贯穿于整个系统生命周期间，直到系统报废为止。在系统构思规划，可行性论证、施工安装、设计制造、试运营、运营、维修直到报废的各阶段，都要进行辨识、评价、控制系统中的风险。系统中存在的风险是事故发生的根本原因，是可能导致事故的潜在不安全因素。系统安全的基本内容就是辨识系统中的风险、采取措施消除和控制系统中的风险。系统安全基本特性是目的性、整体性和层次性，每个系统都应有明确的目的。城市轨道交通系统的目的就是安全的运送乘客，系统整体性是指从整体出发而不是局部出发去研究系统的安全性；具有独立功能的各个子系统，必须逻辑的统一和协调于系统的整体之中。系统的层次结构，解决了复杂的城市轨道交通系统的管理问题，充分发挥指挥功能。作为一个系统，虽然还要考虑系统的相关性，综合性和环境适应性等，整体性是系统最关键的特性，系统的整体具有各组成系统在孤立子系统所不具备的新特性。

(3) 城市轨道交通项目系统安全过程控制最基本工作是风险管理

系统安全的基本工作内容就是辨识系统中的风险源，采取措施消除和控制系统中的风险源。所谓风险(RISK)是某一特定危险情况发生的可能性和后果的组合。Hogos 认为，风险一词和安全科学中使用的危险(danger)一词具有相同的意义。

系统安全分析的目的，是为了查明风险以便在整个生命周期内消除和控制风险，通常包括以下内容：

1) 调查和评价可能出现的初始的、诱发的和起作用的风险及风险间的相互关系；
2) 调查和评价与系统安全有关的环境条件、设备、人员和其他因素；
3) 调查和评价消除风险的各种措施及其应用；
4) 调查和评价风险可能产生的后果及防护措施；
5) 调查和评价风险是在生命周期范围内，不断反复进行的工作。

随着科学技术的进步和发展，人们已经研究出数十种分析方法，可以根据系统的不同进行选择。

不管采用哪种分析方法，城市轨道交通项目系统安全的实践表明，系统安全的优越性在于能够在系统设计阶段辨识风险源，采取措施消除和减少风险，使系统的危险性最小。系统安全还可以跟踪风险，在生命周期内不同阶段，发现新的风险源和采取新的措施消除和减少风险。

系统安全认为，不同的风险源有着不同的危害性，危害性是指某种风险导致的事故，造成人员伤害，物的损坏和环境的污染的可能性。由于不可能彻底消除所有的风险，也就不存在绝对的安全。所谓安全，只不过是没有超过允许限度的风险，是最佳的安全程度。系统安全认为可能意外释放的能量是事故发生的根本原因，而能力控制失效则是事故发生的直接原因，这涉及能量控制可靠性问题，在系统安全研究中，不可靠被认为是不安全的原因，可靠性是系统安全工程的基础。

(4) 完善城市轨道交通安全保障体系组织架构

城市轨道交通安全保障体系组织架构是推行城市轨道交通安全保障工作必不可少的组织保证。我国城市轨道交通安全保障体系由领导层、执行层和第三方独立评价机构三部分组成：

第一部分由中央政府和地方政府各有关部门组成，是我国城市轨道交通安全保障体系的领导层；

第二部分由轨道交通项目的业主(建设与运营)及各参与单位(包括：设计、监理、系统承包商与分包商)组成，是安全保障体系的执行层；

第三部分由中介机构(包括：安全评价和产品安全认证)组成，是独立于第一和第二部分的第三方。

应明确组成安全保障体系中各机构的职责：明确政府在体系中的主导地位和具体监督职能，明确在体系中实施系统安全过程控制的业主和各参与方的职责，明确对独立第三方中介机构的要求和工作标准。保证项目整个生命周期内，各方面工作的协调性和各阶段系统安全保障工作的连续性。

(5) 深圳地铁3号线系统安全过程控制的实用化研究，提高城市轨道交通项目安全的科学性、降低系统安全风险

深圳地铁3号线从2005年开始，按系统全过程安全控制的指导思想，开展城市轨道交通全生命周期系统安全过程控制的实践，2006年4月起正式纳入城市轨道交通系统安全保障体系研究计划课题，是阶段性安全评价和系统安全过程控制安全保障体制实用化研究的主要内容。经过四年多的实践，首先建立了系统安全过程控制的指导思想。3号线规划、设计伊始便从轨道交通整体出发，而不是从某一局部出发研究系统安全问题，工作过程中引入风险管理理念，制定系统安全计划，建立由设计、施工、机电产品供应商、监理等单位组成的安全保障组织体系。在设计初期就开始在建设各阶段辨识系统安全风险、研究消除和减少风险的措施，编制"初步隐患分析"、"施工图设计阶段隐患分析报告""系统安全审查报告""施工安全分析报告"，并对核心机电设备系统承包商进行系统安全管理，使系统安全、风险分析成为建设单位的正常工作。由于从设计开始到建设各阶段都开展以风险分析为主要内容的安全工作，是从系统整体性出发开展的工作，强调了系统的内在联

系，不间断的跟踪风险，研究消除和减少风险的措施。其工作深度与广度均较以前极大提高，提高了安全工作的科学性，降低了系统安全的风险。

结合我国城市轨道交通工作的特点和建设计划，系统安全过程控制流程划分为10个阶段，简化了程序，节约了时间和经费。为我国进一步开展系统安全过程控制工作创造条件，提供依据。

(6) 根据项目实际条件选择合适的系统安全保障体系工作模式

现阶段由于国内法律法规体系不完善，应根据城市和项目的实际条件，因地制宜选择项目合适的城市轨道交通安全保障的工作模式，在实践中总结经验，并逐步完善安全保障体系的技术标准和工作模式，同时，建立独立第三方中介机构，客观工作进行安全评价和系统安全过程控制的机制。建立轨道交通相关企业内部的安全保障管理组织架构和管理制度。

随着我国城市轨道交通安全保障体系的不断建立和完善，逐步形成较统一的安全保障工作架构和工作模式。

9.2 建议

(1) 尽快制定"城市轨道交通工程质量安全管理条例"

通过研究，深圳地铁3号线系统安全过程控制的实践，是完善城市轨道交通安全保障法律法规体系，是建立健全系统安全保障体系的基础。目前，我国城市轨道交通安全方面的法律法规已形成基本框架，但针对城市轨道交通行业如何操作，政府如何监管，建设单位、运营单位和参与单位(设计、承包商、供货商、监理、咨询及第三方中介机构等)应承担什么义务还不是很明确。因此，建议有关单位尽快制定"城市轨道交通工程质量安全管理条例"，以便从法律体制上将系统安全过程控制确定为城市轨道交通建设过程中正常工作之一(主要工作内容：全生命周期按十个阶段安排，见第5章)，使阶段性安全评价和系统安全过程控制相结合的体制成为轨道交通工程项目安全保持的主要手段。

(2) 尽快制定适合于我国国情的安全控制标准和RAMS标准

深圳地铁3号线系统安全过程控制实践过程中，采用的是欧盟EN50126标准，以至于出现工作过于繁琐，不符合我国城市轨道交通建设特点，为此，建议尽快制定适合于我国国情的安全控制标准和RAMS标准。

(3) 逐步完善第三方独立评价体系

根据安全保障体系的需要，建立一个安全评估认证框架。安全保障体系在政府的监管下，由具备资质的独立第三方依据国家标准对轨道交通的建设和运营过程进行评估、监控，从而保障轨道交通的安全。

评估机构由政府指定的权威部门考核和认证，并要求独立于运营商和系统制造商。它的任务和目标是根据专门的安全标准对安全相关系统进行审核和认证。审核工作针对工程管理过程，认证工作针对系统本身。经国家有关部门授权的安全认证机构可进行安全认证，对符合国家安全标准的产品发放安全认证证书。

(4) 在城市轨道交通项目建设和运营中，引入建立在安全认证基础上的"安全准入"和"安全承诺"机制

应在城市轨道交通项目建设和运营中，建立在安全审查和安全认证基础上的"安全准入"和"安全承诺"机制。将城市轨道交通建设单位的安全责任纳入到政府和社会法制监管的范围之内。只有通过相应的安全审查和安全认证的项目才能授权开展城市轨道交通项目建设和投入运营。同时，项目建设和运营单位应对项目建设的安全和运营的安全作出承诺，以接受政府和社会的监管。

在初步设计阶段编制初步设计安全审查报告，进行设计安全审查，该项工作可与初步设计审查同步进行。在产品制造安装和调试阶段，进行安全认证。在系统开通前编制系统安全报告，进行系统安全审查，该项工作可与试运营条件审查同步进行。

(5) 开展其他配套问题研究

随着城市轨道交通建设速度加快，以北京、上海、广州为代表特大城市已进入轨道交通快速发展阶段。一个城市有几条线路上百个工点同时在施工建设，每年要建设几十公里的线路，抢工期、赶进度、边设计、边施工现象比较严重，设计、施工、运营阶段，均存在技术力量不足，有经验技术骨干缺乏的问题，轨道交通安全管理架构和制度不够完善，规则设计、施工建设、网络化运营和维修等安全风险管理构架、风险安全全过程控制还未形成，安全教育和培训不够完善，安全监督、安全监测还未建立起动态化、信息化和系统化体制。因此，建议对以下各问题，继续开展深入研究：

1) 探索城市轨道交通安全监管新体制；
2) 探索城市轨道交通安全风险信息管理建设；
3) 探索城市轨道交通运营安全监控系统建设；
4) 强化企业安全动态管理；
5) 强化安全专职培训教育；
6) 强化重大风险源监管体制；
7) 研究建立事故调查委员会制度；
8) 研究建立城市轨道交通安全企业和个人的信用体系；
9) 研究建立城市轨道交通安全信息发布制度。

名词与术语

生命周期：原指生物或人类，从出生、成长、配偶繁衍、衰老以至死亡的各个时期。城市轨道交通系统的生命周期是指系统从策划、设计、制造、安装、调试、运营、直至报废、退役的全部过程。

安全性(safety)：是指不发生事故的能力，一般是指将伤害或损坏的风险限制在可接受水平的状态。

系统安全：指在系统生命周期内应用系统安全工程和系统安全管理方法，辨识系统中的危险源，并采取控制措施使其危险性最小，从而使系统在规定的性能、时间和成本范围内达到最佳的安全程度。

系统安全工程：是以系统工程的方法研究、解决生产过程中安全问题的工程技术。系统安全工程用来识别、分析和消除系统潜在的危险，使系统的风险减少到可接受水平。

安全过程控制：在系统生命周期内，应用系统安全工程和系统安全管理方法，对城市轨道交通系统的生命周期的各个阶段进行全过程的安全监控管理。

安全评价：是以实现工程、系统安全为目的，应用安全系统工程原理和方法，对工程、系统中存在的危险、有害因素进行识别与分析，判断工程、系统发生事故和急性职业危害的可能性及其严重程度，提出安全对策建议，从而为工程、系统制定防范措施和管理决策提供科学依据。

安全认证：由可以充分信任的第三方证实某一经鉴定的产品或服务符合特定标准或规范性文件的活动。

RAMS：RAMS 是 Safety，Reliability，Availability & Maintainability 的缩写，即安全性、可靠性、可用性和可维护性。

风险：不确定性对目标的影响。指在一定条件下和一定时期内，由于各种结果发生的不确定性而导致行为主体遭受损失的大小以及这种损失发生可能性的大小。

风险源：风险源就是风险的源头和来源。

风险识别：风险识别是指借助于各种分析方法，完整地辨识出风险的来源和所在。

风险评估(Risk Assessment)：是指，在风险事件发生之前或之后，该事件给人们的生活、生命、财产等各方面造成的影响和损失的可能性进行量化评估的工作。即，风险评估就是量化测评某一事件或事物带来的影响或损失的可能程度。

风险矩阵：在项目管理过程中识别风险(风险集)重要性的一种结构性方法。

风险管理：风险管理又名危机管理，是指如何在一个肯定有风险的环境里把风险减至最低的管理过程。

风险应对：针对风险评估的结果，制定相应的应对措施去响应风险，其目的是创造机会，回避威胁。

隐患和可操作性分析（HAZOP）：是由有经验的跨专业的专家小组对装置的设计和操作提出有关安全上的问题，共同讨论解决问题的方法。

ALARP 原则：在合理可行的前提下（情况下），把风险尽可能减至最低。

隐患：指人的活动场所、设备及设施的不安全状态，或者由于人的不安全行为和管理上的缺陷而可能导致人身伤害或者经济损失的潜在危险。

隐患登记册：用来对系统的隐患进行登录、分析、风险评估和管理的表格。

故障（Fault）：元件或系统完成规定功能的能力下降或丧失的状态。

故障识别：识别故障的活动。

故障机理：引起故障的物理化学变化等内在原因。

故障模式：故障的表现形式。

可靠性（Reliability）：元件或系统在规定的条件下和规定的时间内能完成规定功能的能力。

固有可靠性：元件或系统在理想的使用条件下，只包括设计、制造影响的可靠性。

使用可靠性：元件或系统在实际使用过程中表现出的可靠性，除固有可靠性的影响因素外，还要考虑安装、操作使用、维修保障等方面因素的影响。

基本可靠性：元件或系统在规定的条件下，无故障的持续时间或概率。

任务可靠性：元件或系统在规定的任务剖面内完成规定功能的能力。

可靠性要求：元件或系统使用方向承制方（或生产方）从可靠性角度提出的研制目标。

可靠度：元件或系统在规定的条件下和规定的时间内，完成规定功能的概率。

可用性：在要求的外部资源得到保证的前提下，元件或系统在规定的条件下和规定的时刻或时间区间内处于可执行规定功能状态的能力。

维修（maintenance）：为保持或恢复元件处于能执行规定功能的状态所进行的包括监督活动在内的一切技术和管理活动。

可维修性：规定的条件下并按规定的程序和手段实施维修时，元件或系统在规定的使用条件下，保持或恢复能执行规定功能状态的能力。

累积故障概率（又叫**不可靠度**）：元件或系统在规定的条件下和规定的时间内，丧失规定功能的概率。

浴盆曲线：产品的故障率随时间的变化曲线。

平均故障前时间（MTTF）：或称平均无故障工作时间，是失效前时间的期望。

平均故障间隔时间（MTBF）：元件或系统两次相继失效间隔时间的期望。

可靠性参数：是描述系统可靠性的度量。它直接与完好、任务成功、维修人力和保障资源有关。

可靠性指标：是可靠性参数要求的量值。

系统可靠性分配：元件或系统设计阶段，将元件的可靠性定量要求按给定的准则分配给各组成部分的过程。

可靠性管理：从系统的观点出发，通过制定和实施一项科学的计划，去组织、控制和监督可靠性活动的开展，以保证用最少的资源实现所要求的产品可靠性。

可靠性评估：对元件或系统的工作或固有能力或性能改进措施的效果是否满足规定的可靠性准则而进行分析、预计和认定的过程。

可靠性验证：在设计定型阶段和试用阶段，对产品的可靠性是否达到合同规定的要求给出结论性意见所需进行的鉴定、考核或评价工作的总称。

事件树分析(Event Tree Analysis，简称 ETA)：起源于决策树分析（简称 DTA），它是一种按事故发展的时间顺序由初始事件开始推论可能的后果，从而进行危险源辨识的方法。

故障模式影响及影响分析 FMEA(Failure Mode and Effects Analysis，简记为 FMEA)：研究系统中每一个可能的故障模式，确定各个故障模式的后果或对系统可靠性的影响，并按其影响的严重程度及其发生概率进行分类的一种归纳分析方法。

故障树：描述导致元件或系统给定故障模式的各组成部分的故障模式，或外部事件、或它们的组合的一种逻辑图。

故障树分析(FTA)：用故障树的形式确定可能导致元件给定故障模式的各组成部分的故障模式、或外部事件、或它们组合的一种分析方法。

可靠性框图(RBD)：用代表各组成部分故障或各种故障组合的方框，按复杂元件或系统的一个或多个功能模式表示出该元件或系统失效逻辑关系的一种框图。

故障报告、分析和纠正措施系统(Failure Reporting, Analysis and Corrective Action System，FRACAS)：利用"信息反馈、闭环控制"的原理，并通过一套规范化的组织、管理程序，使发生的产品故障能得到及时报告，查清原因，正确纠正，防止再现。是一个闭环信息系统。

缺陷(Defect)：是指未能满足与预期或规定用途有关的要求。

失效(Failure)：元件或系统丧失完成规定功能的能力的事件。在某些情形下与"故障"同义。

故障率：工作到某时刻尚未故障的产品，在该时刻后单位时间内发生故障的概率。

冗余(Redundancy)：系统中具有两种或两种以上手段执行同一种规定功能。

附表与附图

附表1 政府、业主和各有关单位在项目生命周期各阶段的主要工作内容表
附表2 主要隐患清单参考实例(部分摘录)
附表3 主要故障清单参考实例
附表4 初步隐患登记册参考格式说明
附表5 安全原则及规范要求的符合性评估表格式(参考)
附图1 我国城市轨道交通法规标准体系
附图2 我国现行城市轨道交通系统安全保障体系与项目生命周期的关系图
附图3 EN 50126标准安全保障体系与我国城市轨道交通项目生命周期的对比关系图
附图4 我国城市轨道交通项目生命周期与系统安全保障工作阶段划分关系示意图

附表 2　主要隐患清单参考实例（部分摘录）

系统主要隐患清单（参考）　　　　　　　　　　　版次 A

隐患类别	隐患	隐患情景编号	情景	隐患是否应用于系统（√代表是，×代表否）	隐患编号
OA	失火	OA-01	站台失火	√	SZM1-PHA-RS-089
		OA-03	站厅失火		
		OA-08	车站控制室失火	√	
		OA-10	列车失火		SZM1-PHA-RS-006，009
OB	有毒物料/气体	OB-01	列车上释出有毒/有害物料	√	SZM1-PHA-RS-005，016
		OB-02	车站内释出有毒/有害物料		
		OB-03	车辆段内释出有毒/有害物料（含停车场）		
OC	爆炸	OC-01	车站爆炸（包括机房、旅客止步区和附属建筑物）		
		OC-04	列车上爆炸	√	SZM1-PHA-RS-069
		OC-05	隧道内爆炸		
OD	水淹	OD-01	车站水淹（包括机房、旅客止步区和附属建筑物）		
		OD-02	隧道/隧道口/地面线路水淹	√	SZM1-PHA-RS-104
		OD-03	车辆段水淹（含停车场）	√	SZM1-PHA-RS-105
OE	地震/强风	OE-01	设计能力能够承受的地震		
		OE-02	设计能力不能承受的地震		
		OE-03	强风与暴雨（有没有任何风监测系统？）		
OF	结构倒塌	OF-01	隧道衬砌倒塌		
		OF-02	高架桥倒塌		
		OF-03	车站结构倒塌		
OG	侵入限界	OG-01	侵入结构限界/动态限界	√	SZM1-PHA-RS-004，074
		OG-02	初期的动态限界与后期的动态限界不同		
OH	意外	OH-01	触电意外（包括交直流、高低压触电）	√	SZM1-PHA-RS-012，051，055
		OH-02	滑倒意外（例如：高架车站选用了不合适的铺地物料）	√	SZM1-PHA-RS-010，090
		OH-03	高空坠物导致意外	√	SZM1-PHA-RS-085
		OH-10	设备严重受损	√	SZM1-PHA-RS-007，013
		OH-15	突出物/锋利边缘/可动部分导致意外	√	SZM1-PHA-RS-103

续表

隐患类别	隐患	隐患情景编号	情景	隐患是否应用于系统（√代表是，×代表否）	隐患编号
OJ	外来威胁	OJ-01	相邻公路上的路面车辆构成的威胁（地铁上方/旁边的高速公路）		
		OJ-03	沉降构成的威胁		
		OJ-04	山崩构成的威胁	√	SZM1-PHA-RS-084
		OJ-11	电磁干扰	√	SZM1-PHA-RS-078
		OJ-12	雷击		
OK	撞击	OK-01	列车迎面/尾追撞击	√	SZM1-PHA-RS-001，054
		OK-02	列车侧面撞击	√	SZM1-PHA-RS-066～067，071
		OK-07	撞击-旅客被列车撞倒	√	SZM1-PHA-RS-066～067，071
OL	脱轨	OL-01	车站/车辆段内的列车脱轨	√	SZM1-PHA-RS-003，019
		OL-02	隧道/高架桥范围内的列车脱轨	√	SZM1-PHA-RS-003，019
		OL-03	转辙器或道岔位置的列车脱轨	√	SZM1-PHA-RS-003，019
OM	运行意外	OM-01	运行意外-掉进列车与站台之间的间隙		SZM1-PHA-RS-094
		OM-02	运行意外-从列车上跌落轨道	√	SZM1-PHA-RS-024～026
		OM-04	运行意外-列车脱钩	√	SZM1-PHA-RS-032，033，088
		OM-06	运行意外-被卡在屏闭门与列车之间	√	SZM1-PHA-RS-028
		OM-24	司机、控制中心无客室信息	√	SZM1-PHA-RS-083
ON	非运行意外	ON-01	非运行意外-在自动扶梯/楼梯上跌倒		
		ON-03	非运行意外-在站台跌倒		
		ON-04	非运行意外-从站台跌落轨道		
OO	紧急行动	OO-01	紧急行动-清客	√	SZM1-PHA-RS-029
		OO-02	紧急行动-车站疏散		
		OO-04	紧急行动-车站拥挤		
		OO-05	紧急行动-恐怖活动		

附表3 主要故障清单参考实例

车辆系统主要设备故障清单（参考实例）
车辆系统主要设备故障清单（参考）

版次 A

系统	子系统	部件	组件	影响-安全性	影响-服务指标	事故名称	部件损坏/动作失误	可能后果	隐患情景编号	隐患编号
车辆	车体	车体结构	车体结构	√		车体结构变形、损坏	撞击变形	乘客、员工受伤/死亡	OK-01	SZM1-PHA-RS-001
			底架结构	√	√	车门开、关受阻	变形下垂	乘客进、出车厢受阻	OH-10	SZM1-PHA-RS-002
				√	√	底架断裂		列车脱轨、颠覆	OL	SZM1-PHA-RS-003
			外墙结构	√		变形、开裂		超限界后撞击、列车脱轨	OG-01	SZM1-PHA-RS-004
		内装饰	内装饰	√		失火后释放出有毒/有害物	内装饰物料毒性不合标准	乘客中毒、受伤/死亡	OB-01	SZM1-PHA-RS-005
	车门	客室门	驱动系统	√	√	车门不能开、不能关	系统故障	乘客无法进出、列车无法启动	OH-10	SZM1-PHA-RS-022
			门控系统	√	√	车门不能开、不能关	系统故障	乘客无法进出、列车无法启动	OH-10	SZM1-PHA-RS-023
	车钩及缓冲器	机械联结器		√	√	运行中车钩断裂		列车解编列后后脱落车下	OM-04	SZM1-PHA-RS-032
				√	√	运行中脱钩		列车解编列后后脱落车下	OM-04	SZM1-PHA-RS-033
	通风空调	空调装置			√	空调装置故障		车厢解空气、温度环境降级	OH-10	SZM1-PHA-RS-036
	照明	车内照明		√	√	车内照明故障		紧急情况下车内失去照明	OH-10	SZM1-PHA-RS-039
	辅助电源系统	静止逆变器		√		静止逆变器故障		导致电源系统输出能力降低	OH-10	SZM1-PHA-RS-042
	转向架	构架		√	√	构架裂纹及断裂		导致列车脱轨、颠覆	OL-02	SZM1-PHA-RS-072
		悬挂装置		√	√	悬挂设备脱落		导致列车脱轨、颠覆	OL-02	SZM1-PHA-RS-073
	列车控制系统	列车总线		√	√	通信网络故障		导致列车运行中断	OH-08	SZM1-PHA-RS-077
		系统		√	√	电磁干扰		系统瘫痪	OJ-11	SZM1-PHA-RS-078

附表4　初步隐患登记册参考格式说明

内　　容		定　义　解　释
隐患编号		隐患的编号依照 SM10-SHA-RS(系统代码)-001 开始排列
系统		系统的名称
子系统		子系统的名称，例如车门、制动、牵引
部件		设备/部件名称，例如牵引电动机、逆变器
组件		组件/组件的名称，例如开关、轴承、荧光灯
位置		发生隐患的地点，选择以下最合适的地点：1)正线；2)区间；3)站台；4)车站设备室；5)车站出入口/公共区；6)车站控制室；7)运营控制中心；8)车辆段；9)其他(请注明)
隐患分类		隐患的分类，按照主要隐患清单的隐患分类选择最合适的分类，例如失火、脱轨
隐患分类编号		隐患分类的编号，按照主要隐患清单的隐患分类编号选择，例如 OA、OB
隐患说明		隐患的描述，例如"客室车门在关门时夹着乘客身体"
可能成因		隐患的原因，例如"车门关闭前没有发出警报、乘客行为"
目前已经采取的措施		描述目前已经采用的减轻风险措施，可考虑设计、建造、维修、营运四个方面
验证已经采取措施的方法		说明如何验证目前已经采用的减轻措施，须说出有关证明文件的名称
现有措施状况	个别	个别减轻措施的状况，"C"代表"完成"，"O"代表"还没有完成"
	整项	整体减轻措施的状况，"C"代表"全部完成"，"O"代表"还没有全部完成"
影响组别		隐患是否影响旅客/员工/公众/承包商的维修或施工员工
影响/后果		描述隐患带来的后果，例如旅客/员工死亡或受伤、服务中断、车站停止营运等
现有风险	频率	现有状况下，隐患之发生频率(依照风险矩阵所示，即 A-J)
	严重性	现有状况下，隐患之后果(依照风险矩阵所示，即 1-7)
	等级	现有状况下，隐患之风险等级(依照风险矩阵所示，即 R1-R4)
建议减轻措施		描述减轻风险的措施，可考虑设计、建造、维修、营运四个方面
剩余风险	频率	进行减轻措施后，隐患之发生频率(依照风险矩阵所示，即 A-J)
	严重性	进行减轻措施后，隐患之后果(依照风险矩阵所示，即 1-7)
	等级	进行减轻措施后，隐患之风险等级(依照风险矩阵所示，即 R1-R4)
减轻措施管控单位		负责监控减轻措施的单位(HO)
减轻措施类别		减轻措施的类别，即设计、建造、维修、营运
参考隐患编号		隐患出处从哪些文件内之隐患编号作为参考
验证减轻措施方法		说明如何验证减轻措施，须说出有关证明文件的名称
状况	个别	个别减轻措施的状况，"C"代表"完成"，"O"代表"还没有完成"
	整项	整体减轻措施的状况"C"代表"全部完成"，"O"代表"还没有全部完成"
备注		附加的数据、信息/填表人/工程阶段
填表时间		日期

附表5　安全原则及规范要求的符合性评估表格式(参考)

序号	系统	子系统	设计特点	参考章节	相关的潜在安全隐患	相关设计/运营安全原则/工业守则/法规/规范	现在符合状况	验证方法	设计符合类别*	相关隐患编号

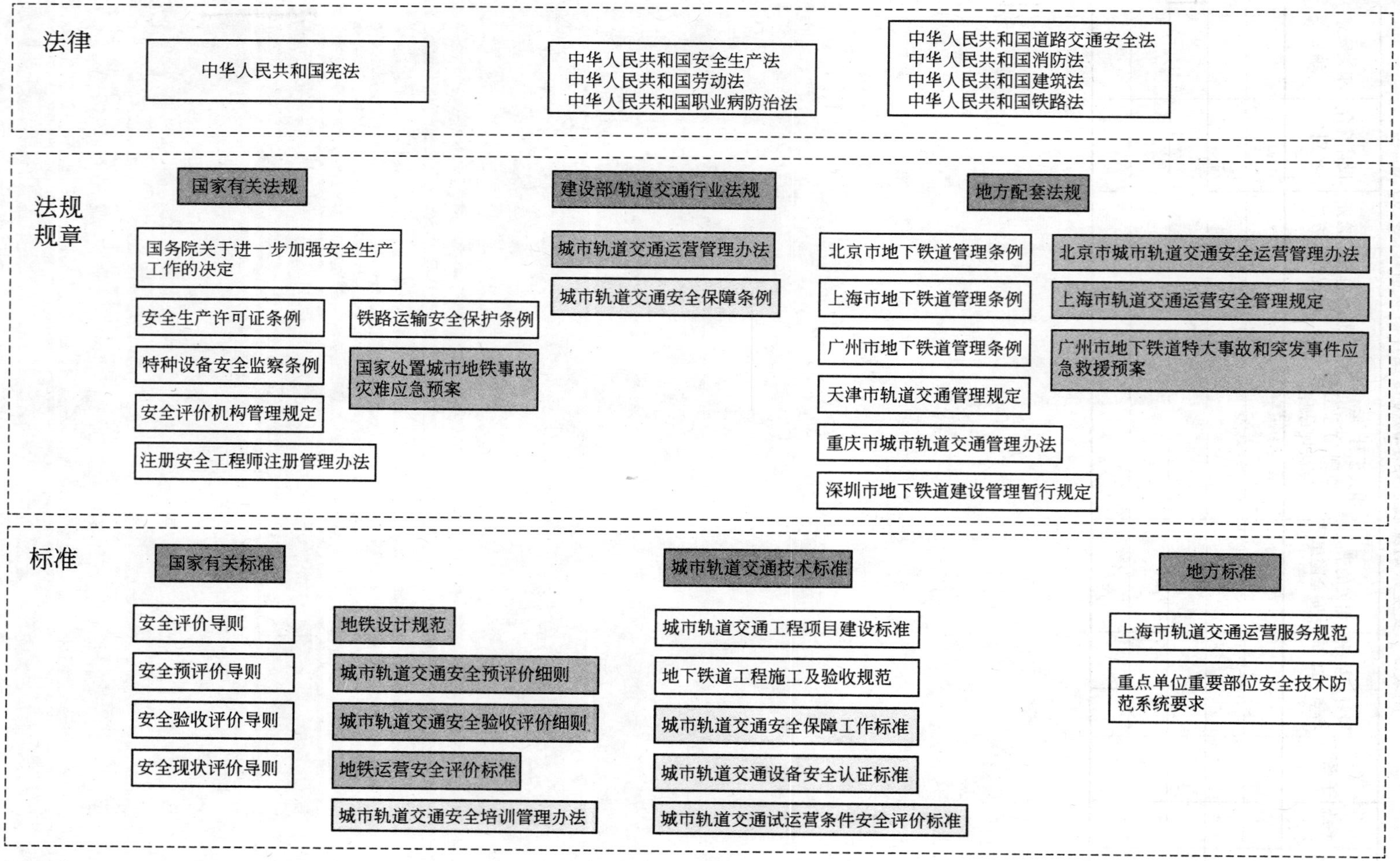

附图1 我国城市轨道交通法规标准体系

法律
- 中华人民共和国宪法
- 中华人民共和国道路交通安全法
- 中华人民共和国消防法
- 中华人民共和国建筑法
- 中华人民共和国铁路法
- 中华人民共和国安全生产法
- 中华人民共和国劳动法
- 中华人民共和国职业病防治法

法规规章

国家有关法规：
- 国务院关于进一步加强安全生产工作的决定
- 安全生产许可证条例
- 特种设备安全监察条例
- 安全评价机构管理规定
- 注册安全工程师注册管理办法
- 铁路运输安全保护条例
- 国家处置城市地铁事故灾难应急预案

建设部轨道交通行业法规：
- 城市轨道交通运营管理办法
- 城市轨道交通安全保障条例

地方配套法规：
- 北京市地下铁道管理条例
- 上海市地下铁道管理条例
- 广州市地下铁道管理条例
- 天津市轨道交通管理规定
- 重庆市城市轨道交通管理办法
- 深圳市地下铁道建设管理暂行规定
- 北京市城市轨道交通安全运营管理办法
- 上海市轨道交通运营安全管理规定
- 广州市地下铁道特大事故和突发事件应急救援预案

标准

国家有关标准：
- 安全评价导则
- 安全预评价导则
- 安全验收评价导则
- 安全现状评价导则
- 地铁设计规范
- 城市轨道交通安全预评价细则
- 城市轨道交通安全验收评价细则
- 地铁运营安全评价标准
- 城市轨道交通安全培训管理办法

城市轨道交通技术标准：
- 城市轨道交通工程项目建设标准
- 地下铁道工程施工及验收规范
- 城市轨道交通安全保障工作标准
- 城市轨道交通设备安全认证标准
- 城市轨道交通试运营条件安全评价标准

地方标准：
- 上海市轨道交通运营服务规范
- 重点单位重要部位安全技术防范系统要求

参考文献

[1] 孙章,何宗华,徐金祥. 城市轨道交通概论 [M]. 北京:中国铁道出版社,2000.
[2] 张殿业,金键,杨京帅. 城市轨道交通安全研究体系 [J]. 都市快轨交通. 2004(4):1.
[3] 崔艳萍,唐祯敏,武旭. 地铁行车安全保障系统的研究 [J]. 城市轨道交通研究. 2004(5):23.
[4] 沈斐敏. 安全系统工程基础与实践(第2版) [M]. 北京:煤炭工业出版社,1996.
[5] 曾天翔,杨先振,王维翰. 可靠性及维修性工程手册(上册) [M]. 北京:国防工业出版社,1994.
[6] 施毓凤,杨晟,孙力彤. 城市轨道交通的安全管理问题 [J]. 城市轨道交通研究. 2003(2):26.
[7] 陈铁,管旭日,孙力彤. 城市轨道交通综合安全管理体系研究 [J]. 城市轨道交通研究. 2004(1):16.
[8] 韩利民. 地铁运营安全及对策研究 [J]. 中国安全科学学报. 2004(10):46.
[9] 袁震. 直面地铁安全 [J]. 城市减灾. 2004(2):19.
[10] 王绍印. 故障模式和影响分析 [M]. 广州:中山大学出版社,2003.
[11] 陈晓彤,赵廷弟,王云飞,吴跃. 可靠性实用指南 [M]. 北京:北京航空航天大学出版社,2005(6).
[12] 安金伟娅,张康达. 可靠性工程 [M]. 北京:北京化学工业出版社,2005.
[13] 张宝珍,曾天翔. 威布尔方法在机械产品可靠性设计、分析和评价中的应用(上) [M].
[14] 梅启智. 系统可靠性工程基础 [M]. 北京:科学出版社,1987.
[15] 曾声奎,赵廷弟,张建国,康锐,石君友. 系统可靠性设计分析教程 [M]. 2001(01).
[16] 卓礼章. 可靠性设计 [M]. 北京:人民邮电出版社.
[17] 陆廷孝,郑鹏洲. 可靠性设计与分析 [M]. 北京:国防工业出版社.
[18] 葛天明. 过程工业安全预评价技术开发 [D]. 大连理工大学. 2006.
[19] 唐涛,燕飞,郜春海. 轨道交通信号系统安全评估认证体系研究 [J]. 都市快轨交通. 2006(3).
[20] 徐中伟,黄银霞,呼爱蝉,陈帮兴. 安全评估国际标准转化框架体系的研究 [J]. 铁道技术监督.
[21] 许巧详,何理,钟茂华,邓云峰. 城市轨道交通工程安全验收评价探讨 [J]. 中国安全生产科学技术. 2006(01).
[22] 何理,钟茂华,邓云峰. 城市轨道交通危险因素分析 [J]. 中国安全生产科学技术. 2005(03).
[23] 苏云峰. 城市轨道交通安全管理对策 [J]. 湖北成人教育学院学报. 2006(05).
[24] 何国伟. 可信性工程(可靠性、维修性、维修保障性) [M]. 北京:中国标准出版社,2008(1).

[25] 章云泉，李辉煌，徐卫东. 地铁工程安全及风险管理研究 [J]. 2005 全国地铁与地下工程技术风险管理研讨会. 2005.
[26] 刘铁民，钟茂华，朱国. 地下工程安全评价 [M]. 北京：科学出版社，2005(6).
[27] 王洪德. 安全评价管理实务 [M]. 北京：中国水利水电出版社.
[28] 顾保南，胡晓嘉. 美国城市轨道交通项目评价方法 [J]. 同济大学学报（自然科学版）. 2003(2).
[29] 孙壮志，周晓奋，胡思继. 日本城市轨道交通的相关制度 [J]. 铁道工程学报. 2002.
[30] 刘骥，魏利军，刘君强. 浅淡安全评价对企业安全生产的作用 [J]. 劳动保护. 2003 (7).
[31] 浅述在安全评价中安全法规、标准的作用与运用 [J]. 2008(4).
[32] 李为为，唐祯敏. 地铁运营事故分析及其对策研究 [J]. 安全文化网. 2008(04).
[33] 季令，张国宝. 城市轨道交通运营管理 [M]. 北京：中国铁道出版社，1999.
[34] 戴行信. 交通安全概论 [M]. 北京：北京人民交通出版社，1992.
[35] 孟德有. 大连市城市轨道交通安全体系建设 [J]. 现代城市轨道交通. 2005(02).
[36] 德国和美国的安全管理模式 [J]. 中华建筑报. 2005(11).
[37] 周庆瑞. 地铁规范与地铁安全 [J]. 中国建设报. 2005(10).
[38] 王宁，顾宇新. 制定预案强化监管保障城市轨道交通安全 [J]. 城乡建设. 2006(03).
[39] 崔艳萍，唐祯敏，李毅雄. 城市轨道交通现代安全管理体系构建初探 [J]. 中国安全科学学报. 2005(3).
[40] 秦国栋，苗彦英. 关于建立中国城市轨道交通安全保障体系的研究纲要 [J]. 世界轨道交通. 2004(11).
[41] 周淮. 上海轨道交通运营安全管理 [J]. 中国城市轨道交通网. 2004(06).
[42] 朱民，冯爱军，邓志高，李欣，殷伟. 城市轨道交通项目前期风险分析方法研究 [J]. 中国城市轨道交通网. 2005(08).
[43] 吴宗之，周永红. 论城市重大危险源监控与应急救援体系建设 [J]. 2005(08).
[44] 陈科荣. 浅论城市建设施工安全重大危险源辨识与防治 [J]. 安全与健康（上半月版）. 2004(11).
[45] 杜心言，严礼奎，马程光. 苏州轨道交通一号线系统安全保障工作策略. 苏州轨道交通一号线系统保证文件. 2008(12).
[46] 杜心言，严礼奎，马程光. 苏州轨道交通一号线系统安全保障工作实施细则. 苏州轨道交通一号线系统保证文件. 2009(4).
[47] 杜心言，严礼奎，马程光. 苏州轨道交通一号线运营前期策划报告(1—6 册). 苏州轨道交通一号线系统保证文件. 2008(12).
[48] 威廉·戈布尔. 控制系统的安全评估与可靠性 [M]. 武汉市：中国电力出版社，2008(10).
[49] 城市轨道交通系统的运营安全性与可靠性研究，赵惠祥，导师：胡用生、曹志礼，中国知网，2006 年 12 月 31 日.
[50] 赵惠祥，余世昌. 城市轨道交通系统的安全性与可靠性研究 [J]. 城市轨道交通研究. 2006(1).
[51] 陈宗器. 我国轨道交通建设历程. 电器工业. 2009(7)：26-29.